W0381481

Eduard Schuré

Die Priesterin der Isis

Eduard Schuré

Die Priesterin der Isis

Eine Legende aus Pompeji

ANSATA-VERLAG
Paul A. Zemp
Rosenstrasse 24
CH-3800 INTERLAKEN

Neuherausgabe der im Jahre 1920 im Thesophischen Verlagshaus
in Leipzig erschienenen Übersetzung von *Many Cihlar*

Schutzumschlagbild: Entnommen aus dem Buch
Der Jenseitsweg der Nofretari, von Edmund Dondelinger,
mit freundlicher Genehmigung
der Akademischen Druck- und Verlagsanstalt, Graz.

1980
ISBN 3-7157-0041-6
Alle Rechte vorbehalten

Gesamtherstellung: Zobrist & Hof AG, CH-Pratteln

Inhaltsverzeichnis

Weihegesang an die Weltenmutter Isis

Du Heilige, Du ewige Erhalterin des Menschengeschlechtes, immer freigebig, die Sterblichen zu erquicken, die Du den Unglücklichen in ihren Schicksalsschlägen die süsse Zärtlichkeit einer Mutter bezeigst!

Kein Tag, keine einzige Ruhestunde, ja selbst kein winziger Augenblick geht leer an Deinen Wohltaten vorbei, ohne dass Du zu Lande & Wasser die Menschen beschützest, die Stürme des Lebens vertreibst, die rettende Hand darreichst, mit der Du selbst die unentwirrbar verschlungenen Fäden des Schicksales lösest, des Geschickes Toben mässigst & der Sterne verderblichen Lauf hemmst!

Dich ehren die Himmlischen, dir dienen die Götter der Unterwelt, Du drehst die Erde im Kreise herum, entzündest das Licht der Sonne, beherrschest die Welt, trittst auf den Tartarus!

Dir antworten die Gestirne, wechseln die Jahreszeiten, jauchzen die Götter, dienen die Elemente!

Auf Deinen Wink atmen die Lüfte, nähren die Wolken, keimen die Samen, spriessen die Keime!

Vor Deiner Hoheit schauern die Vögel, die den Himmel durchfliegen, die wilden Tiere, die im Gebirge umherrirren, die Schlangen, die versteckt am Boden liegen, die Ungetüme, die auf dem Meere sich wiegen!

Doch ich bin zu schwach an Geist, Dein Lob zu singen, zu arm an Gut, Dir würdige Opfer zu bringen, Fülle der Worte ermangelt mir, zu sagen, was ich von Deiner Hoheit empfinde, & dazu würde auch nicht ein tausendfacher Mund, nicht tausend Zungen, nicht ein Ewiger Fluss unermüdlicher Rede genügen!

So will ich denn nur das, was ein zwar Frommer, doch sonst Armer vermag, zu tun suchen, ewig werde ich Dein Göttliches Antlitz & Dein allerheiligstes Wesen im inneren meines Herzens bewahren & ewig vor Augen halten!

Apulesus.

Psyche's Flügel sind gebrochen;
Klagend floß ihr Tränenstrom.
Da entfaltend seine Schwingen
Rief voll Liebe Eros: «Komm!»
Und mit einem einz'gen Sprunge
In die Ferne er entschwand,
Und mit leichtem Flügelschwunge
Führt er Psyche bei der Hand.

1. Buch

Der Schleier

Im Schlafe öffnet sich das
Auge des Geistes. *(Aeschylos).*

I
Hymen. Hymenaie!

«Hymen! Hymenaie!»

Melodisch zitterte von weitem der Chor der jungfräulichen Stimmen zum Klange der Sistren, Flöten und Zithern. Vom Windhauche getragen und in das verworrene Gemurmel gemengt, stieg der Hymnus aus der Tiefe der Straßen empor und wogte über die Zeltdächer, die Terrassen und die hängenden Gärten. Er zitterte lieblich und jugendfrisch durch die südliche Luft und verlor sich wie mit leichtem Flügelschlage im klaren Blau des Himmels. Doch die Stimmen wurden schon kräftiger und die Worte deutlicher und drangen auf den Platz, wo das Volk des Festes harrte.

«Hymen! Hymenaie!» Und die bunte Menge der Gladiatoren, der Freien und Sklaven, der Weiber und Kinder, die sich auf den Stufen der Basilika gruppierten, sah den Hochzeitszug durch die Via abondantiae heraufziehen und wiederholte in langen Rufen: «Hymen! Hymenaie!»

Auf dem breiten Forum, das von vier Tempeln eingeschlossen war, Herz und Haupt der gefallsüchtigen, griechisch-römischen Stadt, der Akropolis Pompejis, – hatten sich das Volk und die Vornehmen der Stadt eingefunden, um das fröhliche Schauspiel zu sehen.

Der Platz bildete ein langes Rechteck. Am Südende öffneten die drei Tribunale ihre beschatteten Vorhallen, mit den kurulischen Stühlen aus weißem Marmor. Links der Tempel des Apollo, rechts die Arkaden der Kurie und der Tempel des Augustus. Überall Säulenhallen, Altäre, Statuen. Am andern Ende, im Norden, erhob sich auf einer Terrasse, zu der sechzehn Stufen emporführten, der Tempel Jupiters. Nach dem letzten Erdbeben war er aus Lavagestein wieder aufgebaut und mit Stuck neu verziert worden und beherrschte als ein prächtiger Monumentalbau den Platz, die Stadt und die Landschaft. Seine korinthischen Säulen mit den purpurnen Sockeln und den rotschwarz gestreiften Kannelüren, entfalteten sich in vielfarbigen Kapitälen, wie Bäume mit ihren Früchten. Zwischen den Triglyphen erglänzten im Sonnenscheine die Schilde der Architrave. An der Vorderseite funkelte eine Göttergruppe auf azurnem Grunde. Zwei Adler mit ausgebreiteten Schwingen wachten auf den Akroterien. Eine Siegesstatue aus Bronze krönte das Gebäude.

Einsam und majestätisch regierte der Tempel mit seinen blutroten Füßen und der Metall- und Lichtstirne über die Stadt des Vergnügens. In ihm prunkte die mit dem Vermächtnisse des unterworfenen griechischen Geistes verzierte Pracht und Macht des kaiserlichen Romes. In ihm triumphierte die unversöhnliche Gewalt wie das Gesicht des Cäsaren.

Auf der Höhe der Terrasse, unter der Säulenhalle des Tempels, sprachen drei Männer miteinander und blickten auf die Menge.

Der erste war in eine rosa Tunika und ein blaues Pallium gekleidet und hatte die Stirne mit Myrten gekrönt; die gelockten blonden Haare erglänzten von Öl. Er gebärdete sich sehr lebhaft, während er zu seinem Nachbar, einem mageren Manne in schwarzem Mantel, mit glatten Haaren und von abgezehrter Gestalt, sprach. Der Dritte hielt sich abseits am Ende der Terrasse und lehnte lässig mit einer Schulter an der Ecksäule des Peristyles. Die Gestalt des jungen Militärtribunen stach mit einer stolzen Eleganz von dem roten Grunde des massiven Pfeilers ab. Er war in eine weite, weiße Toga mit breiten Purpurstreifen gehüllt und trug auf seinen schwarzen Haaren eine leichte Krone aus Bronze, die Eichenlaub darstellte. Im Gewühle der knechtischen Senatoren, der gelangweilten Priester und der geistlosen Beamten war sein Antlitz das einzige, auf dem der Widerschein der römischen Seele sich spiegelte. Von vorne gesehen, schienen die breite, hartnäckige Stirne, die tiefliegenden Augen unter den zusammengezogenen Brauen, der geschlossene Mund, das hervorspringende Kinn der Maske eines Brutus ähnlich. Wenn man aber das feine und harte, wie auf einem römischen Medaillon gezeichnete Profil betrachtete, diese Herrschernase und die geschlossenen Lippen, hätte man sagen können, er sei ein junger Tiberius von dreißig Jahren. Brütete dieses heiße Auge unter der Kämpferstirne Freiheit oder Tyrannei? Keiner seiner Freunde hätte es zu sagen vermocht und er selbst vielleicht am wenigsten.

«Ja, Ombricius Rufus, du kommst mit Ruhm bedeckt aus dem Osten zurück, du bist von Titus gekrönt und ein Schützling Vespasians. Was sinnest du? Du bist der Erbe deines Onkels, des alten Kriegers, und du bist einer der unseren geworden. Du tapferer römischer Edelmann, was denkst du über unsre Stadt, der Perle Kampaniens.»

«Du spottest, Simmias», sagte Ombricius mit Bitterkeit. «Weder meine Tapferkeit, noch mein Ruhm ist neidenswert. Ich habe eine Krone erhalten, ja, aber ich bin in Ungnade gefallen und das Erbe meines Oheims, eine elende Hütte und ein Feld, ist kaum einer Kneipe von Suburra wert. Und eure Stadt finde ich sehr klein.»

«Was willst du denn?»

«Ich weiß nicht, aber mein Ehrgeiz ist zu groß, um sich mit so wenig zu begnügen. Ja, ich habe den Ruhm geprüft. Er hat mich verraten und angewidert. Soll ich mein Leben mit dem Anschauen eines unnahbaren Kapitoles verbringen?»

«Versuche das Vergnügen.»

«Ich möchte es. Aber dieses Vergnügen müßte groß genug, mächtig genug sein, um mich vergessen zu lassen. Wo werde ich den Göttertrank finden, um das Feuer zu löschen, das mir das Mark versengt.»

«Betrachte diese Stadt, die zu deinen Füßen liegt», sagte der reiche und geschwätzige Grieche mit der Geste eines Redners, der von der Höhe des Pnyx herabspricht. «Betrachte Pompeji mit seinen Palästen, seinen Bädern und seinen Theatern. Neben ihr ist Rom nur ein altes von Lastern durchfurchtes Weib und Parthenope nur eine Straßendirne. Diese hier ist eine griechische Hetäre, die die Laute spielt, wie eine Muse singt und wie die Grazien tanzt. Sie kennt Wollust, Wissenschaft und Kunst. Sie bietet dir wie aus einem Körbchen ihre Mimen, ihre Musiker und ihre Frauen dar. Zweige, Blüten und Früchte, alles das gehört dir, wenn du willst. Schau und wähle!»

«Gut! Es sei!» entgegnete Ombricius und verließ seine Säule. Er klopfte Simmias auf die Schulter und rief aus: «Heute will ich wählen zwischen Ehre und Vergnügen.»

«Herkules zwischen Laster und Tugend,» lachte Simmias.

«O nein! Das Laster bot dem Herkules nur gemeine Wollust. Ich brauche mehr. Ich will einen Eindruck gewinnen, der die

Vergangenheit tilgt, eine Freude, die meinen Ehrgeiz tötet. Ich will eine vollständige Lust, ohne Trübung. Und wahrlich, ich glaube nicht, daß sie besteht. Wenn ich ihr aber je begegnen sollte, werde ich sie an einem Zeichen erkennen.»

«An welchem?»

«An dem Lächeln des wahren Glückes auf einem menschlichen Antlitze.»

«An diesem Festtage wirst du hundert statt eines sehen.»

«Ich zweifle daran. Ich habe manchen Blick, manches Gesicht scharf betrachtet. Niemals bin ich der wahren, ungemischten, unbegrenzten Freude begegnet, die allem standhält. Wenn ich sie heute finde, entsage ich der Legion, dem Forum, dem Kaiser, um mich zur Lehre des Epikur zu bekehren.»

«Sophistischer Spaß», unterbrach Calvus, der Stoïker, «Ihr sprecht von Ehre und Vergnügen und vergeßt die Weltweisheit, die Philosophie, den einzigen Weg zum wahren Glücke.»

«Ein rhetorischer Spaß!» erwiderte Ombricius. «Auch ich glaubte an die Tugend und an den edlen Herrscher. Als Jüngling liebte ich meinen Lehrer Afranius, einen Stoïker gleich dir, wie einen Vater. Ich lauschte seinen Lehren, wie göttlichen Worten. Er durchschnitt sich die Adern auf Neros Befehl. Was folgt daraus?»

«Ein großes Beispiel,» antwortete Calvus und streckte seinen nackten Arm aus dem schwarzen Mantel und erhob seinen mageren Zeigefinger gen Himmel.

«Vergessen wir den schönsten Augenblick des Tages nicht», unterbrach Simmias, «die bräutliche Jungfrau kommt. Begeben wir uns auf den Platz hinab.»

Und die drei Freunde verließen eilig das Peristyl des Tempels; das blaue Pallium des Griechen, der schwarze Mantel des Philosophen, die weiße Latiklave des römischen Ritters mischten sich unter die Menge, die vom andern Ende des Forums heranströmte.

*

Ganz Pompeji wollte sehen, wie der Priester Helkonius seine Tochter Julia Helkonia in den Tempel Jupiters führte, um hier das Feueropfer darzubringen und um sie dann in das Haus ihres Ehegemahles Helvidius zu geleiten.

Voran schritt ein Chor von Musikern und Tänzerinnen; hinter ihm kam der Wagen der Braut, der von zwei weißen mit Blattwerk behangenen Pferden gezogen wurde. Aller Augen waren auf die Braut gerichtet. Sie war in ein Peplos aus weißer Wolle gekleidet, hatte das Haupt mit einem orangegelben Schleier verhüllt, der die Gesichtszüge gänzlich verbarg und thronte über der lärmenden Menschenmenge und über dem fröhlichen Geleite, wie ein stummes Götterbild. Zu beiden Seiten des Wagens schwangen junge, in weite Mäntel gekleidete Leute Harzfackeln. Hinter dem Wagen trugen Patrizierkinder in ihren Weidenkörbchen Geräte weiblicher Arbeit, wie Spinnrocken, Klöppel, ein Weberschiffchen aus Elfenbein, die die Jungfrau in das eheliche Haus brachte. Dann folgte der Chor der Jungfrauen, der Freundinnen der Braut. Hierauf kamen die Beamten in Schlepptogen, alte Frauen wie Vestalinnen gekleidet, schöne Patrizierinnen mit kunstvollen Frisuren, junge Männer mit duftenden und mit Bändern geschmückten Haaren. Der Festzug hielt mitten auf dem Platze. Die Liktoren mit ihren Stäben ordneten die Menge, und das Volk bildete einen weiten Kreis. Die Flöten begannen zu tönen, die Zithern erklangen, und der Chor der Jungfrauen wiederholte den Gesang. Die mit Epheu und Akantus gekrönten Tänzerinnen schwebten gleichzeitig nach dem Takte des Sanges um sie herum. Die zarten Füße und die verschlungenen Tanzschritte schienen unter den durchscheinenden Gazen wie eine andere Musik. Der vor dem neugierigen Volke getanzte und gesungene Triumphgesang breitete sich über die Stadt:

«Hymen! Hymenaie!
Die Gattin will Liebe dem Gatten nur werden,
Wie Juno in Urzeit zu Jupiter kam
Und Eros mit Hymen die Unschuld auf Erden
Mit azurnen Augen voll Liebe er nahm,
Mit blühenden Nelken gekrönt und mit Rosen,
Mit rosigen Wangen, wie Morgenrots Glühen,
Mit denen die Strahlen des Morgens liebkosen.
O Eros, schöner Eros,
Du warst schon, gar lange vor Weltenerblühen!»
Hymen! Hymenaie!»

Der Hymnus schaukelte mit den Seufzern der Flöten, mit dem Zittern der Sistren. Die Horen hoben und senkten die verschlungenen Hände in Schlangenlinien. Die bunten Schärpen flatterten über den Kleidern in anmutigen Falten. Ernst wie eine Göttin warf die Braut vom Wagen aus kleine Stücke einer roten Schleife in den Wind, die vom weiten gesehen, wie Funken herumflogen. Und die Leute suchten diese Stoffetzen als Glücksbringer zu erhaschen.

Das entzückte Volk schwieg jetzt.

Die Braut stieg vom Wagen und der ganze Zug begab sich zum Tempel. In Gedanken versunken und finster, hörte Ombricius noch immer die Worte der Hymne. Er war von ihnen ganz gefangen genommen worden, ohne in den, von so weit kommenden Sinn einzudringen, – wie der Schwimmer die überschwemmende Woge spürt, ohne die Unermeßlichkeit des Ozeanes zu sehen.

O Eros! schöner Eros.
Du warst schon, gar lange vor Weltenerblühen!
Hymen! Hymenaie!

Woher kam denn dieser freudige Schauder, dieser Sehnsuchtsschrei, dieses rasende, durch die Kunst der Priester und Dichter veredelte Verlangen, das die Volkskinder äußerten. Zu welchem Zwecke durchlief dieser Ruf die finsteren Jahrhunderte; dieser Ruf, aus dem Leben entsprang und aus dem endlose Generationen sich zeugten.

Von weitem sah Ombricius die Braut mit ihrem Vater die Stufen zum Tempel hinansteigen und sah durch das hohe Portal im Dunkel des Heiligtumes das Feuer den Schleier verschlingen.

«Ist dieser purpurn-orangene Schleier», fragte er sich, «das Ziel aller menschlichen Anstrengungen, die Krone der Macht, die Frucht des Lebens? Warum vergöttlicht man diese unwissende Jungfrau, die morgen all den andern Frauen gleichen wird. Birgt sich hinter diesem Schleier das Lächeln des Glückes?»

Zweifelnd fügte er hinzu:

«O du trügerisches Licht der Liebe, du bist vom roten Schleier des Wunsches verhüllt und die Menschen stürzen auf dich zu, wie die törichten Insekten in die Flamme und verbrennen sich dort die Haut und verzehren sich dort das Mark. Elend und Kummer,

Trug und Ekel, Verbrechen und Wahnsinn finden sie in ihrer Flamme! O trügerisches Licht. O unerforschlicher und verzehrender Feuerschleier.»

In seinen Gedanken versunken, verlor sich Ombricius in der Menge. Die Familie verließ inzwischen nach der Opferung den Tempel. Helkonia bestieg ihren Wagen und der Festzug lenkte dem Hause des Bräutigams zu. Die Horen schritten zu dreien voran, und die nachfolgenden Jungfrauen sangen die zweite Strophe:

«Hymen! Hymenaie!
O Schwestern, o flechtet Girlanden behende
Und windet die blühenden Floren zum Kranz
Und reichet zum jubelnden Reigen die Hände,
Die Götter sehn gerne die Horen im Tanz.
Es regt sich die Welt zu neukeimendem Leben,
Die Rose, sie schenkt uns die lieblichen Düfte.
Die Gattin will Liebe dem Gatten nur geben.
O Eros! schöner Eros!
Der göttliche Bote schwebt hoch durch die Lüfte.
Hymen! Hymenaie!»

Von einer Ecke des Platzes verfolgte Ombricius mit den Blicken den weißen Strom der Beamtentogen, die hochgeschwungene Fackel und die flatternden Schärpen der Horen. Eine neue Gemütserregung durchfuhr sein Herz. Diese Menge war ihm fremd, fremd die Beamten und fremd die Braut. Aber der Glanz des Ritus, die Würde der Gestalten, die Anmut der Bewegung sprachen von einer geweihten Ordnung, von einem ewigen Rhythmus der Dinge. Würde es nicht besser sein, anstatt das Unmögliche zu suchen, sich demütig dem Gesetze zu unterwerfen, um ein Kettenglied in der großen Kette zu sein, eine fügsame Note in der Harmonie des Weltalls.

In diesem Augenblicke überquerte eine Sänfte den Platz und brachte den Zug ins Stocken. Sechs lybische Sklaven mit falbem Gesichte trugen stolz das reiche Palankin auf ihren Schultern. Hinter den halbgeöffneten Vorhängen sah man ein stolzes Weib in violettem Gewande träge auf ihren Purpurkissen ruhen. In der Hand hielt sie einen großen Elfenbeinfächer mit Pfauenfedern. Ein goldener Kamm saß wie ein Diadem in den dreireihig gelockten, blauschwarzen Haaren. Mit ihren geöffneten Nasenflügeln sog sie die in der Luft aufgelösten Düfte ein. Die großen Augen rollten in ihren Höhlen wie die eines ruhenden Panthers und überblickten die Menge. Die stolze Haltung und der ruhige Blick zeugten von tiefer Gleichgültigkeit.

Ombricius konnte seine Augen von dieser wollüstigen und hochmütigen Gestalt nicht abwenden. Die Träger bahnten sich durch lautes Schreien den Weg durch das Volk, dabei stießen sie an den jungen Mann, als das Weib ihren schmiegsamen Hals herumwandte und auf Ombricius ihren üppigen Busen und ihr königliches Haupt herabneigte. Sie warf aus ihren schwarzen und ruhigen Augen einen Blick, gleich einem spitzen Pfeile auf ihn und lächelte leicht.

Gleichzeitig streifte eine, von verborgener Hand geworfene Rose aus Paestum Ombricius' Wange und glitt in die Falten seiner Toga.

«Kennst du dieses Weib?» fragte er Simmias, als die Sänfte in der Straße des Merkurius entschwunden war.

Die Augen des reichen Griechen weiteten sich und sein sinnlicher Mund krümmte sich zu einer lüsternen Rundung.

«Hedonia Metella, eine reiche Römerin, Witwe eines Priesters, auf der Suche nach einem Gatten, das ausschweifendste und ehrgierigste Weib Pompejis. Sie ist deiner würdig, schlauer Ombricius, denn ihr beide verhüllt unter einer kaltblütigen Larve eine unersättliche Seele.»

Ombricius lächelte mit sichtlicher Geringschätzung, aber seine Seele war bestürzt. Eben erst, angesichts des Hochzeitszuges und der verschleierten Braut, hatte er sich der hehrsten Begeisterungen seiner Jünglingszeit für Pflicht und Tugend erinnert. Aber unter dem herausfordernden Blicke der hochmütigen Patrizierin war eine entflammte Glut aus seinem Innern in sein Gehirn geströmt. Wollust und Ehrgeiz, zwischen denen er wählen wollte, sah er in einem einzigen Feuer dieses mächtigen Blickes, der ihn zu einem Throne von unbekannten Gelüsten zu ziehen schien. Ein neues Sehnen war aufgetaucht, ein mächtigeres als alle anderen.

«Willst du, daß wir sie besuchen?» fragte Simmias, «ich kenne sie.»

«Nein!» sagte Ombricius mit einer Gebärde des Unwillens. Mit einer Traurigkeit, die den leichtfertigen Griechen erstaunen ließ, fügte er hinzu: «Ich möchte die Braut sehen, wenn der Gatte ihr den Schleier nimmt. Vielleicht werde ich auf ihrem Gesichte das Lächeln des Glückes sehen, das ich vergeblich suchte!»

«Du wirst mehr und besseres schauen,» entgegnete der Stoïker Calvus, der wieder zu seinen Freunden gestoßen war. Er erfaßte mit seiner mageren Hand den kräftigen Arm des jungen Tribunen und mit geheimnisvollem Tone fügte er leise hinzu: «Wenn der Flamen Jupiters die Ehe verkündet haben wird, feiern die Neuvermählten ein inniges Fest. Nur die nächsten Freunde des Helvidius sind hierzu eingeladen. Er kennt deinen Namen, ich habe von dir zu ihm gesprochen. Du wirst einer der unseren sein, denn du bist dessen würdig.»

«Was soll ich also tun?»

«Wenn die Menge der Gäste sich entfernt hat, verlasse mich nicht. Wir werden mit den Verwandten beim Herde der Ahnen bleiben.»

«Was werde ich sehen?»

«Eine Eheschließung nach dem Ritus der Isis.»

«Dem Ritus der Isis? Was ist das?»

«Ein Mysterium! Wir werden sehen!»

«Wer soll die Weihe vornehmen?»

«Ein neuer Hierophant aus Ägypten, der von den Dekurionen nach Pompeji berufen ward, um den Tempeldienst der Isis wiedereinzuführen. Er heißt Memnon. Er ist ein Asket und Weiser, der seit drei Monaten mit seiner Adoptivtochter Alkyonne in Pompeji weilt. Noch niemand hat das Antlitz der Prophetin gesehen, denn sie geht nur tief verschleiert aus. Heute abend wird man sie zum ersten Male sehen.»

«Es sei», sagte Ombricius. «Die Bestimmung drängt mich. Zwei auserwählte Jungfrauen, die Vermählte und die Prophetin werden mir heute ihr Gesicht und ihre Seelen ohne Schleier zeigen. Wenn ich heute weder Glück noch Wahrheit finde, dann sind Jupiter und Isis nur eitle Worte. Komm!»

«Ich lasse euch bei euern Mysterien», sprach Simmias, «diesen Abend trinken wir auf dein Glück, Ombricius, und du wirst uns vor der Tänzerin Myrrhina und zwei Flötenspielerinnen deine Wahl sagen. Also abends bei mir!»

II

Das auserwählte Paar

Die Diener vor Helvidius' Hause ließen Calvus und seinen Begleiter in die Vorhalle eintreten. Ein Standbild der Minerva und ein Armleuchter aus Bronze bildeten den einzigen Schmuck des Raumes. Die beiden Freunde durchschritten das dachlose Atrium mit seinen jonischen Säulen, in dem sich die Menschen drängten. Unter der linken Säulenhalle standen die jungen Männer, unter der zur Rechten die Jungfrauen, die das Brautlied sangen. Die Familie begab sich mit den Gästen in ein zweites (dem ersten ähnliches) Gemach, dem Peristyl. Nicht ohne Mühe schoben sich die Neuangekommenen von einem Verwandten des Helvidius geführt durch die weiten Latiklaven der Beamten, durch die sorgfältigen Chitons der Frauen und die schwarzen Wollmäntel der Matronen bis zum Oekus vor, der halbkreisförmigen Nische mit ihrer gewölbten Decke, dem Heiligtume der Familie, wo die Zeremonie der Eheschließung vorgenommen werden sollte.

In der Mitte brannte auf einem kleinen, mit Blumen bekränzten marmornen Altare eine helle Flamme. Ringsherum standen auf Säulchen die Elfenbeinstatuen der Ahnen und die aus Ton gebrannten Figuren der Laren.

Ein Greis in purpurner Kleidung nährte aus einer goldenen Patene die Flamme des Altares mit Weihrauchkörnern.

Die Braut lüftete den Schleier ihres Gesichtes leicht und der Gatte bot ihr den geweihten Kuchen, das Farreum, dar. Sie brachen ihn in zwei Teile und blickten während sie aßen fest in die Flamme. Der Priester murmelte unverständliche Worte in altem Latein. Dann tranken sie aus einem Kelche Wein mit Honig gemischt und schütteten ein Trankopfer in das Feuer. Zweimal knisterte die Flamme und brannte lebhafter. Die Vermählten reichten einander die Hände und sahen sich fest in die Augen. Der Flamen sprach mit lauter Stimme:

«Im Namen Jupiters, der Laren und des Herdfeuers, verbinde

ich euch; durch das geteilte Brot, den genossenen Wein, durch das heilige Feuer seid ihr vermählt. Julia Helkonia, du bist das Weib des Markus Helvidius. Seine Götter seien die deinen, sein Haus sei dein Haus, seine Eltern, seine Freunde seien die deinen, Ihr seid vereint durch das Gesetz der Menschen und durch das Gesetz GOTTES.»

Hierauf nahm der Gatte den Schleier liebevoll von der Stirne seiner Braut und der Priester goß über das Paar das Reinigungswasser, warf einige Funken auf sie mit den Worten:

«Jupiter, der Gott des Feuers und des Schwures allein kann die trennen, die er vereinigt hat.»

Eine religiöse Ruhe herrschte über den Versammelten. Alle folgten mit tiefer Andacht dem heiligen Ritus, wie wenn jedes Wort des Priesters die Kraft eines magischen Zaubers hätte. In dem Augenblicke war es, als wenn die Seele der Ahnen in diesen elfenbeinernen Statuen, die im Halbkreise um den Hausaltar standen, gegenwärtig wäre und durch die Flamme des Herdes ihr Gesetz, ihren Willen, ihre Macht auf das Paar übertrugen und ihm gebot, sie in der unendlichen Kette der irdischen Geschlechter fortzusetzen.

Helvidius hatte sein junges Weib in die seitliche Nische zwischen dem Peristyl und dem Tempel der Laren geführt. Auf der obersten der drei Stufen standen zwei mit Lammfellen gepolsterte Stühle. Sie ließen sich auf den häuslichen Thron nieder. Die entschleierte Helkonia glich mit dem aufgetürmten Haare einer Vestalin. Sie trug einen Kranz aus Eisenkraut, dem Sinnbild der jungfräulichen Reinheit. Die Fülle ihres Haares wurde von einem goldenen Pfeile durchbohrt, dem Symbole der ehemännlichen Gewalt über sie. Ein unsagbares Lächeln süßte ihre festen und edlen Züge. Helvidius erinnerte mit seinem gewellten Barte und Haare, mit seinem klaren Blicke, seiner breiten offenen Stirne an einen Fackelträger, der bei den eleusischen Festen die Göttin grüßt.

Ombricius bewunderte dieses Paar und konnte sich eines Gefühles des Neides nicht erwehren. Er litt darunter, ein solches Glück nicht genießen zu können und es seiner Natur unnahbar zu fühlen.

Der Flamen Jupiters ging. Nach den Beglückwünschungen und nach Abschiedsbegrüßungen begab sich die Familie in das Atrium, wo die Sklaven umsichtig hin und her eilten und die Becher der Gäste mit Wein füllten. Im Peristyl blieb eine kleine Anzahl Freunde zurück, um dem Ritus der Isis beizuwohnen. Man schloß das Tor des Atriums. Die Nacht war hereingebrochen und eine Lampe, die an einer kupfernen Kette von der Decke herabhing, erhellte den Haustempel ganz allein.

Auf ein Zeichen des Hausherrn öffnete ein Sklave im Hintergrunde des Heiligtumes der Penaten eine kleine Türe, die zu dem geheimen Garten führte.

Ein Mann in reifen Jahren, mit strengen Gesichtszügen trat ein und führte eine ernste Jungfrau an der Hand. Wie er, trug auch sie das Kleid der ägyptischen Priester.

Es war Memnon und seine Adoptivtochter Alkyonne.

*

Memnon trug das leinene Kleid der Isispriester und hatte das Leopardenfell um seine rechte Schulter geworfen. Der Hierophant war von hoher Gestalt und von einer erstaunlichen Hagerkeit. Er besaß eine hervorragende Stirne mit breiten Schläfen, glatte, graue Haare, gerade Nase, geschlossenen Mund und spitzes Kinn. Ein durch kalten Willen beherrschter glühender Gedanke hatte sich in diesem energischen Gesichte eingegraben und sandte oft aus seinen unter den stolzen Wölbungen liegenden Augen Blitze hervor. In seiner rechten Hand hielt Memnon das Henkelkreuz, das Erkennungszeichen der Priester der Isis und des Osiris. Das Symbol der Einweihung. Dieser Schlüssel der Mysterien war aus einer Mischung von Gold und Silber erzeugt, einer Legierung, die die alexandrinischen Griechen argyrokrysisch nannten.

Das junge Mädchen, das er an der linken Hand führte, bildete zu dem Meister den lieblichsten Gegensatz.

Seine Kleidung war die der Isis. Die lichtgelbe Tunika mit langen geraden Falten zeichnete seine priesterliche Gestalt keusch. Eine blaue Priesterinnenhaube schmückte sein Haupt. Die Flügel waren wie die eines Vogels zusammengelegt und verbargen die Haare ganz. Eine Uräusschlange aus gewälztem Golde umwand seine Stirne. Durch ein Kettchen an einem Halsbande mit Opalen festgehalten, schwankte auf dem permutterglänzenden Halse eine kleine Figur aus schwarzem Basalte. Das Antlitz mit den schüchternen Zügen, war das einer neugierigen, aber scheuen Psyche. Die Augen glänzten sanft wie verschleierte Sterne und schienen in der Ferne, jenseits des Saales, jenseits der Gäste, etwas zu suchen. Es trug eine Lotosblume.

Gegenüber den Neuvermählten, zur Linken des jetzt offenen hochzeitlichen Gemaches, in dessen Hintergründe man ein mit Rosen geschmücktes, elfenbeinernes Bett erblicken konnte, ließ Alkyonne sich auf einem Stuhle nieder.

Die Erscheinung der Priesterin hatte Ombricius durch ihren reinen Reiz überrascht. Er betrachtete sie mit Aufmerksamkeit. Ruhig saß sie in ihrem Stuhle. Die Hände hatte sie in ihrem Schoße gekreuzt, den Kopf nach rückwärts gebeugt und an die Mauer gelehnt und blickte fest auf das auserwählte Paar. Ihr Blick glitt wagrecht durch ihre langbehaarten Wimpern. Nur ein leichtes Zittern ihrer Nasenflügel und das schnellere Atmen verrieten ihre innere Bewegung. Mit ihrem zurückgeworfenen Haupte, ihrem eigenwilligen Profile, erinnerte sie an eine im heiligen Haine verirrte Jungfrau, die hinter dessen dichtem Laub den betäubenden Duft eines unsichtbaren Gottes einatmete.

Jäh schlossen sich ihre Lider und Alkyonne fiel in tiefen Schlaf.

*

Mit dem Henkelkreuze in der Hand stellte sich Memnon vor den Familienaltar und sprach mit langsamer und ernster Stimme:

«Auf deinen Ruf hin, o Helvidius, bringe ich dir, gleich deiner Genossin den Gruß der Isis, den Gruß des Friedens und des Lichtes. Die erhabene Wahrheit bewohnt einen unnahbaren Ort, aber ihre Strahlen haben die Erde getroffen. Wie eine unantastbare Jungfrau glänzte die keusche und prächtige Wahrheit im Laufe der Zeiten. Sie schläft in den Tempeln, sie erwacht bei der Stimme der Propheten und spricht nur zu seinen Auserwählten. Euch also der Strahl ihres Glanzes und der Freude, euch die Botschaft der Isis.

«Ihr wurdet soeben verbunden nach irdischer Art und für die Erde. Ich bin bereit euch nach euren Willen nach göttlicher Weise und für den Himmel zu vereinen. Das sei für euch der Tag der Prüfung, eine entscheidende Stunde. Seid ihr wahrlich ein auserwähltes, vorherbestimmtes Paar? Unter den zahllosen Gatten und Liebenden zählt man ihrer wenige. Oder ist euer Traum nur eine

Luftspiegelung des irdischen Wunsches, ein Rauch eurer verwirrten Sinne, wie jener der zahllosen Paare, die nur für eine Zeit sich binden. Seid ihr reif für die ewige Ehe, seid ihr nicht nur für die Werke des Fleisches bereit, sondern auch zu den göttlichen Zeugungen, dann wird die Stimme aus der Höhe zu euch sprechen und euer Herz wird antworten. Die Stimme von oben wird sprechen, wenn sie es will, durch den Mund der Prophetin. Dann leiht ihr das Gehör und wählet. Denn die Seele des Eingeweihten ist frei, frei wie das Feuer in der Luft.

«Höret vorerst aber die Botschaft.

«Die Seelen sind Töchter des Osiris, des göttlichen Geistes und der Isis, des himmlischen Lichtes. Glänzende Funken, wurden sie empfangen von dem ewigen und fruchtbaren Lichte durch das Feuer des Schöpfers. Verzehrt vom Wunsche des Lebens steigen sie herab zur Erde und verkörpern sich in tausend Gestalten, dann steigen sie leicht zum heimatlichen Himmel, um wieder herabzusteigen. Ähnlich dem Tropfen des Regens, den der Ozean aufnimmt und den die Sonne wieder zu sich emporzieht. Aber was sie genießen oder was sie leiden, was sie singen oder was sie schreien, was sie anbeten oder was sie lästern, alles strebt danach strahlend in die erste Quelle zurückzukehren, in die prächtige und heilige Nacht, wo es keine Zügel des Wunsches, keine Grenze des Wissens gibt, da wo Isis und Osiris in einem weiten Ozeane des hellen und lebenden Lichtes sich vereinen.

«Die Wege der Seelen durch die Welten sind mannigfaltiger als der Flug der Schwalben. Es sind Myriaden, die ungewiß und träge im trüben Scheine, im ewigen Halbschatten fliegen. Es sind tausende, die sich vom Bösen nähren, sich in der Finsternis verschlingen und in die Elemente zurückkehren. Es ist eine kleine Zahl, deren Kraft im Kampfe zunimmt, deren schwacher Schimmer sich in den finsteren Schlünden verdichtet. Diese steigen von Anstrengung zu Anstrengung und von Leben zu Leben wieder empor zur reinen Quelle der unsterblichen Aurora und werden in das mütterliche Licht tauchen, das das Feuer des Schöpfers mit endlosen Blitzstrahlen durchfurcht. Von da an nehmen sie teil an den göttlichen Mächten und der Regierung der Welt.

«Wie die Körper haben auch die Seelen Geschlechter. Sie sind männlich oder weiblich, je nachdem sie mehr an ihrem Vater, dem schöpfenden Geiste oder mehr an ihrer Mutter, dem belebenden und bildenden Lichte festhalten. Sie sind bestimmt sich zu ergänzen und zu zweien zu leben, um das vollkommene Wesen zurückzuspiegeln und jede sucht ihre unzertrennliche Gefährtin; aber auch ... durch wieviel Umherirren ... inmitten welcher Qualen, durch wieviel gescheiterte Versuche und schmerzvolle Leben.

«Es sind wenig vollkommene Paare auf Erden. Glücklich der Mann und glücklich das Weib, die, wenn sie sich wiederbegegnen, in der Tiefe ihres Wesens erzittern, wie in einem weltenfernen Rückerinnern. Glücklich der Gatte, der die unsterbliche Gattin erschaut und begrüßt hat. Nichts kann sie trennen, nichts kann sie entmutigen. Ihre Verbindung ist heilig, denn sie besitzen in sich selbst die Fackel der Reinheit, das Wissen der Liebe, das schöpferische Feuer, die Macht das Glück zu fühlen, zu verstehen, zu geben.

«Gehört ihr zu jenen, edler Helvidius und du o unerschrockene Helkonia? Fühlt ihr den Mut in euch, den großen Schwur zu leisten? Werdet ihr die Kühnheit haben, allen Mächten im Namen der Majestät der Seelen zu trotzen, eure Liebe dem göttlichen Werke zu weihen, ein ausgewähltes Paar zu sein und weder die Schlange des Hasses, noch die Schmähungen zu fürchten?»

«Wenn ihr es seid, so vereinigt eure Hände über den Ring des Kreuzes, dem Zeichen des ewigen Lebens, ohne Furcht von dem heiligen Feuer zerschmettert zu werden, das wir anrufen.»

*

Helvidius und Helkonia erhoben sich von ihrem Sitze. Bleich vor Bewegung, Hand in Hand, schienen sie zu dem feierlichen Ritus entschlossen; aber es war in ihrer Haltung ein letztes Zögern, wie wenn die Handlung, die sie begehen wollten, sie von den Ufern der Zeit in grundlose Tiefe der Ewigkeit schleudern würde.

In diesem Augenblicke wurde der Blick des Ombricius von einer Bewegung Alkyonnens angezogen.

Die junge Priesterin war auf ihrem Sitze eingeschlummert, hielt den Kopf an die Mauer gelehnt und hatte sich bis jetzt nicht bewegt. Plötzlich erbebte sie und hastig griff sie mit den Händen an ihre Schläfen. Ihre Augen waren noch geschlossen, auf ihrem Antlitze spiegelte sich eine schreckliche Angst. Ihre Lippen bewegten sich wie wenn sie unzusammenhängende Worte murmeln würde. Memnon bemerkte es und eilte rasch zu ihr, berührte sie mit dem Finger an der Stirne, um mit der Macht des Meisters die schreckende Vision zu bannen. Aber sie stieß ihn heftig zurück, erhob sich und rief mit gebietender Stimme:

«Laßt mich!»

Bei dieser ungestümen Bewegung fiel ihr die Priesterinnenhaube vom Haupte. Die zu Chignons gedrehten Stirnbinden ihrer Haare wellten sich in fahlen Locken über ihren Hals und schlängelten sich auf ihren Schultern in goldenen Ringelchen. Ihre nackten Arme spannten sich, als wollten sie den Raum umarmen. Ihre jetzt offenen Augen waren erweitert und dunkel in ihrem visionären Zustande und machten einen beängstigenden Eindruck. Eine andere Seele hatte sich des jungen Mädchenkörpers bemächtigt. Das war nicht mehr die scheue Jungfrau, das war die Pythonissa, die von ihrem Gotte überschattet wurde.

Memnon war zurückgewichen. Rhythmisch und melodisch wie die Saiten der Therobe, die unter den Fingern der Pallatiden in Kadenzen erklingen, wenn der Priester den heiligen Gesang anstimmt, aber mit keuchender Stimme, begann Alkyonne ihre durch Stöhnen unterbrochenen Worte:

«O unglückliche Stadt! Pompeji ... o Pompeji ... du Stadt der weichen Pfühle und der schönen Gemälde ... Stadt der Lust und des Vergessens ... Rom spiegelt sich in dir, wo Verbrechen und Wollust, vereint auf einem Purpurkissen schlafen, um von neuen Greueln und Freveltaten zu träumen ... Welches ist dein Schicksal? – Welch' ein Feuer verzehrt dich! ... Welch ein Mantel der Finsternis hüllt dich ein! ... Ach! du lachst, du tanzest, du frohlockst wie eine mit Weinranken behängte Bacchantin mit einer Binde vor den Augen ... Aber nichts, nein gar nichts kann dich deinem Geschicke entreißen ... O diese glühenden Flächen ... und die Nacht, die tiefe Nacht ... und die Erde zittert in ihren Grundfesten ... der Donner von oben und der Donner von unten, o noch schrecklicher ... die vielen Fliehenden ... und all die Toten ... die heiße Asche, die auf die Hände fällt ... auf den Kopf ... in den Hals ... ach, o ich ersticke!»

Die Prophetin war einer Ohnmacht nahe und wankte. Memnon fing sie in seinen Armen auf. Ihr Köpfchen hing herab, wie eine vom Winde geknickte Ähre. Er berührte ihre Stirne mit dem Henkelkreuze und bei der Kühle des Metalles beruhigte sie sich schnell, richtete sich nach und nach auf, klammerte sich an die Schultern ihres Meisters und fuhr fort:

«Lieber Vater, o Memnon, warum hast du mich hierher geführt ... in diese Höhle des Verderbens. So weit, ach so fern vom heiligen Nile mit seinen friedlichen Mäandern? Warum machst du mich zum Opfer deiner Wissenschaft, o unersättlicher Meister? Warum willst du mich als Brandopfer in diese verworfene Stadt werfen? ... Siehst du dort unten, außerhalb des Stadttores auf der Gräberstraße ... mein Hochzeitsbett steht in Flammen ... Hoch wie eine Pyramide ... und ich ruhe darauf ... und erwarte den Gatten ... der Weihrauch, der am Fuße des Bettes brennt ... steigt wie eine bläuliche Schlange in den Himmel ... und mischt sich mit dem schwarzen Rauche des Vulkanes ...»

Laut sprach Alkyonne diese rätselhaften Worte und befreite sich aus den Armen Memnon's. Eine strahlende Freude überflutete ihr vor Entzücken verklärtes Antlitz. Sie erhob ihre Arme, wie ein Vogel seine Flügel ausbreitet, wenn er emporfliegen will. Und wie einer fernen und wunderbaren Erscheinung folgend, sang sie mehr, als sie sprach:

«Die Barke! ... Die Barke der Isis! ... Sie schwebt im unendlichen Himmelsmeer ... Sie senkt sich zu uns ... Wie schön, wie leuchtend sie ist ... die leichte, zarte Barke ... die Göttin führt das Steuer ... und aufrecht am Bug steht der Schiffer ... Was bist du für ein schöner Ruderer ... Bist du es mein Genius, mein Geliebter ... Anteros ... Er gibt mir Zeichen ... ja, ja, ich komme.»

Im Übermaße inneren Aufruhres drohte Alkyonne nochmals umzusinken. Memnon fing sie von neuem auf. Dann wandte sie sich plötzlich, von einer neuen Kraft belebt, den Neuvermählten zu. Ihre herrische Stimme befahl:

«Ihr seid ein auserwähltes Paar ... vereinigt eure Hände über dem Henkelkreuze ... Leistet den großen Schwur ... und ihr werdet in die Barke steigen ... für Millionen Jahre ... Kommt!»

Wie von einem Magnete angezogen, näherten sich ihr Helvidius und seine Gattin.

Ihre Hände umfaßten den Ring des Kreuzes und vereinigten sich über ihm. Das Kreuz erglänzte darüber und das von oben durch die Lampe bestrahlte Goldsilber des Metalles schien um die ehelichen Hände bleiche Strahlen zu werfen.

Helvidius sprach mit männlicher Stimme die Formel:
«Mit dir für die Ewigkeit.»
Helkonia fügte mit leiser, aber fester Stimme hinzu:
«Wo du Helvidius bist, werde auch ich Helvidia sein.»
Alkyonne drückte heftig beider Hände mit ihrer zarten Hand und sprach feierlich und ernst:
«Euch die Liebe, das Licht, die Freude ... und mir die Angst ... die Finsternis ... der Tod!»
Dann schrie sie auf und hob die Arme verzweifelt zur Decke empor.
«Die Barke erhebt sich ... sie entschwindet ... Anteros winkt mir noch einmal ... Er verläßt mich! ... Die Erde erfaßt mich wieder! ...»
Ein herzzerreißendes Schluchzen begleitete diesen letzten Schrei. Von Memnon gestützt, sank Alkyonne leblos und kalt wie Eis in ihren Stuhl. Ihre Augen hatten sich geschlossen. Eine tiefe Teilnahmlosigkeit war ihrer Ekstase gefolgt. Helvidius, sein Weib und die Freunde eilten zu ihr, voll Sorge um sie. Aber Memnon wies sie zurück.
«Ängstigt euch nicht», sagte er, «bringt Reinigungswasser herbei. Ich werde sie sanft besprengen und in wenigen Minuten wird sie ruhig erwachen, ohne jede Erinnerung von dem, was sie soeben gesprochen hatte und von dem was geschehen war.»

*

Mit einem Gewirre der widersprechendsten Empfindungen war Ombricius dieser fremden Zeremonie der sonderbaren Eheschließung und den noch fremdartigeren Verklärungen Alkyonnens gefolgt. Staunen und Neugierde, Spott und Spannung stürmten auf ihn ein. Aber trotz eines dumpfen Aufruhres unterlag er schließlich dem unbezwinglichen mystischen Reize. Er glaubte weder an die Götter, noch an eine unsterbliche Seele. Er liebte die Priester nicht, er hielt sie alle für Heuchler und Schwachköpfe. Aber war es möglich, an der Prophetin und an dem Glanz ihres Entzückens zu zweifeln. Die plötzliche Verwandlung ihrer ganzen Person hatte ihn zuerst gepackt. Hierauf die wunderbare Schönheit ihrer Bewegungen. Der schwindelnde Schwung ihrer geflügelten Worte hatte ihn in unbekannte Regionen gehoben. Der Sinn ihrer Weissagungen, ihrer Visionen war ihm zwar dunkel geblieben, aber hatte er nicht auf ihrem strahlenden Gesichte die Spiegelung einer anderen Welt gesehen? Ja, diese überirdische Freude, die er so vergeblich gesucht, das Lächeln göttlichen Glückes hatte er auf dem Antlitze der in eine Pythia verwandelten Jungfrau leuchten, dann wie einen Sonnenstrahl im Ozean von sturmgejagten Wolken verlöschen sehen. Ach, wie konnte man in das Heiligtum gelangen? Wie konnte man durch das Tor dieser Seele dringen? Wie diesen Strahl rauben? Ach was hätte er nicht in dieser Minute für einen einzigen Blick Alkyonnens gegeben!

Von diesen Gedanken bewegt kehrte Ombricius in das Atrium zurück, dessen Tor man wieder geöffnet hatte. – Die Nacht war hereingebrochen und die Sterne blinkten durch das offene Dach auf das Impluvium. Die Musiker und die Fackelträger stellten sich um die jungen Mädchen, die das Brautlied singen sollten. Sklaven reichten den Gästen Sorbet von Früchten und Eis. Die Becher kreisten inmitten lauter Unterhaltung und freiem Lachen. – Ombricius durchschritt diese Menge und gelangte in das Vestibulum, wo sich die Freien und Klienten drängten und stellte sich hinter einen Kandelaber. Hier war er gewiß, die Priesterin bei ihrem Fortgehen wiederzusehen.

Sie kam bald mit Memnon. Mit bloßem Haupte, die Binden ihrer Haare wieder festgeknüpft, hatte Alkyonne das Aussehen der geängstigten Psyche wiedergewonnen. Die Fackeln, die man ihr näherte, um sie besser zu schauen, ließen ihre marmorne Blässe hervortreten und die Flechten ihrer rötlichen Haare wie Flammen leuchten. Die jungen abergläubischen Mädchen berührten den Saum ihres Kleides und küßten ihre Hand. Ein weltfernes Lächeln spielte traurig und stumm über ihr Gesichtchen.

Ombricius betrachtete sie hinter der Leuchtsäule versteckt, mit dem heftigen Verlangen das Geheimnis zu erzwingen und seinen Blick hineinzutauchen. Sie war dem jungen Manne auf drei Schritte nahegekommen, da fing sie diesen festen und glühenden Blick auf. Sie hielt inne und ihre furchtsamen Augen erschraken. Da flehten die Augen des Ombricius, wie durch die Kühnheit erschreckt mit einem ängstlichen Ausdruck und mit einer unwillkürlichen Bewegung bereitete er bittend seine Arme aus. Sogleich milderte sich ihr Blick und über ihren kleinen empörten Mund, den Mund mit den feinen und zart gewölbten Lippen, glitt ein flüchtiges Lächeln des Mitleides. Bei diesem Lächeln entfiel ihr die Lotosblume. Mit einem hastigen Griffe hob sie Ombricius auf und reichte sie ihr mit gebeugtem Haupte und mit zu Boden gesenkten Augen.

Als er sich emporrichtete und einen Schritt zurücktrat, sah er Alkyonne erröten und zu Boden blicken. Mit einer schützenden Gebärde setzte Memnon die Priesterinnnenhaube seiner Pflegetochter zurecht und schlug sie fürsorglich in einen grauen Mantel. Gleichzeitig warf er einen durchdringenden Blick auf Ombricius. Dann verließ der Priester der Isis mit seiner Prophetin langsamen Schrittes das hochzeitliche Haus.

Inzwischen sangen die Jungfrauen unter dem Peristyle nach dorischer Weise zum ernsten Klang der Lyren den Brautchor:

«Hymen! Hymenaie!»
«Wie Götteraltäre mit Blumen behangen
Prunkt heilig und keusch das ehliche Zelt;
Der Gatte hält zärtlich die Gattin umfangen.
Die Lieb' hat das Auge des Herzens erhellt.
In einsamer Stille des küssenden Kosen
Verloren die Herzen den hüllenden Schleier;
Drum löschet die Fackel und streuet die Rosen.
O Eros, schöner Eros!
Entfache der Liebe das göttliche Feuer!
Hymen! Hymenaie!»

Helle Nacht breitete sich über Pompeji, als Ombricius das Haus des Helvidius verließ und sein Heim aufsuchen wollte. Er war zu bewegt um bei Simmias eine Schauspielerin tanzen zu sehen. Die Krämerladen waren geschlossen und die Plachen von den Terrassen eingezogen. Einzelne Straßengänger durchschritten in ihre Mäntel gehüllt, mit ihren Stangenlaternen die leeren Straßen. Wüste Bacchantenschreie erklangen in Zwischenräumen aus einigen Schenken und über die finsteren Gärten wehten hin und wieder unklare Stimmen und murmelnde Töne von Saiten oder Flöten herüber. Während Millionen von Sternen mit ihren erglänzenden Strahlen das unendliche Gewölbe des Firmamentes durchbohrten, ruhte schlaftrunken die Stadt, müde des Vergnügens.

Von einer überirdischen, nie zuvor gekannten Erregung durchdrungen, sprach Ombricius zu sich: «Wie geschieht mir denn? Ändert mein Denken, mein Leben seinen Lauf? Hat sich das Weltall mit einem Schlage vergrößert? Gibt es hinter dieser sichtbaren Welt noch eine andere? Ach wer wird das jemals erfahren? Ein dichter und schwarzer Schleier bedeckt das Mysterium des Lebens. Und hier hat eine Jungfrau mit ihrer zarten Hand einen Teil des Schleiers gelüftet ... und ein blendender Strahl blitzte aus dem Spalt. Wo wollte man dieses Licht wiederfinden, wenn nicht in Alkyonnens Augen. Und ich werde sie nie wiedersehen.»

Er überquerte schnellen Schrittes das Forum, das in der nächtlichen Stille nur von den unbeweglichen Statuen der Konsuln und der Cäsaren bevölkert war. Als er an der großen Arkade vorbeischritt, warf er einen weiten Blick auf die Berge, das Meer und den Himmel, wie um sie in seiner Not zu befragen. Der graue Kegel des Vesuves war von einem roten Schein überragt und rauchte leicht. Der breite Golf breitete wie nebelhafte Arme seine zwei kaum sichtbaren Ufer gegen die Unermeßlichkeit aus. Die Gestirne blinkten in ihren trügerischen Lichtern. Glänzend und undurchdringlich höhnte das Himmelsgewölbe den Frager und verbarg hinter seiner magischen Schönheit das erhabene und furchtbare Geheimnis der Dinge.

Der Schleier war wieder gefallen.

III

Ombricius

Das Haus des Ombricius, das er von seinem Oheim geerbt hatte, lag außerhalb der Stadt, unweit des Sarnotales inmitten eines Wein- und Olivengartens. Eine zerfallene Hütte diente dem Pächter und dreien Sklaven, die den Boden bebauten, zur Wohnung. Man trat durch eine Halle mit stillosen Säulen aus Lavagestein in das Haus des Herrn. Arm und traurig sah die innere Einrichtung aus. An den gebrechlichen Wänden und den wackligen Säulen hingen rostige Schwerter, durchlöcherte Schilde, Erinnerungen aus vergangenen Kriegen. Im Hintergrunde stand eine Augustusstatue, die der alte Krieger verehrt hatte. Zur Linken ein schmales Schlafzimmer mit einem Feldbette. Zur Rechten diente ein etwas größeres Zimmer mit einem Tische, mit Holzstühlen und einem Feuerherde gleichzeitig als Küche und Speisegemach.

Hier setzte sich Ombricius nach seiner Heimkehr nieder und entfachte das Feuer mit einigem trockenen Rebenholz, brannte die irdene Öllampe an und stellte sie auf den Tisch neben der Schüssel mit dem dürftigen Erbsengerichte, das er heute früh nicht berührt hatte. Dieser Tag und diese Nacht hatten in ihm alle Asche der Vergangenheit aufgewirbelt. Sein erstes Gefühl war die Bitterkeit über seine Armut, die wilde Auflehnung gegen die Ungerechtigkeit des Geschickes. Aber die funkelnden Gedanken, die seiner stürmischen Seele entsprungen waren, drängten ihn, sich in seinen Bau einzuschließen, um sein ganzes Leben vor dem geistigen Auge vorüberziehen zu lassen, zur Prüfung und um seiner Zukunft Dunkel zu erkennen.

Ach wie wirr, wie stürmisch und hin und herschwankend war dieses Leben. Er war der Sohn eines ausgedienten Kriegers, der unter Tiberius römischer Ritter geworden war und der ein Fleckchen Erde in Tuskulum und einen Freien besaß. Seine traurige Kindheit fiel in die blutige Regierung Neros. Die Jugendzeit des Ombricius wurde durch die Atmosphäre der Schwelgereien und ungeheuren Verbrechen verdüstert, die vom Throne der Cäsaren ausgingen und auf der Welt wie eine verpestete Wolke lastete. Und dennoch war diese Jünglingszeit der reinste Teil seines Lebens, der einzige in dem ein Lichtstrahl leuchtete. Da er sich dem Studium der Redekunst widmete, folgte er den Lehren der Rhetoriker Roms. Aber sein wahrer Lehrer war Afranius, ein alter stoïscher Philosoph, der ein einsames Haus auf dem Berge von Tuskulum bewohnte und dort einigen Schülern lehrte. Von diesem armen, fast elenden Manne, den Nero aus Rom verbannte und der von Gemüse und trockenem Brote in einer Bauernhütte sein Leben fristete, hatte er die höchsten Begeisterungen seiner Jugend empfunden, den reinen Aufschwung der noch unbeschmutzten tugendhaften Seele. Als eines Tages Afranius vor ihm und einigen jungen Leuten den Muttergedanken der Philosophie des Zeno entwickelte, daß das einzige Gut der Seele der freie Wille sei, daß das höchste Gut in der Selbstbeherrschung liege, war ein neuer Begriff des Menschen und des Lebens in seinem Geiste eingedrungen. Später sprach Afranius zu dem sechzehnjährigen Jünglinge: «Ombricius Rufus, wenn du wahrhaft glücklich sein willst, dann entsage allem. Trage das Haupt hoch, denn du wirst jeder Knechtschaft ledig sein. Wage es, dein Auge zu GOTT zu erheben und zu IHM zu sagen: «HERR, mir geschehe nach DEINEM Willen.» Bei diesen Worten hatte Ombricius vor männlichem Stolze gebebt. Eines andern Tages hatte er den Lehrer gefragt, ob er Rom, aus dem Nero ihn verwiesen, vermisse. Da zeigte ihm Afranius am Horizonte die sieben Berge der ewigen Stadt, die von der Höhe des Tuskulums aus, kaum wie Hügel erschienen und entgegnete: «Wenn du den Gedanken DESSEN, der das Weltall regiert, verstehst und wenn du IHN in dir selbst trägst, kannst du da die paar Kiesel und die eitle Schönheit der Steine missen?» Der junge Schüler wunderte sich über die Kraft des Lehrers und dessen Seele schien ihm wahrlich größer, als dieses Rom, aus dem Nero ihn ins Exil schickte. Aber was er bei seinem Meister am meisten bewunderte, war der unvergleichliche Eifer für seine Lehre. Unauslöschlich blieb eine Begebenheit, die sich in Tuskulum abgespielt hatte, über alle Schlachtenbilder, über die heldenmütigsten Kämpfe hinaus, an denen er teilgenommen, wie der höchste Grad der Rührung und der Manneswürde, in seinem Gedächtnisse eingeprägt.

Eines Tages stürmten die entsetzten Bauern in die Kammer des Philosophen und riefen: «Fliehe! Fliehe! Der Zenturio mit seinen Liktoren sucht dich!» Das war gewiß der Tod. Afranius hatte ruhig geantwortet: «Zeigt ihm den Weg.» Von seinen Schülern begleitet, ging er dem Zenturio entgegen und redete ihn mit den Worten an: «Was willst du von mir?» – «Der Cäsar fragt dich, der du vor ihm keine Furcht zeigest, welches deine beste Waffe sei.» – «Hier», erwiderte Afranius und zog aus seiner Tunika einen Dolch hervor, den er immer bei sich trug. – «Bedienst du dich seiner gegen ihn?» – «Gegen mich allein, wenn er mein Wort und meine Freiheit fesselt.» – «Dann gib», hatte der Zenturio mit grimmiger Miene gerufen und dem Stoïker den Dolch entrissen. Die Schüler erbleichten, denn sie glaubten der Gesandte Neros werden ihren Lehrer ermorden. Dieser rührte sich nicht von der Stelle und sprach ruhig: «Du wirst dem Cäsaren meinen Dank sagen, denn er macht mich endlich ganz frei!» Aber mit einem zweideutigen Lächeln gab der Prätor dem Philosophen die Waffe zurück: «Nimm sie zurück, du wirst sie bald brauchen. Der Kaiser wollte dich nur prüfen, aber wenn du mich wiedersiehst, dann hoffe nichts mehr.» Der Gesandte Neros war verschwunden und die Schüler warfen sich vor dem Lehrer auf die Knie und küßten den Saum seines zerschlissenen Mantels. Er hob sie sanft auf und verbot ihnen über den Zwischenfall zu sprechen. Dann setzte er sich an den Rand der Terrasse, an den Abhängen der Apenninen, von wo aus das Auge die Unermeßlichkeit Latiums bis zum Meere und die Unermeßlichkeit des Raumes umfaßte, in den der düstere Vorhang der Dämmerung eindrang. Und während eines Teiles der Nacht unter dem fernen Glanze des Firmamentes, sprach Afranius zu seinen Schülern vom höchsten Gut, von der Vorsehung, von der Weltseele, in der nach dem Tode die Menschenseele glücklich sich versenkt, wenn sie nach den göttlichen Gesetzen gelebt hatte.

In dieser Nacht gelobte Ombricius, seinem Meister würdig zu werden. Aber ach, dieser Entschluß war von nicht langer Dauer. Bald nachher, als er sich in Rom befand, erfuhr der junge Mann, daß sein Lehrer von den Schergen Neros enthauptet worden war. Nero hatte sich des Meisters Haupt bringen lassen. Gleichzeitig wurden alle Philosophen aus Rom verbannt. Bestürzt durch dieses Unglück, fragte sich Ombricius, wozu all dieser Mut diene. In seinem Aufbäumen wider das menschliche Schicksal erfaßte er

Mitleid für seinen Lehrer und er zweifelte an der Philosophie. Der abstrakte Gedanke, der die Welt nicht ändern konnte, schien ihm ein leerer Wahn. Er nahm sich vor, Macht zu erobern, genug Macht, um selbst über Leben und Tod verfügen zu können und um nach seinem Willen Gerechtigkeit zu üben. So hatte er mit einer Art Grimm die Laufbahn des Soldaten erwählt.

Er trat in die Armee Vespasians ein und später in die Legionen dessen Sohnes Titus, der im Oriente befehligte. Er lernte die männlichen Mühsale des militärischen Lebens kennen, seine Freuden und Leiden, die anstrengenden Übungen, die Feldwachen, Strapazen ohne Ende und das Mißbehagen unliebsamen Vorgesetzten gehorchen zu müssen, aber auch die Freude an dem Bewußtsein der Kraft, dem Reize der Gefahr, der Bewegung während der Schlacht und an dem Siegesrausch. Vor allem lernte er die Lust des Befehlens kennen, wenn er seine Kohorte in das Gefecht führte. Und da die Anlage zum Herrschen den Grund seiner Natur bildete, erwachte in ihm ein verzehrender Ehrgeiz.

Er gedachte mächtig zu werden, mächtiger als Afranius, um ihn zu rächen, um seine eigenen Feinde zu zermalmen. Er bekam bald bei der Belagerung Jerusalems den Rang eines Primipilärtribunen in einer Legion des Titus. Schon glaubte er sich den höchsten Ehren nahe, als eine Unvorsichtigkeit seine kühne Hoffnung mit einem Schlage zunichte machte.

In einer Schlacht in Syrien, als der Kommandant der Legion gefallen war, sprang Ombricius auf dessen Pferd, ergriff das Kommando und trug den Sieg davon. Sogleich riefen ihn die römischen Krieger zum Befehlshaber aus. Wo jede Legion ihren Cäsaren zu haben verlangte, rief ein Legionär: «Es lebe der Imperator!» Anstatt den Soldaten zu strafen, hatte er ihn belohnt. Diese Tatsache wurde Titus hinterbracht, der gar eifersüchtig das römische Imperium für seinen Vater Vespasian verteidigte. Anstatt Ombricius zum Oberbefehlshaber zu machen, verabschiedete er ihn mit einer Ehrenkrone und einer reichen Belohnung.

Zur selben Zeit wurde Ombricius Rufus der Erbe seines Oheims in Pompeji. Bitterkeit erfüllte ihn; er sah sich in seinem Ehrgeize betrogen, und so war der junge heißblütige Mann an dem Punkte angelangt, zur Philosophie zurückzukehren, um in ihr Vergessenheit seines Verdrusses zu suchen, als Hedonia Metellas Blick die Gier seiner Wünsche durch neue Aussichten wieder erweckte.

Hatte nicht ein einziger Blick der in der Sänfte liegenden Patrizierin genügt, vor seinen Augen alle unnahbaren Gelüste nach den Würden eines Konsuls und dem Purpur eines Imperators vorbeiziehen zu lassen? – Und als ob dieses Bild nicht stark genug wäre, um ihn aufzuregen, war ein anderes gefolgt, das in die unbekannten Tiefen seines Wesens drang. Die Priesterin der Isis, nach der Patrizierin ... Alkyonne nach Hedonia Metella ... war das ein Stück des tiefen und klaren Himmels nach dem flackernden Leuchten der kaiserlichen Hölle? Unerwartetes Schauspiel! Wieviel einfacher und wunderbarer hatte sich diese kindliche Seele der Seherin gezeigt. Über seine glühende Seele war es wie ein Hauch des paradiesischen Friedens gekommen. Mit einem Schlage hatte sie ihn weit von dieser blutigen Arena hinweggeführt, von dieser entehrenden Schwelgerei, die die Welt war. Wie sollte er jene Frauen nennen, die er bis zum heutigen Tage gekannt hatte? Wohlfeile Werkzeuge der Sinnenlust oder gefährliche Bestien? Und die Männer? Behelmte und gepanzerte Wilde mit Verstand und List bewaffnet, oder unglückliche, gehetzte Tiere, Opfer ihrer Bändiger oder entnervte und charakterlose Höflinge, die hinter der Meute der Raubtiere nachschlichen? War Afranius, der edle Stoïker, sein Lehrer, etwas anderes gewesen als eine ohnmächtige Vernunft in einem gebrechlichen, kümmerlichen Körper? Alkyonne aber war *eine Seele!* Eine himmlische Seele, die in der glänzenden Helle eines schönen jungfräulichen Körpers zitterte. Diese Seele strahlte aus den lasurblauen Augen, sie rieselte in dem Goldhaar wie ein Feuerstrom. Er hatte diese menschliche Laute gesehen und gehört, auf der ein unsichtbarer Genius die zarten Saiten erklingen ließ und auf der die Schwingungen ein Hauch aus dem Jenseits waren, so fein, aber so lieblich, ein Hauch des Erweckers eines Schwarmes verworrener Gedanken und ferner Erinnerungen ... Und hinter Alkyonne, der unbefangenen und unbewußten Prophantiden, gab es eine ganze Welt von der die Dichter träumen und die noch niemand gesehen; vielleicht die einzig wahre ... Ach, wenn sie wirklich bestünde, was konnte er da erobern, welche Freude und welch eine Macht, größer als die des Kaiserreiches! Ombricius erbebte von einem neuen Verlangen erfaßt, am ganzen Körper. Liebte er diese Jungfrau, die seinem Herrscherblick mit einem sanften und traurigen Blicke geantwortet hatte? Und liebte ihn Alkyonne? Bei diesen Gedanken wurde

Ombricius von einem Schwindel ergriffen, wie vor einem Abgrunde des Lichtes.

Fieberhaft regte er das Feuer mit einem Scheite aus dem trockenen Rebenholze an, denn es drohte zu verlöschen. Der Docht der irdenen Lampe hatte sein Öl verbraucht, seine Flamme warf nur ein rötliches Licht in die tiefe Dunkelheit. Ombricius erhob sich und stieß einen tiefen Seufzer in die Nacht seines wüsten Hauses hinaus, der in eine Art Stöhnen ausklang. Dann ging er ins Freie. Nach einigen Schritten gelangte er an den tiefen Graben, in dem der Sarno floß, der die Grenze seines Landgutes bildete. Still zernagte der kleine Fluß das Steilufer, das auf beiden Seiten von Oliven- und Weinbergen überragt wurde. Die Morgenröte begann hinter den Apenninen zu verbleichen, der Golf blieb undeutlich und finster. Von Pompeji sah man nur eine schwarze Masse, aus der die Türme der Stadt, der Tempel des Jupiter und der Triumphbogen sich hervorhoben. Bei diesem Anblicke erschien ihm im Geiste die Gestalt der in ihrer Sänfte ruhenden Hedonia Metella.

Ihr folgte das Bild Alkyonnens in Verzückung. Gleich darauf erblickte der Tribun in Gedanken seinen Lehrer Afranius, der mit strenger Miene und wie er zu hören vermeinte, mit ernster Stimme zu ihm sprach:

«Suche die Einweihung im Tempel der Isis!»

Da rief Ombricius unter den schimmernden Sternen, vor der schlummernden Stadt und dem rauchenden Vesuv, laut in die Stille der Nacht:

«Es sei. Ich gehe.» –

Beruhigt durch diesen Entschluß, legte sich der ermüdete Tribun in das Bett des alten Kriegers zur Ruhe.

IV
Memnon

In dieser Nacht wachte auch Memnon und seine Schlaflosigkeit war nicht minder fieberhaft als die des Tribunen. Mit schnellen Schritten war er mit seiner Adoptivtochter heimgeeilt und die alte Nubierin hatte sie an der Pforte des Tempels erwartet. Alkyonne war von einer Art Trübsinn befallen, der die Folge ihrer Ekstase war. Memnon übergab sie der treuen Dienerin, die sie durch ein steinernes Tor in das Gebäude des Tempels geleitete. Sie führte sie in einen Hof mit einigen Zimmern, eine von dem Volke vollständig abgeschlossene und außer dem Hierophanten für jedermann unzugängliche Wohnung. Taumelnd vor Schwäche und auf die Schulter der Alten gestützt trat die Prophetin ein. Inzwischen gelangte der Priester durch eine innere Treppe auf die am Dache des Tempels gelegene Terrasse, zu dem gewöhnten Orte seiner nächtlichen Betrachtungen.

Der Isistempel stand im Süden der Stadt, unweit dem Stabianertore und war an das große Theater angebaut. Oben auf der Terrasse sah man über die Dächer. Von rückwärts wurde sie von dem riesigen Amphitheater überragt und dieses schien sie mit seinem mächtigen Leibe erdrücken zu wollen. Das kleine Heiligtum war wie ein Schwalbennest an das große Gebäude angeschmiegt. Als Memnon auf das Dach gelangt war, sog er lange in vollen Zügen die frische Nachtluft ein und sah zum Sternenhimmel empor. Jedoch erfüllten die Gestirne, statt ihn wie sonst zu beruhigen, sein Herz mit wachsender Unruhe. Er dachte an das fremdartige Entzücken Alkyonnens, an ihre unheilvollen Weissagungen und an die heftige Erregung ihres Wesens bei der Begegnung des kühnen Unbekannten. Diese unerwarteten Geschehnisse, die wie Blitze aufeinander folgten, bekamen in seinen Augen erschreckenden Sinn übernatürlicher Zeichen und furchtbarer Mahnungen. Sie beleuchteten nicht nur seine ganze Vergangenheit, indem sie die tiefsten und dunkelsten Schichten seiner Seele aufrührten, sondern sie warfen auch erschreckende Strahlen auf die Zukunft. Das war eine jener Stunden, wo unter den rohen Stößen des Lebens die gekrampfte Seele beim Herde des glühenden Gewissens sich sammelt. Um die Ereignisse zu verstehen, mußte er sich fassen.

Er seufzte noch einmal und blickte um sich. Vor ihm beschränkte die Masse der Häuser den Blick, hinter ihm bedrückte ihn der mächtige Bau des Theaters. Um nicht zu ersticken, brauchte er mehr Luft, mehr Raum, mehr Himmel. Da erinnerte er sich, daß der Dekurio Helvidius, als er ihn vor wenigen Wochen als Priester des Isistempels einsetzte, ihm ein altes Bronzetor gezeigt hatte, das sich am Ende der Terrasse in die dicke Mauer des angrenzenden Gebäudes öffnete. Sie führte zu einem Gang, durch den man in das Innere des Theaters zur ersten Sitzreihe eindringen und zur Galerie des Umkreises emporsteigen konnte, von wo aus der Blick das Meer erreichte und einen Teil des Golfes von Neapel umfaßte. An seinem Gürtel trug er immer den Schlüssel und öffnete nun das Tor. Furchtlos durchschritt er die düsteren Gänge, gelangte bald zum Amphitheater und stieg durch einen Sektor zur offenen Säulenhalle, die das Gebäude krönte, empor.

Der große Halbkreis und die Bühne waren leer. In dieser mondlosen Nacht glich das Theater der Kraterhöhle eines Vulkanes. Unter dem unbestimmten Lichte der Sterne erstreckte sich jenseits der in leichte Nebel gehüllte Golf. Die äußerste Spitze von Capri vermischte sich mit dem Vorgebirge von Sorrent. Auf der andern Seite sah er das Leuchtfeuer von Neapolis (das alte Parthenopolis); jene von Puteopolis und von Misene und ganz nahe die pyramidenförmige, einem auf hohem Meere kauernden Phantom ähnliche Insel von Pithekusia. Memnon ließ sich unter der offenen Säulenhalle nieder. Er schaute einige Zeit in die Landschaft hinaus, die sich mit ihrem Golfe, ihrem Meere und ihrem Firmamente unter seinem Auge wie ein flatterndes Tuch zu wellen schien. Er senkte sein Haupt und blickte in den finsteren Trichter der gebogenen Bänke, der sich zu seinen Füßen öffnete. Jetzt schien der Abgrund seiner Seele nicht minder finster als dieses ungeheure Amphitheater, das von den Menschen ausgehöhlt ward, um dort den edlen Gedanken der Poesie Gestalt und Ausdruck zu geben. Bald kamen unter seinem starren Blicke die Bilder seiner eigenen Vergangenheit aus dem Beschwörungsgrunde hervor. Die Hauptereignisse seines Lebens erschienen vor seinem geistigen

Auge zuerst vereinzelt, dann in Gruppen, endlich in einer lebendigen Kette verbunden. Dieser tragische Chor wickelte den Faden seines Geschickes in ernsten Mienen nach Belieben auf und ab.

*

Als fleißiger Sohn eines kleinasiatischen Griechen sah er sich zuerst in den Schulen der alexandrinischen Philosophen; denn die leidenschaftliche Liebe zur jenseitigen Wahrheit hatte seine Jugend beherrscht und beherrschte sein reifes Alter. Zuerst war er geblendet durch die Beredsamkeit der Meister und die glänzenden Gerüste der Systeme, die sie aufbauten, die sie unaufhörlich zerstörten und wieder erbauten in gelehrten Bauwerken. Aber für die Dauer hatten ihm die Erörterungen der Stoïker und der Epikuräer, die Lehren Platos und des Aristoteles wie eitle Spiele der Rhetoren und Sophisten nicht mehr genügt. Man überfüllte ihn mit Worten und Träumereien, während sein Geist das Wort erwartete, das das durchsichtige Weltall ausdrückte und die Seele mit unsterblichem Leben erfüllte. Eines Tages wandelte er mit einem alten Ägypter am Ufer des Mareotis-Sees; dieser Mann versicherte ihm, daß nur allein die Lehre des Hermes, so wie man sie ehemals in den Tempeln lehrte und von der die populäre ägyptische Religion nur die gröbste Verkleidung war, einen Geist wie den seinen befriedigen konnte. «Denn», so sagte er, «nicht nur diese Lehre erhellt den Geist durch die Festigkeit und Größe seiner Erbauung, sondern verbindet die Ausübung mit der Erkenntnis und den Versuch mit dem Gedanken, indem sie allmählich den Schüler in die Quelle der Dinge eindringen läßt, in die unsichtbare Welt, wo sich der Schlüssel zu allem findet.» ... «Wo kann ich den Unterricht zu diesen Lehren finden?» ... «Ach», hatte der Ägypter geantwortet, «die Lehre ist immer noch in den hermetischen Büchern vorhanden, die in einigen Tempeln Thebens, Memphis und Unterägyptens aufbewahrt werden. Aber sie wohnt in toter Schrift; denn die Priester, die sie zu beleben verstanden, sind nicht mehr. Seit Jahrhunderten ist die Wissenschaft der Mysterien unter einer entarteten Priesterschaft verloren gegangen. Der schändliche Kambyses ließ die meisten großen Propheten dieser Religion töten und verbrannte ihre Bücher. Die Ptolomäer duldeten die Nachfolger, aber die römischen Kaiser haben sie vertrieben, weil sie in ihnen geheime Feinde ihrer Macht glaubten. Daher tragen die Häupter der Tempel für nichts den hehren Namen «Prophet»; sie sind nur die gierigen Besitzer ungeheurer Reichtümer, unwissende Hüter einer unverstandenen Wissenschaft, strenge Beobachter der alten Riten und schweifwedelnde Anhänger der Cäsaren und ihrer Prokonsulen.» ... «Blieb keiner, der die Überlieferung kennt und ein Wissender war?» fragte Memnon ... «Ja, es gibt einen. Der alte durch Tiberius abgesetzte Sabakkas. Er lebt am Rande der Wüste, unweit der Pyramiden in einem ehemaligen Grabe, in den lybischen Bergen, die hinter Memphis aus dem Sandmeere hervorragen.» ... «Kann ich ihn kennen lernen?» ... «Gehe hin in meinem Namen. Er wird dir raten.»

In den wilden Felsen des lybischen Gebirges fand Memnon den Sabakkas an der Schwelle seiner Höhle und trug ihm seine Bitte vor. Der Einsiedler war von rauhem, fast wildem Aussehen; er musterte den Besucher mit einem durchdringenden Blicke und sagte: «Jüngling du willst die Wahrheit? Weißt du wohl was es kostet, sie heute zu lieben? Sieh mich an. Ich war reich, mächtig, glücklich. Ich besaß einen eigenen Tempel, Herden, Felder, eine ganze Stadt lag mir zu Füßen. Und schau! Was bin ich geworden, weil ich die Wahrheit um ihrer selbstwillen und vor allen anderen Dingen liebte. Gefällt dir mein Weg und neidest du mir mein Ziel?» ... «Ja,» hatte Memnon mit Begeisterung seiner Jugend ausgerufen. «GOTT sei mein Zeuge, ich nehme alles auf mich, wenn ich das Licht erhalte.» ... «Gut», erwiderte ihm Sabakkas, nachdem er mit einem langen durchdringenden Blicke in seinem Gesichte zu lesen suchte. «Du gehst mit diesem Täfelchen, auf das ich einige Zeilen schreiben werde, in den sebennytischen Tempel. Der Oberpriester wird dich als Hierogrammatist aufnehmen. Er wird dir die hermetischen Bücher geben, denn er allein besitzt die echten und wird dich die heilige Sprache lehren. Das ist alles was du tun kannst. Denn wisse wohl, jeder wird nur durch sich selbst eingeweiht. Die Wahrheit hat nur einen Tempel, aber tausend Wege führen zu ihm und jeder muß den seinen finden.» Als Memnon die mit Hieroglyphen beschriebene Tafel ergriffen hatte, faßte der Greis ihn beim Arme und drückte ihn mit Kraft und sah ihm fest in die Augen. «Ich sehe es», sprach er, «deine Seele ist rein, deine Sinne sind keusch, du hast die Leidenschaft besiegt. Das ist sehr viel, aber nicht alles. Du hast einen starken Geist und ein zu zartes Herz. Ich fürchte, daß du schwach wirst; wer die Wahrheit erobern will, der muß sie lieben mit festem Herzen und mit einem unbeugsamen Willen.» Und Memnon fühlte die Hand des runzeligen Greises an seinem Arme wie eine Eisenklammer, während sein flammendes Auge das seine wie mit einem Schwerte durchwühlte ... «Eines noch», fügte der Alte hinzu. «Wenn du zur Schwelle der dritten Sphäre gelangen wirst, dann komme zu mir, denn du wirst nicht in das Jenseits eindringen» ... «Was ist die dritte Sphäre?» murmelte Memnon ... «Du wirst es erfahren, wenn du durch die zwei ersten gedrungen bist.» Mit diesen Worten hatte sich Sabakkas erhoben. Er legte seine magere Hand auf Memnon's Haupt und der junge Mann fühlte eine Wärme in sein Gehirn eindringen und in seinen Körper hinabsteigen. Eine tiefe Bewegung, ein Blick stummen Mitleides kam aus dem mächtigen Auge des Einsiedlers. Aber als ob er fürchtete weich zu werden, schüttelte er seine Hadern und rief mit befehlender Stimme:

«Jetzt geh!»

Memnon stieg den felsigen Bergpfad hinab, ohne sich umzusehen. Er durchquerte den weißen glitzernden Sand, der hier die grüne Zone des Niles von der lybischen Bergkette trennte. Bald bemerkte er Kinder und Frauen mit ihren Ziegen und Schafen in einem Kleefelde. Sie grüßten den Fremden mit freudigen Zurufen; denn er war von dem einsamen Propheten, dem heiligen Arzte der Gegend empfangen worden. Er selbst empfand eine ängstliche Freude. Er hatte freiwillig seine Bestimmung gewählt und weil er sie nicht deutlich kannte, erfüllte es ihn mit mächtiger Erhebung. Gleichzeitig fühlte er, daß diese Selbstbestimmung etwas Unabwendbares haben werde. Sie hatte seinen Arm mit der Hand des Meisters wie mit einem Eisenringe verkettet.

*

Zwanzig Kilometer vor der Mündung, am rechten Ufer des Niles, erhob sich der sebennytische Tempel der Isis in der breiten Ebene des Deltas über die volle Landschaft. Vor ihm stand sein Pylon und ringsherum lagen die niedrigen Häuschen, die den Priestern und ihren Familien zur Wohnung dienten; er bildete einen viereckigen geschlossenen Raum, der durch eine erhobene

Mauer nach außen gesichert war. Das Sanktuarium überragte die ganze Gegend. Von seinem Peristyle mit den schweren Säulen mit Papyruskapitälen, entrollte sich unabsehbar der ebene Horizont mit seinen Kanälen, seinen Maisfeldern und seinen Weiden. Inmitten der glänzenden Kulturen lief der Nil in langen Mäandern zwischen seinen Schilfufern. Mit Palmen bedeckte Inseln lagen hier und da zerstreut an der Oberfläche, die ruhig war wie ein See. Hier in der Nähe des Meeres breitete sich der königliche Fluß, der Vater Ägyptens, selbst wie ein Meer aus und schien keine andere Sorge zu kennen als Tag und Nacht den Himmel mit all seinen herrlichen Farben zu spiegeln. Hier verflossen die schönsten Jahre Memnon's. Der Oberpriester Smerdes, ein kluger und vorsichtiger Mann, hatte ihn durch Sabakkas' Empfehlung günstig aufgenommen. Der alexandrinische Grieche wußte sein Vertrauen zu gewinnen. In kurzer Zeit lernte er die Hieroglyphen lesen und wurde erster Schreiber des Tempels. Smerdes erlaubte ihm das Lesen der Bücher des Hermes, die auf Papyrusrollen geschrieben und in einem geheimen Gemache des Tempels aufbewahrt waren. Er übersetzte sie in die griechische Sprache und drang so in die Lehre ein. Die Erkenntnis dieser Lehre war für den Neophiten eine Art Offenbarung. Er glaubte bei der Entfaltung des Weltalls durch die Unendlichkeit der Zeiten mitzuhelfen. Die Weltepochen öffneten sich langsam vor ihm, wie die weißen, blauen und rosigen Lotusknospen, deren geschlossene Kelche jeden Morgen aus dem Nile emporsteigen und eine nach der andern sich in den Strahlen der Sonne entfalten. Und auch seine Seele öffnete sich Blatt für Blatt auf dem großen Strome des Lebens. Die leidenschaftlichen Studien genügten, um auf Jahre seinen Wahrheitsdrang zu befriedigen. Dann kam die Müdigkeit. War dieses Schauen der möglichen Wahrheit der Besitz des großen Geheimnisses oder war es nur ein Spiel seiner geblendeten Vernunft? Nein, das war hier nicht zu erkennen. Das verhieß nur einen noch glühenderen und schöneren Traum. Das hieß nicht den dichten Schleier zu lüften, der das Jenseits verhüllte, hinter den Vorhang zu gelangen und in die große Werkstätte der Seelen, der Wesen, des Lebens eintreten.

Nein, er hatte noch nicht an der Quelle der Dinge getrunken und der Durst nach ihr erfüllte ihn ganz.

V

Der Alkyon

Einige Zeit später geschah in Memnons Leben ein großes Ereignis, das für ihn der Brunnen namenloser Glückseligkeit und endloser Herzensängste werden sollte.

Eines Nachts erging er sich am Ufer des Niles und gewahrte eine große Barke in einer Bucht verankert. An ihrem Bau erkannte er eine jener phönikischen Galeeren, die den Purpur nach Ägypten brachten und die Wohlgerüche aus Syrien, die Stoffe aus Persien. Ihre zwei wie Flügel gekrümmten Raae ließen sie wie einen Sperber erscheinen, der in das Schilf hinabstößt. Von Neugierde getrieben und von unsichtbarer Gewalt angezogen, näherte sich ihr Memnon. Ein Steg lag zwischen Ufer und Galeere. Der Isispriester betrat ihn. Niemand befand sich auf der Brücke. Die Schiffer feierten in einem benachbarten Dorfe und der betrunkene Lotse schlief auf einem leeren Schlauche. Im Mondenlichte, das die Barke beleuchtete, erblickte Memnon, nahe dem Hinterschiffe, auf einem Lager von trockenen Algen ein schlafendes Kind. Das kaum zwölfjährige Mädchen war in ein zerrissenes Kleid gehüllt, ein Fetzen umwand dürftig seinen Körper. In dem Goldhaar, in dem Meeresalgen hingen, sah es wie ein Vöglein mit gebrochenen Schwingen aus. Es stieß im Schlafe einen langen Klageruf aus. So schmerzvoll, so klagend war der Ruf, daß Memnon mit lauter Stimme fragte: «Mein Kindchen, was ist dir?»

Die ernste Stimme des Priesters hatte einen metallischen Klang, wie wenn auf einem im Tempel aufgehängten Votivschilde mit dem Schwertknauf geschlagen wird und die Dreifüße und Leiern im Sanktuarium mit erzittern läßt. Magisch erschallte seine Stimme in der klaren Helle der wunderbar schönen Nacht, die den im rosigen Lichte schimmernden Nil, seine silbernen Inseln und fernen Ufer in elysische Gefilde verwandeln wollte. Es entstand eine tiefe Stille. Ein leiser Wind wehte vom Schilfe her wie ein langer Seufzer ... und das Kind erwachte. Mit beiden Händen entfernte es die Flechten aus seinem goldroten Haare. Mit weitgeöffneten Augen schritt es auf den Priester zu, berührte seinen Arm, wie um sich zu vergewissern, daß er ein lebendes Wesen sei. «O! du bist es! Ja! du bist es!» flüsterte es mit erstickter Stimme. Dann fiel es auf die Knie nieder, breitete flehend seine Arme gegen ihn aus und rief: «Rette mich, errette mich von diesen Menschen! Sie wollen mich verkaufen.» Tief bewegt hob Memnon das Kind empor und drückte es an sich. «Fürchte nichts», sagte er, «und komm mit mir.»

Mit dem kleinen, sich an seinen Arm anklammernden Mädchen nahm der Isispriester eilenden Schrittes den Weg zum Tempel. Oft wendete es seine Blicke zurück, um zu schauen, ob die bösen Schiffer sie nicht verfolgten, um sie ihrem Retter zu entreißen. Es beruhigte sich erst, als sie den großen Pylonen passiert hatten und das Tor der Umfriedung sich hinter ihnen schloß. Jetzt erzählte ihm das Kind seine Lebensgeschichte. Es war aus Samothrake. Auf einem Riffe im ägäischen Meere hatten die Eltern mit ihm Schiffbruch erlitten. Piraten hatten sie getötet und das Kind Händlern von Tyrus überlassen, die es als Sklavin in Oberägypten verkaufen sollten. Die rohen Seeleute hatten die Kleine mißhandelt und geschlagen.

Eines Nachts hatte sie sich durch deren Drohungen verstört, in das Meer stürzen wollen. Aber am Schiffsbuge war ein unbekannter Mann hervorgetreten und hielt sie mit erhobener Hand von ihrem Vorhaben ab. Dann war er wie ein Schatten verschwunden. Als sie acht Tage später den Priester der Isis vor sich erblickte, hatte sie in Memnon Zug für Zug die Erscheinung auf der Barke erkannt. «Jetzt weiß ich», schloß sie, «daß du ein von GOTT gesandter Retter bist, mein neuer Vater.»

Memnon war gewiß, daß dieses mit dem zweiten Gesichte begabte Kind der Lohn all seiner Anstrengung war, eine seinem liebeentwöhnten Herzen geschenkte Tochter, eine lebendige Fakkel, die die Mächte ihm übergaben, um ihn zu führen, vielleicht ... in die geheimnisvollen Gebiete des Jenseits; ein schwaches, noch flackerndes Licht, das aber groß werden konnte und sich unter seinen Händen stärkte. Als er das schlafende Mädchen in der Barke erblickte und er es wie im Traume sich erheben und einherschreiten sah, da hatte auch er bis in den Grund seines Herzens gebebt und hatte sie zu erkennen geglaubt. Ach in welch anderen Leben war er dieser Seele begegnet? Ewiges Geheimnis für dieses Leben. Aber sie war gewiß, diese geahnte Verwandtschaft. Mächtiger als alle anderen, bestanden diese überirdischen Bande. Denn keine frühere Gemütsbewegung konnte sich mit der empfundenen vergleichen, als er dieses Kind in seine Arme drückte. Hatte nicht Plato gesagt: «Wissen heißt sich erinnern», und hatte nicht ein unbekannter Weiser hinzugefügt: «Nichts ist heiliger als das Geheimnis des Wiedererkennens, denn die Liebe zweier Seelen ist ein Wiedererkennen ihres Lebens in GOTT!» In dem Nachforschen seiner Vergangenheit hatte Memnon ein erneutes Schauern vor Überraschung und Freude. Er erinnerte sich vor Zeiten einmal die Pythia von Delphi gefragt zu haben, ob er jemals in seinem Leben in das Geheimnis der andern Welt eindringen würde; da hatte ihm das Orakel geantwortet: «Im Lande der Isis, wird ein Alkyon des Meeres dir den Schlüssel der Seelen bringen.» Hatte er nicht das Mädchen aus Samothrake in der Barke ihrer Räuber gefunden, wie einen Alkyon in seinem schwimmenden Neste.

Darum nannte er es Alkyonne.

*

Memnon war unsagbar glücklich, eine Adoptivtochter zu besitzen. Eine große Geldsumme hielt die phönikischen Händler schadlos, die mit großem Geschrei gekommen waren, um ihren Raub zurückzufordern. Ohne Mühe erlangte der Priester die Aufnahme seines Schützlings in die Reihe der Pallatiden. So nannte man die Frauen und Töchter der ägyptischen Priester, die man zum Tempeldienste heranzog. Sie nahmen an den Kultuszeremonien, an den Opferungen teil, man verwendete sie bei der heiligen Musik und wenn sie die seltene Gabe des Hellsehens besaßen, bediente man sich ihrer in den Krypten bei den geheimen Wissenschaften. Alkyonne wurde dem Schutze einer alten Nubierin mit Namen Nurhal anvertraut, die sie im Spiel auf der Theorbe unterrichtete. Memnon lehrte sie die heiligen Hymnen, die Poesie und die Geschichte der Götter. Das samothrakische Mädchen zeigte einen eigenartigen Charakter. Gewöhnlich war es furchtsam und scheu, aber es hatte Augenblicke leidenschaftlicher Ungezwungenheit oder einer tollen Fröhlichkeit. Dann wurden seine blauen Augen violett und nahmen einen ungewöhnlichen Glanz an. Ihre Bewegungen und Gebärden kamen immer aus ihrem Innersten. Die vielfachen Ausdrücke inniger Gefühle ahmten niemals fremde Formen nach und sprühten manchmal wie Blitze. Sie sprang im ungestümen Auffahren von einem Gedanken zum andern. Bereits offenbarten sich zwei verschiedene Personen in ihr. Spazierte sie mit ihrer Nubierin in den Feldern, sprang sie mutwillig in dem jungen Getreide und zwischen den Ziegen wie eine kleine Bacchantin herum. War sie aber mit Memnon im Tempel, dann wurde ihr Antlitz streng und ihre Haltung ernst. Seit dem ersten Tage war sie in dem Tempel wie zu Hause. Furchtlos blickte sie die Götterstatuen an. Ihr gieriger Blick stieg längs der mächtigen Säulen empor, die mit gemalten Figuren und Hieroglyphen bis zu den vielfarbigen Kapitälen bedeckt waren und die mit ihrem Palmenbüschel, wie mit einem riesigen Kelche das Dach stützten. Ihr Blick hielt lange auf der Decke fest, auf der sich, wie ein anderes Firmament, die symbolischen Zeichen des Tierkreises ausbreiteten. Alkyonne schien das alles als ihren Besitz wiederzuerkennen, schweigsam, entzückt, aber nicht erstaunt. Lange einer Idee zu folgen oder alle die Teile eines großen Ganzen zu ordnen, war sie unfähig, sie hatte jedoch oft mit einem Schlage den Mittelpunkt erfaßt. Ihre Weissagungen waren unerwartet und rasch. Einmal stand sie vor der Statue des Osiris und sagte: «Er lacht nie, weil er aus dem Reiche der Toten kommt.» Ein andermal sprach sie von Isis: «Sie lächelt immer, denn sie kommt vom Himmel.»

Memnon verbrachte mit ihr in der Kühle des dunklen Tempels wundervolle Stunden. In den verschiedensten Haltungen, bald zu seinen Füßen kauernd, den Kopf an seine Knie geschmiegt, bald vor ihm stehend, bald in großen Schritten auf und abgehend, horchte sie aufmerksam und gelehrig zu, als müßte sie die innere Bewegung, die das Wort des Priesters in ihr hervorrief durch Mienen übersetzen. Die Legende von Isis und Osiris hatte die Gewalt sie in eine Art Traum zu versenken. Manchmal lehnte sie sich an eine der gigantischen Säulen und hatte die Hände über den Kopf gekreuzt und die Arme wie die Henkel einer Amphore gebogen. In ihren Gedanken versunken, schien sie sich einer anderen Welt zu erinnern. Durch eine Öffnung der Architraven drang ein schräger Strahl der Sonne in den Tempel und ruhte auf dem jungfräulichen Kinde. Sie sah aus wie eine jonische Lyra, mit elfenbeinernen Armen und Goldfäden, eine lebende Lyra, die ihres Meisters harrt. Nach solcher Seelenabwesenheit kam das junge Mädchen mit einem jähen Sturz zur Erde herab. Manchmal legte sie ihren Arm in den Memnon's und sagte mit einem Lächeln ihrer zartgewölbten Lippen: «Vater, nicht wahr, wir fahren einmal in der Barke mit den roten Segeln nach den blauen Inseln des großen Meeres.» Glücklich drückte Memnon den Kopf seines gefundenen Kindes an sich und streichelte ihre Haare. «Ja», antwortete er, «ja liebe Alkyonne, meine weiße Möwe, eines Tages gehen wir zusammen hin.»

Man mußte der Möwe aber von Zeit zu Zeit ihren Flug lassen. Memnon erlaubte, daß Alkyonne unter dem Schutze der alten Nubierin eine Spazierfahrt in der Barke auf dem Nile machte. Das kleine Boot, von Gestalt einer Gondel ähnlich, war blau bemalt und sah wie die heilige Barke in den religiösen Bildern aus. Am Schiffsschnabel endigte der Kiel in einem Lotuskelch. Am Hinterschiffe war muschelförmig ein Tuch gespannt, um den Passagieren Schatten zu spenden. Zwei Ruderer und ein Steuermann waren mit der Führung der Barke vertraut. Alle Schiffer des Niles kannten die zum Tempel gehörige Barke und verehrten sie, als trüge sie die Göttin selbst. Sie würden ein Sakrileg zu begehen geglaubt haben, wenn sie sie berührten oder sich ihr zu sehr näherten. Alkyonne und die alte Nubierin schaukelten also in Frieden wie Königinnen auf dem großen Strome. Man landete oft an den anderen Ufern, wo man Kamele am Halfter und gezähmte Strauße vorüberziehen sah. Oder man besuchte die schattigen Inseln, wo die Gazelle unter den Bäumen sprang.

Mehrere Jahre vergingen. Aus der sich entfaltenden Jungfrau wurde das werdende Weib. Alkyonne war siebzehn Jahre alt. Und während der Winterszeit, da die Sonne ihre Gluten mäßigt und Ägypten in einem frühzeitigen Lenze beim Zunehmen der Gewässer grünen läßt, begannen wieder die Nilfahrten. Unter den Flußinseln gab es eine, die Alkyonne sehr bald bevorzugte. Sie besuchte sie wiederholt. Die Schilfinsel war größer als die anderen. Ein dichter Gürtel von Papyrus faßte sie ein. Im Innern war Palmenwald und weite Wiesen dehnten sich aus, wo die Beduinenkinder ihre Ziegen weiden ließen. Ein Fährmann brachte die Ausflügler von einem Ufer zum anderen und legte an die Insel an. Die Barke

Alkyonnens landete dort in einer stillen Bucht. Am Ufer krönte eine prächtige Sykomore einen Rasenhügel und warf weit den erfrischenden Schatten seiner dichten Blätter. Die Papyrusstauden umschlossen den Hügel und die Bucht mit einem scheinbar undurchdringlichen Gürtel von doppelter Manneshöhe. Aber durch ihr Dickicht führten feuchte Pfade, die nur den Hirten allein bekannt waren, in den Palmenhain und zu den Weiden der Insel. In diesem grünen Dome, dem Himmel und den Winden offen, aber vor heißer Sonne geschützt, liebte Alkyonne sich auszuruhen, während die Nubierin und der Pilot in der verankerten Barke schlummerten. Seit dem ersten Tage kamen Wasservögel, weiße Ibisse und rosenfarbige Flamingos, setzten sich in den Sand der Bucht und sahen das junge Mädchen neugierig an, wie wenn die Neuangekommene ein Vöglein einer fremden Gattung wäre, *aber ein Vöglein.* Sie gewöhnte sich ihnen Krümchen vom Tempelbrote und Maiskörner zuzuwerfen. In Mengen kam das geflügelte Volk, Schwäne und Kraniche, Tauben aus der Umgebung, ja selbst die Möwen des Meeres, die am Delta nisteten. Als wären die Vögel zutraulicher wie die Menschen gewesen, sprach sie mit ihnen, rief sie, wies sie zurück ... und sie schienen zu verstehen, denn sie gehorchten der bezaubernden Priesterin. Wenn sie am Ufer der Bucht stand, lockte sie mit einer Bewegung ihrer Schärpe Züge von Schwalben heran, die sie einen Augenblick umkreisten, um wieder in den blendenden Azur zu entfliehen.

Von den großen Mengen der Vögel, die immer gegen denselben Punkt herabstiegen, angezogen, schlichen sich die kleinen zehn- bis zwölfjährigen beduinischen Hirtenknaben durch das Schilf bis zur Bucht, wagten aber kaum ihre sonnenverbrannten Gesichter aus dem Papyrusdickicht zu stecken. Sie erblickten mit einer Art religiöser Furcht die Tochter der Isis, wie man sie nannte, die die Vögel des Himmels fütterte. Als sie aber über ihre verlegenen Gebärden und über ihre barbarische Sprache lachte, erkühnten sie sich nach und nach und brachten ihr Honigwaben, in langen Blättern eingewickelte Feigen und kleine von ihnen verfertigte Sphinxe. Sie näherten sich ihr nur ehrfurchtsvoll in Entfernung und setzten ihre Gaben kniend hin. Bei ihrer Wiederkunft brachte sie ihnen Amulette vom Tempel, Skarabäen aus Syenit oder winzige Bildchen des Osiris auf schwarzen Basalt; das waren wunderliche Verbeugungen und Freudenrufe.

Während dieser Szenen hatte Alkyonne des öfteren ein Geräusch, wie von männlichen Schritten im Dickicht des Schilfes vernommen. Die Papyrusstauden bewegten sich durch leichte Berührung hin und her. Eines Tages öffnete sich der Vorhang und das Mädchen gewahrte einen jungen Mann von wunderbarer Schönheit. Er trug über seiner Tunika ein Lammfell und wie die Hirten einen Kirschenholzstab in der Hand. Aber die gelockten Haare und seine griechischen Gesichtszüge deuteten nicht auf einen Beduinen. Seine träumerischen Augen glänzten unter ihren tiefen Wölbungen wie die Sterne in dunkler Nacht. Sein Mund war ernst, die Gestalt edel. Man hätte sagen können: ein kraftvoller Eros von hohem Wuchse als Hirte verkleidet. Kaum bemerkte ihn Alkyonne, war er wieder verschwunden. Doch sah sie ihn bald darauf wieder. Unter den kleinen Beduinen war ein boshaftes Kind mit einem Satyrenkopf. Er lachte heimlich über die Isistochter und verspottete sie heimtückisch. Eines Tages fing er eine Taube, die Alkyonnens Liebling war, und die ihr aus der Hand fraß, bei dem Flügel. Alkyonne stieß einen Schrei des Schreckens aus, aber der freche Bursche verschwand unter Triumphgeschrei mit seinem Raube im Gebüsche.

Alkyonne war betrübt und weinte, als sie zu ihrer größten Überraschung den unbekannten Hirten aus dem Schilfe heraustreten sah, der den kindlichen Dieb am Ohre hielt. Mit Drohungen nötigte er den Knaben vor der Tierfreundin niederzuknien und ihr die Taube zurückzugeben. Als sie mit Entzücken das ängstliche und zitternde Tier an ihre Brust drückte, sprach der Unbekannte mit tiefer Stimme in reinem jonischen Griechisch zu ihr:

«Ist Alkyonne jetzt glücklich?»

«Ja. – Aber wer bist du, geheimnisvoller Hirte, der du meinen Namen weißt. Ich kenne dich nicht!»

«Ich bin ein Verbannter.»

«Aus welchem Lande?»

«Aus deinem.»

«Warum bist du Hirte geworden?»

«Die Hirten leben allein und niemand kümmert sich um sie.»

«Du willst immer allein bleiben?»

«Ja.»

«Warum?»

«Ich kann es nicht sagen.»

«Kommst du wieder hierher?»
«Ja, wenn jemand dich bedroht.»
«Wie heißt du?»
«Man nennt mich hier den Horus der Beduinen. Ich bin ein Fremder, der seine Familie, sein Glück und seinen Namen verloren hat.»
«Wirst du diese Insel nicht verlassen?»
«Ich weiß es nicht, aber wenn ich verschwunden bin, so sage dir ... daß Horus immer über Alkyonne wacht.»
Darauf hatte der Fremde traurig gelächelt. Dann bekamen die ernsten und träumerischen Augen ein rasches Flackern, wie erlöschende Fackeln, die ein Windstoß anfacht. Alkyonne machte eine Gebärde des Bittens, die zu sagen schien: Gehe nicht! Bleib'! Aber der Unbekannte antwortete ihr, indem er die Hand von sich streckte und damit bezeichnete, daß eine unüberschreitbare Schranke sie trenne. Dann verschwand er hastig im Schilfe.
Einige Tage nachher bat Alkyonne Memnon um Erlaubnis einen neuen Ausflug auf den Nil machen zu dürfen. Der Priester sagte es ihr zu, aber er sah einen so fremdartigen Schimmer in den Augen seiner Tochter, daß er einen Argwohn faßte. Vom Ufer aus sah er die Gondel an der Schilfinsel anlegen. Sogleich rief er den Fährmann und ließ sich auf einem anderen Wege dorthin führen. Durch das Schilf schlich er sich bis zur Bucht. Alles war ruhig und stille. Die Nubierin saß in der Barke und war auf ihrem Flabellum eingeschlafen. Die Schiffsleute saßen etwas abseits, mit den Beinen im Wasser und fischten. Alkyonne lag schlafend unter der Sykomore. Memnon blieb lange unbeweglich. Er schämte sich seines Spionierens und wollte sich zurückziehen, als er ein Rascheln in dem dichten Schilfe vernahm. Die Papyrusstauden bogen sich zur Seite und der Unbekannte schritt aus dem Dickicht. Er blickte um sich, vergewisserte sich, daß niemand in der Bucht anwesend war und kniete sich vor Alkyonne nieder. Schien sie zu schlafen oder schlief sie wirklich? Sie bewegte sich nicht. Mit zarter Hand erhob der Hirte den Schleier, der das Antlitz des jungen Mädchens bedeckte und neigte sich über sie und betrachtete sie lange. Allmählich näherten sich seine Lippen denen Alkyonnens. Keuchend und mit vorgestrecktem Halse wollte Memnon hervorstürzen, um den verhängnisvollen Kuß zu verhindern. Aber eine geheime Macht besänftigte ihn und hielt ihn an seinem Platze

gebannt. Indessen hatten die Lippen des Unbekannten die Stirne der Jungfrau nicht berührt. Er hob den Kopf, nahm einige Blumen aus einem Körbchen, das er bei sich trug und ließ sie auf die Brust der Schläferin fallen; dann bedeckte er sie wieder sorgfältig mit dem Schleier, der sie vor den Mücken schützte. Sodann entfernte er sich, nicht ohne sich öfters umzuwenden und verschwand. Bald nachher erwachte sie mit einem tiefen Seufzer und rief nach der Nubierin: «Nurhal! Nurhal! Woher kommen diese Rosen?»

«Sie sind vom Himmel gefallen; das ist ein Geschenk der Isis», stammelte die herbeigeeilte Alte mit kindlicher Stimme.

«Nein, sie kommen von *ihm! ...*» flüsterte Alkyonne und sah nach dem Schilfe.

Memnon floh. Er wußte genug.

Am Abend desselben Tages führte der Isispriester sein Mündel in den Tempel und fragte es, was sich auf der Schilfinsel zugetragen hatte. Sie sprach zuerst von den kleinen Beduinen; als dann Memnon sie drängte, erzählte sie ohne zu erröten den Zwischenfall mit der Taube, von dem Erscheinen des Horus und dem einzigen Gespräche mit ihm.

«Du hast ihn seither nicht wieder gesehen?»

«Nein.»

«Und du wünschest ihn nicht wieder zu sehen?»

«O ja! ... Ich liebe die Verbannten.»

Sie hob ihr blaues Auge, in dem eine Träne blinkte gegen die bemalte Decke des Tempels, wo die düstere Gestalt der Nephtys, der Göttin der Nacht inmitten des Tierkreises schrecklich erschien und mit ihren schwarzen ausgebreiteten Armen das Firmament umspannte. Die Träne wurde durch die goldenen Wimpern Alkyonnens zurückgehalten, wollte nicht auf ihre blasse Wange rollen, aber die Augensterne bekamen violetten Glanz, wie eine Quelle, wenn ein Lufthauch sie kräuselt oder wenn eine Wolke vor die Sonne zieht. Ach dieser leichte Flecken über diesem himmlischen Blicke. Memnon erschrak darüber, wie ein Seemann, der auf dem klaren Azur die kleine Wolke aufsteigen sieht, dem Vorboten eines Orkanes.

*

Ein Pfeil hatte das Herz des Priesters durchbohrt. Alkyonne gehörte nicht mehr ihm allein. Eine fremde Macht war in sie gedrungen. Wer war aber der freche Eindringling, der sich erkühnte, ihm sein Kleinod streitig zu machen? Er machte seiner Adoptivtochter keinerlei Vorwürfe; kein Wort folgte dem Zwischenfalle, aber das Schweigen fiel zwischen sie wie ein Vorhang.

Die folgenden Tage zog Memnon durch die Pastophoren des Tempels, jenseits des Flusses bei den Beduinen Erkundigungen ein. Er erfuhr, daß der Unbekannte von Alexandrien gekommen war, um sich den Beduinen als Hirte anzubieten. Der Häuptling des Stammes hatte ihn auf Grund des vornehmen Wesens seiner Gebärden und seiner medizinischen Gabe ... er verstand Kranke zu heilen ... gut aufgenommen. Er selbst hatte sich den Namen Horus gegeben, und man nannte ihn daher den Horus der Beduinen. Einige sagten, er hätte ein großes Verbrechen begangen, weshalb er aus der Stadt geflüchtet war, um sich hier zu verbergen. Sein einziges Vergnügen bestand darin, unter dem schwarzen, aus beduinischen Kamelfellen gebauten Zelte, in den Papyrusrollen, die er in einem Behälter mitgebracht hatte, zu lesen und des Abends, bei sinkender Sonne an einer Palme lehnend, den feinen Schalmeien der Araberjungen in den grünen Getreidefeldern zu lauschen. Das Verbrechen mußte ungeheuer sein, dachte Memnon, wenn der junge Mann sich den Beduinen zum Dienste anbot.

Acht Tage verflossen. Als Memnon am Morgen vor Sonnenaufgang in der Sphinxallee, die vom Tempel zum Pylonen führte, lustwandelte, kam der Wächter und meldete, daß ein Fremder am Tore der Einfriedung harre und den Priester zu sprechen verlange. Memnon begab sich dorthin. Groß war sein Erstaunen, als er den geheimnisvollen Gast der Beduinen vor sich sah. Sein Gesicht war mager; er hatte ein ernstes Aussehen und trug sein Hirtenkleid mit kriegerischem Stolze. Memnon fühlte einen Stich im Herzen. Er sagte sich: Dein Feind, der dir dein Gut rauben will. Sei auf der Hut! Auf seinem Hirtenstabe gestützt sah der Fremde den Priester mit einem forschenden und ernsten Blicke an und folgendes Zwiegespräch entspann sich.

«Was führt dich hierher?»

«Ich bin ein Fremder, ein Armer und ein Verfolgter. Mit diesen drei Eigenschaften habe ich vielleicht Anrecht auf den Rat des Isispriesters.»

«Sprich! Was willst du?»

«Ich bitte als Tempeldiener aufgenommen und später, so du mich würdig finden solltest, in die heilige Wissenschaft eingeweiht zu werden.»

«Bevor ich dir antworten kann, muß ich deinen Namen wissen.»

«Man nennt mich den Horus der Beduinen. Ich habe keinen anderen Namen mehr. Ich bin ein Verbannter, der eine neue Heimat sucht.»

«Aber deine Herkunft! Deine Lebensgeschichte. Der Grund deiner Verbannung?»

«Ich kann nicht mehr sagen.»

«Man klagt dich schwerer Verbrechen an. Man sagt, du seist ein unter falschem Namen verborgener Verbrecher.»

«Wenn du dies von mir glaubst, so werde ich schweigen.»

«Der Tempel kann keinen Unbekannten ohne Namen, ohne Familie, ohne Bürgschaft aufnehmen.»

Die Augen des Unbekannten flammten in einem traurigen Blikke auf.

«Was bist du dann», sagte er, «wenn du es nicht vermagst mit sicherem Blicke in den Seelen zu lesen? Du bist kein Eingeweihter!»

Mit einer königlichen Geste zeigte er mit dem Finger auf das Haupt des Priesters. Vor Zorn erregt antwortete dieser mit einer ähnlichen Gebärde, die sagen sollte: Geh zurück! Beide Männer mißtrauten einander. Memnon beherrschte sich und erwiderte mit Ruhe:

«Wisse unbedachter und vermessener Jüngling, daß ich ein Priester bin, der für die Wahrheit lebt.»

«Was nennst du Wahrheit?» fragte der Unbekannte und kreuzte mit einem Lächeln voll bitterster Geringschätzung die Arme über die Brust. «Lehrt dich diese Wahrheit mir eine Heimat zu versagen? Und wenn dem so ist, dann ist deine Wissenschaft arm und falsch. Wohlan. Die Götter seien mit dir. Lebe du für deine Wahrheit ... ich werde für die meine zu sterben wissen.»

Er wandte dem Priester den Rücken zu und ging raschen Schrittes hinweg. Ohne über den Sinn dieser sonderbaren Worte nachzudenken, atmete Memnon, wie ein von schwerem Gewichte befreiter Mensch auf. Um besser seinen Sieg zu genießen, stieg er über eine innere Treppe auf die hohe Terrasse des Pylonen, von wo er die breite Oberfläche des Deltas übersehen konnte. Die Sonne erhob sich über das weite Niltal und ließ dessen Kanäle silbern blinken und seinen Lauf in rosiger Farbe erscheinen; denn es war die Zeit der Nilüberschwemmung. Der Horus der Beduinen schritt mit festen Schritten gegen den Nil. Da ging der einzige Gegner seines wunderbaren Glückes. Jetzt fühlte sich der Priester als einziger Herr Alkyonnens. Niemand würde ihm die Perle Samothrakes rauben. Welche Erleichterung, den heimlichen und vermessenen Räuber abgewiesen zu haben, der sie umschlich, und ihn fliehen zu sehen ... für immer. Er sah ihn am Strome in das Schiff des Fährmannes einsteigen und beruhigte sich erst, als er ihn am andern Ufer verschwinden sah. Jetzt erinnerte sich Memnon der eigenartigen Schönheit des jungen Mannes, seiner edlen und hoheitsvollen Art und er fragte sich, ob er nicht einen jener Götter, von denen Homer spricht, zurückgestoßen hatte, der als Hirte verkleidet war. Aber diese Gewissensbisse waren von kurzer Dauer und waren vollständig verschwunden, als er sah, daß ihn Alkyonne mit einem hellen Lächeln empfing ... Alkyonne, die ... Dank den Göttern ... von dem Abenteuer nichts wußte.

VI

Die Seherin

Einige Wochen später erfuhr Memnon, daß der hinter dem Namen Horus verborgene Unbekannte das Land verlassen hatte. Die Beduinen wußten nicht was aus ihm geworden war.

Zwischen Memnon und Alkyonne wurde nichts mehr von dem Hirten der Schilfinsel erwähnt. Niemals sprach sie von ihm. Sie schien ihre Nilpromenade, ihre zutraulichen Vögel und ihre Träume unter der Sykomore vergessen zu haben. Alle Gefahr war weg. Für Alkyonne begann eine neue Wandlung in ihrem inneren, geheimnisvollen Leben. Sie vernachlässigte ihr Saitenspiel, war unaufmerksam in den Lehrstunden ihres Vaters geworden. Ganz in sich versenkt, floh sie alle Menschen und schweifte in den entlegensten Teilen des Tempels umher, als ob sie die Notwendigkeit empfand, sich in der Finsternis, weit von allen sichtbaren Wesen, zu sammeln.

Eines Tages war sie verschwunden; die Nubierin hatte sie in den Tempel eintreten sehen, aber keiner der Neokoren hatte sie bemerkt. Müde vom Suchen stieg Memnon in die Krypta, deren Tor zufällig offen war. Außer den Priestern der Isis stiegen die Neophiten hinab, um die geheimen Unterweisungen zu empfangen. Seit die Einweihung verloren ging, war aus der Krypta ein vernachlässigter Ort geworden. Am Fuße des Mittelpfeilers der Krypta, die von oben durch eine enge Lücke erhellt wurde, fand Memnon zu seinem großen Erstaunen seine Tochter schlafend kauern. Dieser Pfeiler stellte die Riesenstatue des Osiris dar, der aus einem einzigen Granitblocke gehauen, das Gewölbe mit seiner hohen Tiara stützte. Der Gott, der von den Hierophanten Schweigen verlangte, hielt einen Finger vor dem Munde. Alkyonne lag dort am Sockel in einem todesähnlichen Schlafe. Memnon neigte sich über sie. Sehr blaß, die Lippen halbgeöffnet, atmete sie kaum. Ihre Gesichtszüge waren durchsichtig geworden und schienen durch ein inneres Feuer umgewandelt. Memnon erschauerte. Hatte das Orakel also wahr gesprochen? offenbarte Alkyonne endlich ihre prophetische Kraft? Der Priester fühlte den Schauer des Unsichtbaren.

Da erklangen ernste Akkorde einer Theorbe. Sie kamen von oben durch die Fensterlücke. Ein Pastophore spielte auf der geheiligten Harfe unter dem Peristyle des Tempels die Hymne des Sonnengottes Ammon Ra. Bei diesen Tönen erhob sich Alkyonne nach und nach, ohne aus ihrem magischen Schlafe zu erwachen und stellte sich vor Memnon in einer feierlichen Haltung hin. Ihre Augen öffneten sich, aber es sah aus, als ob ihre erweiterten Sterne nichts von der wirklichen Welt wahrnahmen und jenseits in einem ungeheuren und hellen Raum tauchten. Memnon war starr vor Entzücken. Er fühlte sich vor einem anderen Wesen, einem reineren und größeren als er selbst. Gleich der Lotusblume, die bei den ersten Strahlen der Sonne aus dem Nil emportaucht, erhob sich vor ihm in all ihrer Schönheit, die Seele selbst, die herrliche Jungfrau ohne irdischen Makel ... die göttliche Psyche.

«Nach langem Zögern sprach er:

«Bist du Alkyonne, mein Kind?»

Da begann sie mit sanfter, aber ernsterer Stimme als sonst zu sprechen. Ihre Sprache schmiegte sich an den Rhythmus der Theorbe, die sie von ferne begleitete. Sie flüsterte:

«Ja, ich bin Alkyonne, deine Tochter, deine Prophetin. Auf deine Bitten hin, haben mich die Götter zu dir gesandt, um dich in das Land der Seelen zu führen, in die heilige Nacht des Osiris ... Du wirst durch mich sehen ... die Augen meiner Seele werden deine Augen sein ... du mußt mich schirmen und schützen.»

«Wie?»

«Dein Wille wird die Barke der Isis sein. Sei du der gute Fährmann. Trage meine Seele auf deinen Händen ... und wir werden durch das Land der Toten ... in das Land der Auferstandenen gehen.»

«Ich bin bereit. Ich habe den Schlüssel. Das Henkelkreuz.»

«Ach! Achte! ... Schreckliche Gefahren drohen uns ... du mußt einen Verteidigungskreis um mich ziehen ... und mich gegen die Dämonen schützen ... im Ozean der Schatten, den wir zu überqueren haben.»

«Siehst du, wohin wir gehen?»

«Wir werden den Kreis der Schatten überschreiten.»

«Und dann?»
«Steigen wir zum Kreise des Lichtes empor.»
«Werden wir in das Jenseits gelangen? Zum Kreise der Helden und der Halbgötter, die uns Kraft und Macht geben?»
«Ja ... wenn mein Genius es erlaubt.»
«Wer ist dein Genius?»
«Ich kenne seinen Namen nicht. Ich sehe sein Gesicht nicht. Er ist verhüllt. Aber er trägt auf der Stirne einen Stern und in seiner Hand den Caduzeus.»
«Frage ihn um seinen Namen.»
«Er ist so weit ... so hoch ... Ich sehe nur seinen Stern und sein Szepter ... Er ruft uns ... Jetzt ... O ... halte mich ... Ich stürze ... Ach ...»
Die Klänge der Theorbe waren verklungen. Von Memnon gestützt sank Alkyonne langsam auf ihr Steinlager in einen eisigen Todesschlaf zurück. Er erwärmte ihre Hände und legte die seinen auf ihre Stirne, die so kalt wie Marmor war. Nach einer Stunde erwachte sie.
Sie fühlte sich ein wenig müde, hatte aber ihr mädchenhaftes Lächeln und ihr kindliches Schmollen wiedergewonnen. Sie war nicht im Geringsten erstaunt, Memnon bei sich zu sehen.
«Erinnerst du dich geträumt zu haben?» fragte er sie.
«Ich weiß gar nichts», antwortete sie, «außer daß ich weit, sehr weit gewesen bin.»
«Schläft du gerne in der Krypta?»
«Ja, wenn du über mich wachest. Verlaß mich nicht, wenn ich hier bin.»
Seit dieser Stunde entstand eine leuchtende Zeit im Leben Memnons. Alle Tage, wenn die Sonne sich hinter die lybische Bergkette hinabsenkte, folgte Alkyonne ihrem Lehrer in die dunkle Krypta, wo eine vom Gewölbe herab hängende Naphtalampe brannte. Einige Akkorde auf der Theorbe, die der Priester herbeibringen ließ, genügten, die Priesterin einzuschläfern. Bald fiel sie in einen tiefen Schlaf, ohne dabei aufzuhören der Stimme ihres Führers zu antworten und sie erzählte ihm alles was sie sah. Während des magischen Schlafes von Alkyonne empfand Memnon hohen und reinen Genuß, der ihn anders erfüllte, als Sinnengenuß leidenschaftlicher Umarmungen des Fleisches es je vermögen. Das war das Gefühl einer innigen und völligen Verschmelzung der

Seele mit seiner Adoptivtochter. Wenn sie in die erste Phase des Schlafes, des leichten Schlummers trat, wurde Alkyonne für ihn durchscheinend und bildsam. Sein Gedanke durchdrang sie, ohne Wort, ohne Miene, wie ein Fluidum. Er fühlte diese Seele förmlich wie weiches Wachs in seinen Händen, das man nach Belieben formen konnte. Sie hingegen las in seiner Seele, wie in einem offenen Buche, sie begriff seine Gefühle bis in die tiefen Abstufungen. Wenn dann Alkyonne in den tiefsten Schlaf verfiel, entfaltete sich eine neue Kraft in ihr, um eine ganze Welt unbekannter Wesen sich bewegen zu sehen. Vor diesen mußte er das Mädchen schützen und sie durch Worte und Beschwörung bannen. Diese für Memnon unsichtbaren Wesen, Geister oder Traumgestalten, Seelen oder Gespenster, drohten sich ihrer zu bemächtigen und sie zu umringen. Wenn sie sich aber in eine höhere Sphäre erhob und sich dem Verzückungsstadium näherte, wechselten die Seelenverbindungen der Seherin und ihres Führers. Eine klare und mächtigere Seele offenbarte sich plötzlich in ihrem Antlitze und in ihren Bewegungen. Höhere Gedanken, gebieterische Befehle flossen von ihren Lippen. Jetzt befahl sie ihrem Lehrer. Die erleuchtete Prophetin beherrschte den Hierophanten. In diesen seltenen Augenblicken lauschte Memnon unbeweglich und stumm Alkyonnens Worten. Er lauschte aufrecht stehend, aber mit knieender Seele.

Er nahm die erschütterndsten Offenbarungen wahr. Konnte er annehmen, daß die Visionen Alkyonnens nicht nur Traumbilder eines überreizten Gehirnes waren? Denn woher nahm sie diese Wunder und wie war deren logische Aufeinanderfolge zu erklären, deren prächtige Zusammenwirkung und deren wachsende Pracht? Memnons Vernunft konnte nur gelten lassen, daß die Visionen einzig das Werk der kindlichen Jungfrau waren. Vielleicht ließen sich diese Visionen in für unsere Phantasie zugängliche Formen und die erhabenen Wirklichkeiten in Geisteskräfte übersetzen. Aber ihre geordnete Aufeinanderfolge stimmte mit einer Reihe von ergreifenden und erhabenen Vorstellungen überein. Man konnte da eine Art aufsteigendes Panorama des Weltlebens sehen. Unten voll Dünste und Rauch, in der Mitte in Schatten und Licht abgetönt und die Höhe erglänzte in lebender Helle. Je nachdem es sich entrollte, bekam die irdische Welt selbst einen neuen Sinn. Die sichtbare, nach unseren physischen Gesetzen sichtbare Welt, war nur ein Glied in der Weltenkette, eine Form der Materie und des Lebens, die dichteste und schwerste unter den unbegrenzten Formen, die die Weltseele durchdringt. Um diese sichtbare Erde bereitete sich in wachsenden Kreisen, in immer ätherischer werdenden und glänzenderen Sphären, die dem körperlichen Auge unsichtbare, aber dem geistigen sichtbare Welt. Konnte sie sich nicht bis zur zentralen Sonne des reinen Geistes, der Quelle aller Dinge ausbreiten?

«Ach! bis dahin zu gelangen! hier Ströme von Wissen und Macht zu trinken!» dachte Memnon. Was war da zu erringen! Vor dieser Aussicht, an deren Ende das strahlende Ziel all seiner Wünsche glänzte, wurde der Isispriester von einem Stolze und einer grenzenlosen Freude hingerissen, er vergaß alles andere ... selbst die Seele seiner lieben Alkyonne. Sie war nur mehr das Zauberschiff, das die weite See des Unbekannten zu durchqueren und die große Reise ins Grenzenlose zu vollenden hatte. Die Erfolge dieser Versuche waren mühevoll, unklar, manchmal erschreckend. Während des ersten magischen Schlafes konnte Alkyonne nicht über eine dunkle Grenze, wo sich unbestimmte und verzerrte Formen bewegten hinauskommen, die sie Memnon in unzusammenhängenden aber bezeichnenden Worten beschrieb. Der Priester der Isis zog mit dem Henkelkreuze um sie immer Kreis um Kreise in der Luft der Krypta und sprach die Beschwörungsformeln, die im Buche der Toten von Hermes niedergeschrieben waren, denn die Schlafende fühlte sich von einem Wirbel von Gespenstern und Spukgestalten und Schatten gestreift, gestoßen, bestürmt, von denen einige sich verfluchte Seelen nannten und sie mit ihrem Hasse und ihrer Angst bespien. Die schauernde, in Schweiß gebadete Alkyonne stieß fürchterliche Schreie aus, verzerrte sich und mit Mienen des Schreckens flehte sie, Memnon möge die rasende Meute verjagen. Und Memnon bannte mit lauter Stimme und gebietender Hand die Wolke der Schatten. Er glaubte zu erkennen, daß diese dunkle Grenze, die die Erde einhüllt, ein ungeheurer Raum sei, der zugleich die Hüllen ihrer uralten Vergangenheit und die schwebenden Keime ihrer Zukunft enthält, das brodelnde Behältnis des Lebens, von dem die Seher und Propheten abgerissene Bruchstücke wahrnahmen und das ein Gott allein ganz umfassen konnte. Das war die finstere Region, die die Griechen Erebus und die Ägypter Amenti nannten. Alkyonne nannte sie die *schwarze Zone.* Manchmal hatte die Seherin die Empfindung mit diesen Schatten rasend in einen Abgrund kalter und grauer Finsternis zu stürzen. «Mir schwindelt ... ich sinke», rief sie, «ich versinke ...» Dann fügte sie hinzu: «Dort weit oben, sehe ich das Szepter meines Genius ... Ich sehe das Licht ... Ich steige empor. Empor!»

Da fiel sie in Ohnmacht. Ein todesähnlicher Schlaf erfaßte sie oder sie erwachte völlig erschöpft.

Nach einem Monate kühnen Fluges in das Land der Schatten, verschwand der schwarze Schleier und die Wanderer von dem Schiffe des Traumes getragen ... ähnlich der Barke der Isis, wie man sie in dem Tempel gemalt schauen konnte ... traten mit vollen Segeln in eine helle und friedliche Region. Das samothrakische Mädchen nannte sie die *Zone der Rosen.* Memnon erkannte sie als den Kreis der glücklichen Geister. Hier regierte Harmonie und Licht. Die geläuterten und strahlenden Seelen, die sich begegneten, schufen sich hier Wohnungen, Länder nach dem Bilde ihrer Wünsche. Alkyonne fühlte sich nach der Flucht aus der kalten Finsternis in eine warme Atmosphäre und in liebliche Wohlgerüche getaucht; lächelnd und stammelnd vor reinem Glücke hätte sie hier immer verbleiben mögen. Aber nichts mehr befriedigte Memnon. Sein Wissensdurst vergrößerte sich mit seiner Erkenntnis, sein Ehrgeiz mit seiner Macht. Je höher ihn seine Seherin brachte, desto höher wollte er steigen. Hatte er denn nicht den magischen Faden erfaßt, die allumfassende Kette der Geister, die von der Erde zum Himmel emporsteigt und sich im Unendlichen verliert? Konnte er nicht von Stufe zu Stufe der Seelenleiter klimmend diese erhabene Höhe erreichen, wo der Geist des Menschen sich mit der Weltseele vereinigt und aus dieser Quelle der Dinge trinkt, die die heiligen Bücher die Sonne des Osiris nennen. Um dorthin zu gelangen, mußte man zuerst in die Sphäre der Helden und Götter eindringen, wohl dieselbe, die der alte Sabakkas die dritte genannt und die er ihm zu erreichen verwehrt hatte. Alkyonne hatte aus ihr schon magische Ausströmungen und Strahlen wahrgenommen. Sie nannte sie die *goldene Zone.*

Aber hier stieß Memnon auf einen unüberwindbaren Widerstand. Wenn er der Seherin befahl, in diese Region einzutreten, begann sie zu zittern und zu ächzen. «Das Licht ist zu stark, es macht mich krank», stöhnte sie. «Und irgend etwas hindert mich.» Memnon war hartnäckig geworden und ließ nicht nach. Er hatte sich geschworen, daß er das Hindernis brechen, den geheimnisvollen Gegner besiegen und durch *seinen* Willen in den Kreis der Heroen und Götter eindringen werde. Und jeden Abend, durch gewundene Wege und vermessenen Zwang erneuerte er den verwegenen Versuch.

Eines Abends als der Priester der Isis drängender als sonst gewesen war, lehnte sich Alkyonne wider ihn auf und sprach rauh:

«Ich kann nicht weiter!»

«Warum?»

«Ein schreckliches Licht blendet mich; der beschwingte Genius, der uns führt, der uns emporhebt, steht vor einer goldenen Pforte, aus der blitzende Lichtstrahlen hervorquellen. Erzürne ihn nicht. Er wehrt dir mit einem Feuerschwerte den Eingang.»

«Ah! Der unbekannte Genius, der maskierte Gott. Ich will wissen wer er ist, ich will ihn sehen.»

«Ich flehe dich an ... halte ein.»

«Niemand soll mich in der göttlichen Eroberung hindern ... Wenn uns dein Genius den Weg versperrt, gut, wir werden trotz ihm gehen. Weiter! Empor! Dringe durch das Tor. Ich will es!»

Bei diesen Worten berührte der Priester die Stirne der Seherin mit seiner Hand. Sie stieß einen schrecklichen Schrei aus und bekam gräßliche Krämpfe. Der erschrockene Memnon suchte sie zu beruhigen. Plötzlich erhob sie sich herrisch und ernst, wie am ersten Tage, wo sich in ihr die Seherin und Verklärte offenbarte. Aber jetzt war sie eine andere Person geworden. Sie stellte sich mit herausfordernder Haltung vor ihn hin. Er sah ihr fest in das Antlitz und ein panischer Schrecken erfaßte ihn. Ihre Züge waren verändert. Sie hatte den stolzen Ausdruck eines jungen Helden angenommen. Das war nicht Alkyonne, das war der Hirte von der Schilfinsel, der geheimnisvolle Liebende der Prophetin, der ihm an der Pforte des Tempels zu trotzen gekommen war. Wie damals kreuzte er die Arme und warf einen flammenden Blick auf den Priester. Memnon erbebte bis in das Tiefste seines Innern, als er eine männliche Stimme ... wahrhaftig die Stimme des Horus ... aus dem Munde der Besessenen hörte, die zu ihm sprach:

«Memnon, du bist nicht, was du zu sein dich wähnst. Du hast den Schild der Kraft, du hast den Helm des Glaubens, aber dir fehlt das in dein Herzblut getauchte Schwert des Lichtes, um in die

Sphäre der Helden einzutreten, die die Sonne des Osiris schauen.»

Das Blut schien in Memnons Adern zu erstarren. Er hatte nur die Kraft zu stammeln:

«In wessen Namen sprichst du, der du dich Alkyonnens bemächtigst? Ich bin der Herr dieser Seele!»

«Du bist nicht ihr Herr, wenn du auch glaubst, sie zu besitzen.»

«Wem gehört sie denn?»

«Sie ist mein durch die göttliche Liebe und durch die Macht der großen Entsagung. Ohne mich fällst du in die Finsternis zurück. In deinem Herzen brennt noch die düstere Flamme des Ehrgeizes und des Wunsches. Quäle nicht länger deine Tochter. Du kannst nicht empor ... Entsage ... und gehorche.»

Wer bist du?»

«Alkyonnens Genius.»

«Dein Name?»

«Anteros.»

Die Seherin hatte diesen Namen mit feierlicher Stimme laut ausgesprochen und blieb einige Augenblicke mit erhobenem Arme und leuchtendem Antlitz in der Haltung eines Götterheroldes unbeweglich, dann veränderten sich ihre Gesichtszüge. Der durch die Gegenwart einer überirdischen Wesenheit gespannte und umgestaltete Körper brach zusammen und fiel wie eine träge Masse zu den Füßen des granitenen Osiriskolosses. Der entsetzte Memnon neigte sich über seine Tochter. Er glaubte sie tot. Unter dem eiskalten Busen hatte das Herz zu schlagen aufgehört, aber sie atmete noch schwach. Nur langsam wich der tiefe totähnliche Schlaf von ihr. Als sie endlich erwachte, war sie traurig, stumm und niedergeschlagen und antwortete auf keine Frage.

VII

Anteros

Inzwischen empfing Memnon den Ruf nach Pompeji. Markus Helvidius bat im Namen der Dekurionen der Stadt um einen ägyptischen Priester, um den Isiskultus wieder in die Stadt Kampaniens einzuführen. Smerdes, der geistliche Vorgesetzte Memnons, schlug ihm vor, sich als Hierophant dorthin zu begeben. Unter anderen Umständen hätte der Hierogrammatist des Isistempels nicht eingewilligt, Ägypten zu verlassen. Denn zwei Dinge beschäftigten ihn voll und ganz: die okkulte Wissenschaft und seine Adoptivtochter Alkyonne. Oder die beiden Leidenschaften hatten sich in eine einzige vereinigt, seit die Prophetin durch ihre wunderbare Begabung die Hilfsquelle seiner Forschungen geworden war. Aber die vergangene Nacht in der Krypta hatte seine Pläne zunichte gemacht und seine Seele auf das Gewaltigste erschüttert. Was bedeutete diese erstaunliche und unerklärliche Offenbarung des Horus der Beduinen unter diesem anderen Namen durch die Seherin? Woher kam diese überlegene schreckliche Kraft, die ihn mit rauher Hand in seinem Fortschritte hemmte und ihm den Zutritt zu den oberen Wahrheiten versagte? Vor dem unbekannten Gaste blieb er bestürzt, gedemütigt, und ohnmächtig. Ein unsichtbarer Pfeil hatte seine Schwingen zerschmettert und düstere Gewissensbisse quälten ihn. Daher zögerte er, als Smerdes ihn einlud dem Rufe nach Pompeji zu folgen und bat um drei Tage Bedenkzeit. Da erinnerte er sich des Sabakkas und das war für ihn wie ein Blitzstrahl. Hatte der Asket der Pyramiden zu ihm nicht gesprochen «Du wirst die dritte Sphäre nicht erreichen. Wenn du bei ihr anlangst, dann komm zu mir.» Memnon begab sich nach Memphis und in die Wüste.

Er fand Sabakkas nicht an der Schwelle seiner Höhle. Ein Dorfkind wies ihn in die lybischen Berge, wo sich der Eremit bei den Gräbern der Propheten aufhalte. Nach einer Stunde Weg, durch das rote Porphyrfelsengewirr, unter glühender Sonne, fand der Priester den Einsamen in Lumpen gehüllt, am Eingange einer düsteren Kellerhöhle, die ein altes Bronzetor verschloß.

«Ah! Da bist du endlich?» empfing ihn der Alte mit einem scharfen und argwöhnischen Blicke. «Ich erwarte dich. Bist du in die dritte Sphäre eingedrungen?»

«Nein.»

«Sagte ich es nicht? Was willst du von mir?»

«Man beruft mich als Hierophanten des Isistempels nach Pompeji. Darf ich annehmen?»

«Du, du willst Hierophant sein? Du?!» rief der Einsiedler. Seine Hand legte sich wie eine Eisenklammer auf die Schulter des Priesters. Dann fügte er hinzu: «Zuerst komm mit.»

Mit seiner kräftigen Skeletthand öffnete er das Bronzetor des Kellers. Sie gelangten in einen viereckigen Raum, der von vier aus demselben rohen Steine gearbeiteten dorischen Säulen gestützt wurde. Mehrere Gräber waren zu Seiten der in den Berg gehöhlten Grabkammer eingelassen. Im Hintergrunde war ein Grabmal in Gestalt eines Pyramidenstumpfes in den Felsen gemauert. Das Monument hatte kein anderes religiöses Symbol als ein ungeheures Auge am oberen Ende der Stele gemalt. Darunter waren griechische Lettern in den Stein gemeißelt. Sabakkas wies seinen Begleiter hin und sagte nur:

«Lies hier!»

Memnon näherte sich dem Grabe und las in dem Halbdunkel der Höhle nicht ohne Mühe folgende Inschrift:

HORUS-ANTEROS
Gab sein Leben
Für die Gerechtigkeit und für die Wahrheit.
Sein Körper wurde in das Meer geworfen.
Sein Haupt ruht hier
In der Finsternis der Berge.
Seine Seele ist in Glanz der Götter gehüllt
Wie die Sonne.

Der Name Horus mit Anteros verbunden, hatte im Geiste und im Herzen Memnons die Wirkung eines Blitzes erzeugt, dem ein heftiger Donnerschlag folgte.

«Wer ruht hier?» fragte er mit zitternder Stimme.

«Du hast diesen stolzen Jüngling gekannt», sagte Sabakkas im Tone des Vorwurfes und legte seine Hand wie eine Sperberklaue auf den Granit des Grabmales. «Er war zu einem großen Leben bestimmt. Er hat dich um die Einweihung gebeten. Warum hast du sie ihm verwehrt?»

«Weil er mir das Geheimnis seines Schicksales nicht anvertrauen wollte.»

«Das tat er, um seine Freunde nicht zu verraten. Wärest du ein wahrer Priester, würde das Licht der Isis in dir leuchten, du hättest das Wort dieser Seele zu lesen gewußt und es in seiner Stimme erraten. Du hättest ihm die Zuflucht im Tempel gewähren und die Wissenschaft, die du erhalten hast, geben müssen.»

«Er wollte mir meine Prophetin, meine Tochter Alkyonne rauben. Er liebte sie, ich weiß es. Er umschlich sie, er belauschte ihren Schlaf. Ich hatte das Recht, sie gegen ihn zu verteidigen.»

«Du hattest aber nicht das Recht jemanden in die Nacht zurückzustoßen, der dich um Licht bat. Und dann ... wer weiß, ob er nicht für Alkyonne würdiger war als du?»

«Ihrer würdiger als ich?»

«Lebend war er dir gleich, tot überragte er dich», sagte der alte Prophet des Osiris und ballte die Hand auf dem Granite. «Seine Aufopferung ließ ihn in die Reihe der Heroen eintreten. Es ist nicht mehr Horus ... sondern Anteros ... für immer.»

«Wie starb er?»

«Er hatte sich mit seinen Freunden gegen den Cäsaren verschworen. Er allein wurde entdeckt. Um sein Leben zu retten, wurde er Hirte bei den Beduinen. Da bat er dich um Zuflucht im Tempel. Abgewiesen, heimatlos, begab er sich nach Alexandrien zurück und lieferte sich dem Prätor aus, um das Leben der Sache zu weihen. Er wurde enthauptet und in den Nil geworfen. Ein Fischer fand seinen Kopf und ein Getreuer brachte ihn hierher. Die wahren Eingeweihten haben dem ein Grabmal errichtet, der gewußt hat für die Wahrheit zu sterben.»

Memnon senkte das Haupt. Die göttliche Wahrheit, die sich hinter den Schleier versteckt, begann in seinem Auge zu glänzen, aber ihr Licht fiel in den unfruchtbaren Abrund seines Herzens.

Vor dem stolzen Greise gedemütigt, murmelte er:

Was soll ich tun?»

«Sühnen ... Geh mit deiner Prophetin nach Pompeji, arbeite,

leide und kämpfe. Suche das Arkanum der Eingeweihten. Um es zu erkennen, muß man es gelebt haben, Du wirst die höchste Wahrheit nur im größten Schmerze finden.»

*

So hatte Memnon im leeren Amphitheater Pompejis, inmitten der nächtlichen Stille unter den fernen Blicken der Gestirne sein ganzes Leben durchdacht. Unmöglich die Züge einer geheimnisvollen Vorsehung hier zu verkennen. Geheime Mahnungen hatten seine Aufmerksamkeit erregt, ausgeprägte Zeichen hatten seinen Weg geleitet und die Stufen seiner Wanderung gegen das gesetzte Ziel abgesteckt. Den Schreien seiner Seele, den glühenden Rufen seines Willens hatten die Mächte geantwortet. Sein erstes Zusammentreffen mit Sabakkas, seine Aufnahme im Tempel, die Begegnung mit Alkyonne, die Offenbarung der Prophetin, diese ganze Kette der übereinstimmenden Wirkungen waren ihr Werk. Endlich die Offenbarung des Anteros durch das Gesicht und die Stimme Alkyonnens. War das nicht der unleugbarste Beweis von der Wirklichkeit der anderen Welt? Aber durch eine tragische Bestimmung hatten die Mächte, die ihm die wirkliche Existenz dieses Jenseits gezeigt, zugerufen: «Weiter wirst du nicht gelangen.» Jetzt war Alkyonne, die einzige Fackel in diesen finsteren Regionen, nicht mehr in seiner Gewalt. Ihre Seele gehörte dem, der sich ihren Genius nannte und der sie ihm in der andern Welt streitig machte. Und hier war ein anderer gefährlicher Widersacher, der sie ihm in dieser Welt zu entreißen suchte. Was sollte zwischen diesen zwei Feinden aus ihm werden?

Memnon verließ das Amphitheater und gelangte wieder auf die Terrasse des Tempels. Hier breitete der Priester seine Arme gegen den Isishof aus, wo die Prophetin unter dem Schutze der Nubierin schlief.

«Das Vaterherz», murmelte er, «ist stärker als ein Toter und ein Lebender.»

Während der Isispriester über eine Wendeltreppe bis zur Bettstelle seiner engen Zelle hinabstieg, glaubte er einen undurchsichtigen Schleier schwer über den göttlichen Traum seines Lebens fallen zu sehen. Der Gedanke, den Tod des Horus verschuldet zu haben, stach ihn wie einer jener Schmerzen, die niemals verzeihen.

Aus dieser vergangenen Unruhe quälten ihn zwei Bilder: Das auf dem Nil gegen das Meer getragene Haupt des jungen Menschen ... und das Auge des Anteros, das aus dem Hintergrunde des Grabmales hervorblickte.

2. Buch

Der Lichtstrahl

Die Liebe ist die Vermittlerin zwischen den Göttern und den Menschen. (Plato)

VIII

Der Hüter der Schwelle

Inmitten des lärmenden Pompejis, unweit der beiden Theater, der Gladiatorenschule und des Stabianertores, schmiegte sich der isische Tempelhof, von ernsten Mauern abgeschlossen in die spitze Ecke des dreieckigen Forums, des bevölkertsten Stadtviertels. Es war ein rechteckiger durch Säulenhallen mit den seitlichen Zellen verbundener Hof. Von außen drangen selten Stimmen herein, aber die Wohnung war nicht minder abgeschlossen und unzugänglich wie ein indisches Kloster am Himalaya oder wie ein persisches Gynäceum in der Festung eines Königs. Zum Tempel führte nur ein schmaler Gang. Einstmals bewohnten ihn die Priester, jetzt nahmen ihn zwei Frauen ein, Memmons Tochter und ihre alte Sklavin.
In dieses friedliche Gemach drang die Sonne eines hellen Sommermorgens. Zwei der Säulenhallen des Portikus erglänzten unter dem zitternden Lichte im vollen Glanze ihrer Weiße. Die andern lagen noch in einem bläulichen Schatten. Der einst verfallene Hof war jetzt in ein Gärtchen umgewandelt und ein zarter Rosenstrauch und eine berauschende Mimose hauchten süße Düfte in die Lüfte. Durch den Mund einer kleinen Sphinx aus grauem Marmor warf eine Fontäne ihren Kristallstrahl in ein rundes Becken. Zwischen zwei Pfeilern der Säulenhallen war eine Hängematte aufgespannt, die fast die Fläche des Bodens berührte. Darinnen ruhte, wie ein in diesem azurnen Netzwerk gefangener Vogel, ein in ein weißes Badekleid gehülltes junges Mädchen. Es schlief nicht; es hielt den Kopf auf die Hand gestützt und träumte mit weit geöffneten Augen. Die jonischen Säulen mit ihren blaugeschnörkelten Kapitälen, die seine Gestalt einrahmten, erschienen ihm fast wie Blüten des Traumes. Es war die Seherin Alkyonne.

Neben ihr kniete auf den Steinfließen, in einem gelben Panno eine alte Nubierin mit krausem Haar. Ihr Gesicht mit den großen Kinderaugen glänzte wie ein Spiegel aus dunklem Kupfer. Die Priester von Memphis hatten Nurhal als junges Mädchen gekauft, um sie zu einer Tempeldienerin zu erziehen. Man hatte sie für die heiligen Zeremonien auf der Theorbe spielen gelehrt, aber sie hatte für Gesang, Musik und Tanz keine Begabung. Memnon zog sie zur Bedienung Alkyonnens heran und das alte Weib betete sie mit ihrer ganzen Leidenschaft an und behütete sie wie ein treuer Hund. Sie sah, daß ihre Herrin nachdenklich war und schon drei Nächte schlaflos verbracht hatte und suchte sie daher zu zerstreuen. Auf dem Perserteppiche, auf dem sie kauerte, stellte sie drei kleine Truhen hin. Die eine war aus Ebenholz, die zweite aus Silber und die dritte aus Sandelholz. Nacheinander betrachtete sie diese Gegenstände und die Träumerin. Sie lächelte und plapperte etwas in ihrer bizarren Sprache, einem Gemische aus Griechisch und Äthiopisch, das sich wie das Geschrei eines tropischen Vogels anhörte. Sie versicherte mit schnatternder Stimme, daß sie alle Mittel hier besäße um die Sorgen ihrer Königin zu verscheuchen. Sie öffnete zuerst das Ebenholzkästchen und zog aus ihm ägyptische Amulette, hübsche kleine Osirisbildchen aus schwarzen Basalt gemeißelt und kleine gefällige Isisstatuetten aus Syenitmarmor, der durch das Alter verwittert und bläulich geworden war. Sie hielt Alkyonnen die kleinen Idole hin, die sie gar nicht zu beachten schien. Dann ergriff Nurhal das silberne Kästchen und lächelte schelmisch; darin waren griechische Gottheiten aus Onyx, Porphyr, Elfenbein, Minerven, Dianen, Apollos und Kameen aus Karneol. Sie zeigte ihr alles. Alkyonne rührte sich nicht. Nurhal schüttelte den Kopf und öffnete das indische Sandelholzkästchen. Dieses enthielt aromatische Riechkissen und Fläschchen aus Opalglas mit wohlriechenden Essenzen. Die Alte wollte sie ihrem Schützlinge zum Einatmen reichen, aber diese wehrte ab. Da nahm Nurhal zum letzten Mittel Zuflucht. Sie öffnete einen bemalten Kasten. Der enthielt ein fremdartiges Capharneum, einen Fächer aus Pfauen- und Straußfedern, ausgestopfte Paradiesvögel, Figuren eines indischen Spieles aus Perlmutter, Zaubermittel aus Metall mit astrologischen Zeichen, Glasflitter, Perlenhalsbänder, Ringe mit Schellchen, wie sie die Nubierinnen an ihren Knöcheln beim Tanze trugen. Mit Siegeslächeln zog sie eine Papyrusrolle hervor, auf der geschrieben stand: «Die Odyssee von Homer.» Sie konnte zwar nicht lesen, aber sie kannte dieses Schriftwerk und erinnerte sich, daß Alkyonne in Ägypten anstatt zu schlafen oft ganze Nächte bei einer Öllampe über die offene

Rolle gebeugt, verbracht hatte. Das junge Mädchen nahm den Papyrus und betrachtete ihn mit Zärtlichkeit, dann ließ sie ihn auf die Fließen fallen, als hätte sie nicht die Kraft, ihn zu behalten. Getäuscht und geärgert machte die Alte eine gereizte Gebärde, ergriff aus dem Reisekorbe einen kupfernen Spiegel und hielt ihn vor das Gesicht des Mädchens: «Da schau dir deine schwarzumrandeten Augen an», rief sie. Kaum erblickte Alkyonne ihr Bild in dem glänzenden Metall, drehte sie der Hüterin den Rücken und hüllte sich in ihre Hängematte, wie eine Taube, die das Köpfchen in ihren Federn verbirgt.

Der armen Nurhal Augen füllten sich mit dicken Tränen. Was war geschehen, daß ihre Herrin so böse war? Eine quälende Angst überkam sie, daß sie das wunderbare und unbegreifliche Wesen, das sie wie eine Gottheit anbetete, beleidigt haben könnte. Sie zerraufte sich das Haar, da ließ eine plötzliche Idee das Gesicht der Negerin aufleuchten. Sie lief zur Mimose hin, brach einen Zweig ab und näherte sich der Schmollenden, deren heftige Bewegung die Hängematte wie eine Schaukel schwingen machte und begann mit dem blühenden Zweige über den weißen Nacken Alkyonnens, den das Lockengesteck wie eine wilde Flamme überragte, zu fächeln. Langsam wandte sich das junge Mädchen um. Als sie die zitternden und zarten Blüten des Strauches erblickte, die sich beim Berühren wie die Sinnespflanzen zusammenzogen, erfaßte sie leidenschaftlich den Mimosenzweig und seufzte: «Ach Ägypten ... der Nil ... die Schilfinsel ... O wie weit!» ... dann atmete sie lange den Duft der leichten Blütentrauben ein, deren Pollen sich wie Goldstaub verstreuten.

Nurhal lächelte voll kindlicher Freude und ihre weißen Zähne blinkten aus ihrem kupfernen Gesichte. Sie war sicher, daß ihr geliebtes Kind jetzt sein Spielzeug gefunden hatte und setzte sich auf den Perserteppich und schloß die Augen. Bald begann sie mit heller Stimme eine äthiopische Melopöe zu singen, die sie in ihrer Kindheit gelernt hatte. Die Worte zauberten vor ihre Augen ein schwebendes Bild indigoblauer Meere, fabelhafter Pflanzenwelt und wunderschöner Vögel, das kindliche Paradies ihrer armen Sklavenseele, das sie mit ihrer Herrin hätte teilen mögen. Sie hatte nur den Namen des samothrakischen Mädchens hinzugefügt um ihrem Schlummerliede mehr Kraft zu verleihen:

«Lächelnd blickt auf uns die Sonne.
Komm geliebte Alkyonne!
Voll von Zauber ist der Strand.
Laß uns gleiten voll von Wonne
Bis zu Kinnors Palmen-Land.
Die in süßen Traum uns wiegen
Mit dem Rauschen ihrer Krone,
Deren Frucht die Äste biegen.
Blaue Vöglein froh sich schwingen,
Alles jubelt, alle singen:
Komm mein Täubchen Alkyonne!»

Der Klang eines Gongs erscholl und schnitt wie ein Zymbal die letzten Verse des Gesanges ab. Alkyonne sprang wie eine Gazelle aus der Hängematte und rief:

«Das Zeichen des Wächters! Ein Fremder betritt den Tempel. Ich will wissen wer er ist!»

«Bleib hier,» mahnte die Alte, «du weißt doch, daß der Lehrer es nicht will, daß du ohne seine Erlaubnis den Hof verlässt.»

Aber schon war Alkyonne verschwunden. Sie erreichte den engen Gang, der um den Tempel lief und stellte sich hinter die Bronzestatue der Isis, die in die Mauer der Cella eingefügt war. Daneben war eine kleine Öffnung, die den Priestern erlaubte, in das Innere des Sanktuariums zu blicken, ohne selbst gesehen zu werden.

Sie sah Memnon sitzen. Er hielt eine Papyrusrolle in den Händen und las. Zwei Männer stiegen die Stufen hinan und erschienen am Eingange des Heiligtumes. Der erste war der Stoïker Calvus. Alkyonne drohte in ihrem Verstecke in Ohnmacht zu sinken, als sie hinter ihm Ombricius Rufus erblickte.

Der Philosoph klopfte dem Priester, der in eine geweihte Schrift vertieft war, auf die Schulter.

«Gruß dem Hierophanten,» sprach er. «Ein neuer Freund will dich sprechen.»

Memnon erzitterte, als er den Tribunen erblickte.

«Ich erkenne ihn,» entgegnete er. «Was kann ich für ihn tun?»

«Er wohnte der Hochzeit des Helvidius bei. Durch dein Wort ergriffen und die neuen Riten bewegt, bittet er dich um deine Lehre.»

«Ist das wahr?» fragte Memnon mit demselben scharfen Blicke, mit dem er den Tribunen im Vorhause des Helvidius festgehalten hatte.

«Ja, wahr!» entgegnete Ombricius mit einer so demütigenden Haltung, wie sein natürlicher Stolz es ihm nur gestattete.

Memnon senkte den Kopf, wie einer, der einen Schlag auf die Brust empfangen hatte, dann raffte er sich empor und bot den Besuchern zwei Sessel an.

«Dein Name?» fragte gespannt der Priester und die Augen hefteten sich fest auf sein Gegenüber.

«Ich bin Ombricius Rufus, der Sohn eines Kriegers, Tribun in der Armee des Titus. Als Schüler des Afranius folgte ich in meiner Jugend der stoïschen Lehre. Jetzt möchte ich das Wort des Hermes kennen lernen, das, wie man sagt, das vollkommene Licht gibt. Ich bin bereit, es zu empfangen, wenn du es mich lehren willst.»

«Gut,» erwiderte Memnon, «mit Freude nehmen wir die wahren Schüler auf. Aber kennst du die Bedingungen der Lehre, die du mit so viel Eifer zu erstreben suchst?»

«Nein.»

«Das Gesetz des Hermes erlaubt seinen Eingeweihten nur in bestimmten Fällen das Tragen von Waffen. Wir, die Diener der Isis und des Osiris weihen ihnen das Schwert. Bist du gewillt, um die göttliche Wissenschaft zu hören, dem Titel eines Tribunes, deiner Macht und dem Waffenruhme zu entsagen?»

«Sind das Wissen und die Macht, die du versprichst dem, was du mir gebietest zu verwerfen, gleichwertig?»

«Das Wissen und die Macht, die du bei uns erlangst, wird von deiner Kraft und von der Reinheit deiner Seele abhängen.»

«Wie kann ich dem entsagen, was ich kenne, gegenüber dem, was ich nicht kenne. Zuerst teile mir deine Wissenschaft mit. Sodann werde ich zwischen ihr und meiner Vergangenheit wählen.»

«Du weigerst dich bereits die erste Bedingung zu erfüllen. Das ist schwer. Sieh die zweite. Bist du einverstanden, unsere Lehren während der Probezeit ohne Erörterung anzunehmen. Du wirst die Wahrheit erst später erkennen. Harrend mußt du dich dem Willen des Hierophanten ohne Rückhalt unterwerfen.»

«Meinen Willen, was mir das Teuerste ist, einem andern ausliefern. Ist das möglich? Ich bin dann nicht mehr Ombricius Rufus, kein freier Mann mehr, kein Bürger Roms?»

«Du siehst wohl, junger Mann, daß du für die Einweihung nicht reif bist. Kehre zu deinen Legionen zurück. Das Leben wird dich reifen. Wenn es dich fügsamer gemacht haben wird, komme wieder.»

«Also,» sagte Ombricius Rufus. «Du verweigerst mir deine Wissenschaft. Behalte sie nur für dich, wenn ich ihrer noch nicht würdig bin. Aber als Isispriester, als Hierophant schuldest du einem Bürger dieser Stadt, einem gekrönten Tribunen einen wirksamen Rat, einen Strahl des Lichtes.»

«Sprich, ich werde sehen.»

«Deine Weisheit, auf die du so stolz bist und die du so eifersüchtig hütest, kommt nicht allein aus deinen Büchern und aus dir selbst. Ich habe Zeugnis davon gesehen, vor drei Tagen. Sie kommt von deiner Pflegetochter, der Seherin. Ist nicht sie es, die in ihrer magischen Verzückung die heilige Vereinigung ausgesprochen hat? So wie der Postulant in Delphi die Pythia, bitte ich Alkyonne um ein Orakel.»

Memnon erhob sich. Er hielt seine zerknitterte Rolle in der einen Hand, mit der anderen stützte er sich an die korinthische Säule des kleinen Isistempels. Vor Staunen riß er seine Augen auf und Staunen machte ihn stumm. Dann streifte ein geringschätzendes Lächeln seine Lippen und er sagte:

«Dein Verlangen ist dreist und seltsam, Ombricius Rufus. Wozu ich zwanzig Jahre meines Lebens mit angestrengtem Studium, Nachtwachen und Selbstzucht brauchte, um es zu erlangen, das verlangst du in einem einzigen Tage zu erhalten. Aber weißt du auch, daß ich selbst nicht zu jeder Zeit ein Orakel Alkyonnens zu erreichen vermag und daß ihre prophetische Stimme für die Eingeweihten, die Krönung eines ganzen Lebens in Ergebung in der heiligen Weisheit und Unterwerfung in ihren Gesetzen ist?»

Ombricius erhob sich und sah dem Priester in das Angesicht und sprach mit fester Stimme:

«Als ich ihr die Lotusblume aufhob, hat mir ihr Blick das Orakel versprochen.»

«Glaubst du?»

«Ich bin dessen sicher.»

«Mit diesen tückischen Hintergedanken also kommst du und

forderst von mir das Wort des Hermes und die Einweihung. So wisse denn: der Tempel der Isis ist Ungestümen und Verführern verschlossen. Du wirst die Seherin nicht mehr schauen.»

Ombricius erbleichte, seine Lippen zitterten.

«Ich bin in meiner Herzensangst hierhergekommen und mit einem Durst nach Wahrheit ... Und das alles hat mir deine Weisheit zu sagen vermocht?»

«Die Wahrheit,» sprach Memnon, «ist für jene die sich ihr rückhaltlos hingeben und nicht für die, die ihr nach dem Grade ihrer Launen dienen wollen.»

«Lebe wohl,» sagte der Tribun, zog seine Toga fester an sich und entfernte sich hastig. Ehe er die Treppe hinabstieg, wandte er sich um und rief dem Priester das bittere Wort noch zu:

«Und das ist das Licht der Isis!»

*

Mit Erregung war Alkyonne diesem Gespräche gefolgt. Der Anblick des stolzen Tribunen hatte sie entflammt. Ihr jungfräuliches Herz fühlte sich mit Leidenschaft zu dem jungen Manne hingezogen, der ihre sehende Seele angerufen hatte. Aber die Haltung und die Antworten Memnons hatten ihr den Abgrund gezeigt, der sich zwischen den beiden Menschen, die sie am meisten liebte, öffnete. Sie sah sich für den Rest ihrer Tage entzweigerissen und der Schmerz dieser Aussicht entrang ihr einen schweren Seufzer. Diese ungewollte Klage ließ die Bronzestatue, hinter der sie sich versteckt hielt, erzittern. Erschreckt durch diese Antwort des Götterbildes, das sie verraten konnte, flüchtete sie mit großen Sprüngen aus dem engen Gange.

«Das Götterbild seufzt,» sagte Calvus mit ironischem Lächeln, aber doch ein wenig erschrocken.

Memnon war ebenfalls von Schrecken erfaßt, blieb einen Augenblick bestürzt stehen, dann faßte er sich und rief:

«Wo ist Alkyonne?»

Mit raschen Schritten eilte er aus dem Tempel in den Hof. Er fand seine Tochter in ihre Hängematte gekauert; das Antlitz hatte sie in ihre gefalteten Hände gedrückt.

«Sie ist krank ... sie ist krank,» seufzte die Alte; «und sie will nicht schlafen. Den ganzen Morgen hat sie sich nicht gerührt.»

Aufmerksam fragte sie Memnon aus und sagte dann:

«Alkyonne, sieh mich an!»

Sie hob ihr Gesichtchen, und er sah in ihre von Tränen geröteten Augen.

«Du hast geweint?»

«Ja, ich dachte an Ägypten.»

«Du vermissest es noch immer?»

«Immer.»

«Wer weiß, ob wir nicht vielleicht bald zurückkehren werden.»

Alkyonne sah ihren Vater mit erstaunten Augen an. Er bemerkte in ihren Händen eine Wachstafel und einen Stahlstift.

«Was willst du mit dieser Tafel?» fragte der Priester.

Alkyonne errötete, verbarg den Kopf in die Hängematte. Als sie ihn wieder aufrichtete, zeigte sie mit jener großen Verstellung, die die Liebe den reinsten Seelen so schnell lehrt, ein lächelndes Gesicht.

«Die Tafel?» fragte Memnon nochmals.

«Ich will,» antwortete sie, «den Gesang Nurhals in das Griechische übertragen.»

«Du strenst dich an, mein liebes Kind,» sagte er überzeugt, «ruhe aus und schlafe.»

Darauf küßte er sie auf die Stirne und ging gedankenvoll fort. Nurhal kauerte sich am Boden nieder und begann wieder ihren Gesang:

«Lächelnd blickt auf uns die Sonne.
Komm geliebte Alkyonne ...»

Inzwischen höhlte das Mädchen mit fiebernden Augen mit dem spitzen Stahlstift lateinische Lettern in das weiche Wachs. Mit besonderer Sorgfalt schrieb sie die ersten Worte: «An Ombricius Rufus, den Tribunen.»

Nurhal murmelte:

«Die in süßen Traum uns wiegen
Mit dem Rauschen ihrer Krone ...»

Aber sie vollendete nicht. Von ihrem eigenen Schlummergesang entzückt, schlief sie über dem Behälter mit den Talismanen ein.

IX

Der Garten der Isis

Wütend durchschritt Ombricius die baufällige Säulenhalle seines verfallenen, am Ufer des Sarno gelegenen Heimes. Soeben hatte er seinem Pächter mitgeteilt: «Morgen gehe ich nach Rom,» als er Calvus eilenden Schrittes daherkommen sah.

«Was führt dich zu meinem, von dieser mordenden Sonne verfluchten Herde?» fragte der Tribun mißvergnügt, den die gefühllose Heiterkeit des Stoïkers reizte.

«Der Dekurio Helvidius und seine edle Frau Helvidia haben mich beauftragt, dich zum Feste der Isis einzuladen, daß außerhalb der Stadt in einem, dieser Göttin geweihten Garten gefeiert wird.»

«Wird Memnon dort sein?»

«Jedenfalls.»

«Dann werde ich nicht hingehen. Du weiß ja, dieser hochmütige und eifersüchtige Priester hat mir die Einweihung, um die ich ihn bat, versagt. Ich will ihm nicht mehr begegnen.»

«Lies immerhin diese Botschaft. Ich kenne den Inhalt nicht. Helvidia gab sie mir für dich.»

«Was können sie von mir wollen?» murmelte achselzuckend der Tribun, der seit dem Zwischenfalle mit Memnon die Isisvereinigung haßte.

«Ich weiß nicht,» erwiderte Calvus, «das Schreiben hier wird dich zweifellos aufklären.»

Ombricius erbrach das Siegel, öffnete die Täfelchen und las die Worte:

«Gruß dem Tribunen Ombricius Rufus.

Wenn du zum Feste der Isis kommst, werde ich dir die Botschaft der Göttin sagen, beim Lotusbrunnen ... Alkyonne.»

Das Auge des Tribunen flammte auf. Eine Blutwelle rötete sein gebräuntes Gesicht. Also wußte Alkyonne von der Weigerung Memnons und, dem Priester zum Trotze, bot sie ihm das gewünschte Orakel. Wie hatte sie seinen geheimsten Wunsch erraten und deshalb die Gattin des Dekurionen für sich gewinnen können? War es Zuneigung oder Eingebung, die ihr diesen Brief einer jungfräulichen Kühnheit eingegeben hatte. Dieses Mal zog ihn das Geheimnis der Seele mit der Macht der Liebe zur Prophetin. Sie erwartete ihn. Es erfaßte ihn darum eine sehr hohe Freude und zugleich eine solche Furcht, daß er bestürzt wurde.

«Kommst du?» fragte Calvus.

«Ja,» antwortete er, ganz in sich versunken.

*

Auf dem welligen Boden, der sich hinter Pompeji zwischen dem einzelstehenden Kegel des Vesuves und der Apeninnenkette ausbreitete, erhoben sich inmitten eines wilden, aber prächtigen Gartens die Ruinen eines alten Tempels der Ceres. Als Helvidius dieses Grundstück ankaufte, hatte er es den Garten der Isis genannt und hatte ihn für die geheimen Zusammenkünfte der ägyptischen Gemeinde, für jene verschwiegenen Feste, zu denen man nur die vertrautesten Freunde einlud, vorbehalten. Aus der Ferne erblickte man oberhalb der Weinberge einen mit Zypressen und Sykomoren bewaldeten Hügel; aus den Baumkronen lugte der Giebel eines kleinen Tempels hervor. Das war das Tempelchen der Proserpina. Außer dem Portikus des Cerestempels war diese Kapelle das einzige von den alten Bauwerken, das die vielen Erdbeben verschont hatten. Eine mit Kakteen und mit Dornenhecken bespickte Mauer umschloß diesen Besitz. Ein Hilfspriester bewachte das einzige Tor. Dort traten Ombricius und Calvus ein.

Der Tribun und der Stoïker durchschritten zuerst jenen Teil des Gartens, den die Erdbeben völlig zerstört hatten. Die mächtige Natur hatte diesen vulkanischen Boden mit einer prachtvollen Pflanzenwelt übersät. Dieses Gemisch von Ruinen und frischem Blattgrün mahnte an die elysäischen Gefilde und an den Eingang in die Unterwelt. Man sah hier Trümmer von eingestürzten Mauern, Gräben angefüllt mit runden Steinen geborstener Säulen, Überreste von Kapitälen, ein Durcheinander von Büsten zerschlagener Göttinnen und Götterhäuptern. Verzerrte Olivenbäume neigten über diese Götterhekatomben ihr fahles Laub herab. Wilder Wein umrankte mit seinem Blattgewinde einzelstehende Säulen, wie wenn die vom Atem des Dionysos wiedergeborenen Bacchanten, die durch Vulanos verwüstete Erde in ewigen Umarmungen trösten wollten. Unter den Pistazien und aus den Steinen rieselten Wässerchen hervor und nährten die Vegetation dieser grünenden Wüste. Rechts führte ein Weg über einen mit Korkeichen bewaldeten Hügel zum Tempel der Persephone. Das war der düstere und geheiligte Teil des Gartens. Eine klagende Melopöe erklang aus der Tiefe des Haines.

«Woher kommt dieser Gesang?» fragte Ombricius.

«Vom Portikus des Cerestempels. Man führt heute einen Teil des Weihespieles ‹Der Tod des Osiris› auf. Was wir hören, ist der Chor der Frauen.»

«Wer stellt die Isis dar?»

«Helvidia.»

«Geh hin,» sagte der Tribun, «ich werde dich bald wiedersehen. Sage mir aber vorerst, wo ist der Lotusbrunnen. Dort soll ich einen heiligen Brauch erfüllen, ehe ich dem Schauspiele beiwohne.»

Calvus beschrieb ihm einen steinigen, von Schwertlilien und Rosen besäumten Weg, der zu einem Myrthenhaine führte und ließ seinen Freund allein. Als er aus dem Gewirre herauskam, fand sich Ombricius vor einer Quelle mit unbeweglichem Wasserspiegel. Unter breitblätterigen Wasserpflanzen schwammen blaue Teichrosen und einige weiße Lotusblüten. Das Quellwasser entsprang einer dunklen Grotte, die sich hinter dem Brunnen in einem vulkanischen Felsen öffnete. Eine herrliche Mimose beschattete die kristallene Fläche mit ihren hängenden Ästen und ihre Blüten waren wie Goldflechten zu schauen. Und im Hintergrunde erhob sich der Kegel des Vesuves.

Vor der Grotte neigte sich ein junges knieendes Mädchen über die Quelle. Ihre Hand wühlte zart in den Wasserpflanzen und suchte etwas unter dem Wasser. Ombricius blieb stehen. Dieses junge Mädchen trug den weißen Peplos des tragischen Chores. Ihr gesenktes Haupt verbarg zwar ihr Antlitz, aber an der rötlichen Farbe ihrer Haare und an der Narzissenkrone erkannte der Tribun die Priesterin. Beim Geräusche seiner Schritte richtete Alkyonne sich auf und stützte sich instinktiv an eine Marmorsäule, die am Rande des Brunnens stand und die Statue der Isis trug.

Ombricius betrachtete sie ruhig. Dann sagte er:

«Edelste Prophetin, fürchte nichts von mir. Ich komme auf deinen Ruf, der auf meine liebste Hoffnung antwortete. Der Gott, der dir so wunderbar Mut einhauchte, sei gelobt. Von dir und von keinem anderen Menschen will ich das Orakel meines Geschickes empfangen.»

Alkyonne antwortete mit zitternder, aber nach und nach fester werdender Stimme, ohne den Tribunen anzublicken:

«Meine Kühnheit ist seltsam, Ombricius, und du mußt mich für unsinnig halten. Dem ist nicht so. Damals beim Hochzeitsfeste der Helvidia entfiel mir die Blume der Isis, die ich in der Hand trug ... und du warst es, der sie mir wieder reichte. Und unsere Blicke begegneten einander. Beim Scheine der Fackeln sah ich in deinen Augen eine so eigenartige Angst, daß sie in mein Herz wie ein Pfeil eingedrungen ist. Aber was konnte ich für dich tun? Drei Tage später kamst du in den Tempel. Zufällig stand ich hinter der Bronzestatue, als du mit Memnon sprachst. Ich habe alles gehört.»

Ombricius' Herz schlug höher vor Freude.

«Wirklich?» stieß er hervor, «und dann?»

«Ich sah deinen Wissensdrang und ich habe nicht gewollt, daß dir das Licht der Isis verweigert werde.»

«Gib es mir. Nur durch dich kann ich es erhalten!»

«Ach!» antwortete sie, ließ das Haupt sinken und blickte in das kristallhelle Wasser der Quelle, das sich auf einem schwarzen Grunde ergoß. «Nicht die Seherin kann heute zu dir sprechen, wie gerne ich es gewollt hätte, nur die arme Alkyonne, die einst gleich einem sterbenden Vogel von Memnon aus einer Sklavenbarke am Nilufer aufgenommen wurde. Aber vielleicht, daß auch in diesem Augenblicke durch ihr zerknirschtes Herz Isis zu dir spricht.»

«Was muß ich tun?»

«Dich ohne Mißtrauen dem Willen Memnons unterwerfen, in allem gehorchen, um zu erreichen, daß er dein Lehrer sei. Wenn du darin einwilligst, wird er dir seine Lehren nicht verweigern können. Helvidius wird dich schützen ... seine Gattin hat es mir versprochen. Sei dem, der mir mehr ward als ein Vater, denn er wurde mein Retter ... ein treuer Schüler. Und eines Tages, ich bin dessen sicher, wird die Prophetin das Licht der Isis über dich erstrahlen lassen.»

«Erst dann? ...» murmelte Ombricius und beugte den Nacken, richtete sich aber wieder straff auf, wie um das kaudinische Joch, unter das man ihn beugen wollte, zu brechen. Dann fügte er mit ungestümen Worten hinzu:

«Und wenn ich einwillige, wirst du mir noch ein anderes Versprechen geben? Deine Liebe will ich besitzen; was ist mir ohne sie die Wahrheit! Liebst du mich, Alkyonne?»

Zum ersten Male wandte sich Alkyonne ihm ganz zu und blickte ihm in die Augen.

«Deine Seele liebe ich, Ombricius,» sprach sie mit einem Lächeln, dessen Anmut einen Nero entwaffnet hätte.

Ihre dunklen Augensterne zitterten in einer Art Verzückung. Mit einer plötzlichen Bewegung kniete sie nieder und tauchte ihre Hand in die Quelle.

«Schau,» fuhr sie fort, «der Stamm der Lotusblume, die ich beim Hochzeitsfeste Helvidias trug, ist in diesem Wasser geborgen. Die neue Knospe ist noch nicht aufgesprungen, aber sie wird sich bald entfalten.»

Sie erhob sich wieder und zeigte ihm ein breites Blatt, das sie einige Zeit zwischen ihren Fingern drehte und betrachtete. Plötzlich heftete sie ihre Augen, in denen ein reines Feuer von irisierendem Violett erglänzte, auf den Tribunen und sprach halblaut weiter:

«Wie ich über diese Blume wache, so werde ich über deine Seele wachen. Den Tag, an dem sie sich vollständig erschlossen haben wird, werde ich dir den Lotus in all seiner schönsten Pracht zeigen.»

Ombricius fühlte sich nach und nach durch die Milde und Feierlichkeit dieser Worte besiegt, die ihm aus jedem anderen Munde als ein lächerliche Anmaßung oder kindliche Laune erschienen wäre. Mit keuchender Stimme flehte er:

«Wird dann Alkyonne mein Weib?»

«Ja ...» antwortete die Seherin und wandte sich ein wenig um «... wenn die göttliche Isis es erlaubt.»

Und ihre langen Wimpern senkten ihre Goldhärchen nach den errötenden Wengen.

«Isis bist du!» rief der Tribun und erfaßte mit dem Ungestüm einer triumphierenden Leidenschaft der Priesterin Hand.

Bei dieser heftigen Berührung, beim Hauche seiner Lippen, der ihr Haar streifte und die Narzissen ihrer Krone verbrennen zu wollen schien, erschrak sie. Sie umklammerte vor Furcht von neuem mit ihrer linken Hand die Säule und drückte ihr Köpfchen gegen die Statue der Göttin, wie um dort Zuflucht zu suchen; aber ihre Rechte blieb in Ombricius Händen, die sie mit glühenden Küssen bedeckte.

In diesem Augenblicke erschallte eine furchtbare Stimme von der anderen Seite des Brunnens. Wie ein Verzweiflungsschrei, wie der Ruf einer rächenden Gottheit hallte der Name Alkyonne in allen Echos des Gartens.

«Alkyonne!!»

Vor den Liebenden stand Memnon mit Helvidius. Die Priesterin fiel in die Kniee, umschlang die Säule, als wollte sie sich vor dem Todesstreiche verteidigen. Ombricius kreuzte die Arme und ein leicht triumphierendes Lächeln spielte über seinen bitteren Mund, als er den Priester ansah.

«Alkyonne! Warum bist du mit diesem Manne hier, wenn dort an der Spitze des heiligen Chores, der der Göttin singt, dein Platz ist?»

Die ernste Stimme des Hierophanten schallte über die Quelle. Entfernte singende Frauenstimmen antworteten ihm allein: «Der Gott Osiris ist tot. Wohin sind seine Glieder verstreut? O Göttin. Wir suchen mit dir, wir beweinen Osiris, Osiris ...» Abgerissene Fragmente des klagenden Liedes drangen über den Lotusbrunnen, wie um die Frage des Priesters zu unterstützen. Statt aller Antwort senkte Alkyonne ihr Haupt an der Säule und umklammerte sie fester.

Memnon wandte sich gegen den Tribunen.

«Wer hat dir erlaubt in diesen geheiligten Garten einzutreten. Mit welchem Rechte kommst du an diesen Ort, der nur für den Eingeweihten allein zugänglich ist?»

Ombricius wollte antworten, aber Helvidius fiel ihm ins Wort.

«Ich habe ihn zu unserem Feste eingeladen,» sprach er. «Und es geschah auf Alkyonnens und Helvidias Bitte.»

«Also dann bin ich nicht mehr der Leiter des Tempels, und diese da ist nicht mehr die Prophetin.»

«Höre Memnon und verzeihe mir», erwiderte der Dekurio. «Wenn der Tribun sich weigert, sich unseren Satzungen zu unterwerfen, bin ich der erste, der ihn aus unserer Gemeinschaft weist, aber wenn er unsere Gesetze annimmt, können wir ihn nicht verstoßen. Alkyonne verspricht, daß er dir gehorchen wird. Antworte Ombricius, erkennst du Memnon als Lehrer und Hierophanten an?»

«Ja,» entgegnete der Tribun, «wenn er mich als Schüler anerkennt!»

«Du siehst es, er will. Kannst du ihm da den Eingang zum Tempel versagen? Man darf die Wahrheit dem Unwürdigen verweigern, aber nicht dem, der ernst um sie wirbt. Und die Seherin wird er nur erhalten, wenn er nach dem Gelöbnis der Isis laut der Überlieferung, sich ihrer würdig zeigt. Einstweilen sei er zur Prüfung aufgenommen. Wenn er aus ihr siegreich hervorgeht, wird er der kühnste Verteidiger unserer Phalanx sein. Unsre Wahrheit drückt den Kämpfern das Siegel der Helden auf die Stirne ... und dann, wenn Alkyonne Ombricius liebt, wird ihre Liebe für ihn vielleicht der Lichtstrahl der Isis sein.»

«Wenn nicht die Liebe zu Ombricius das Ende der Seherin, der seelische Tod der Alkyonne ist. Wer bürgt mir für die Treue dieses Schülers?»

Alkyonne hatte sich erhoben und mit lauter Stimme, aus der die Prophetin erklang, rief sie:

«Ich mit meinem Leben!»

«Du liebst ihn also?» fragte Memnon verzweifelt.

Alkyonne hatte nicht mehr gehört. Ihre Gedanken weilten in einer anderen Welt. Als wollte sie ihre flammenden Worte des Gelöbnisses in den klaren Äther prägen, fuhr sie mit feierlicher Stimme fort:

«Damit er ein Sohn der Isis wird und seine Kraft über Pompeji strahlen läßt, biete ich mich als Opfer dar.»

Memnon fiel ihr in das Wort.

«Doch wenn er die Probe besteht?»

«Werde ich sein Weib.»

«Und wenn er dich verrät?»

«Werde ich die einzige Flamme meines Verlangens verbrennen sehen und wie die Vestalin sterben, die den Altar umschlingt, auf dem die unauslöschliche Flamme brennt ...»

Sie vereinigte Gebärde und Worte, denn sie sank von neuem neben die Säule nieder und umklammerte sie. Die drei Männer blickten mit innerem Schauder auf sie, ergriffen von der Heiligkeit dieser Tat.

Helvidius erfaßte Ombricius' Arm.

«Auch ich bürge für diesen jungen Mann; er ist ein römischer Edelmann. Und nun laßt uns zum Feste zurückkehren und laßt Vater und Tochter allein.»

*

Helvidius und der Tribun waren im Dickicht des wilden Myrthengebüsches verschwunden. Der Hierophant stand aufrecht mit verschränkten Armen vor der Prophetin, die immer noch vor der Säule kniete. Was zwischen ihnen vorgegangen war, war so erstaunlich, so unerwartet gekommen, daß sie es nicht verstanden, als hätte der Blitz sie gestreift und sie lebend ohne Seelen gelassen. Er hatte das Empfinden, seine Adoptivtochter und Seherin, den Schatz seines Herzens, das Auge seines Geistes in der unsichtbaren Welt, verloren zu haben. Man hatte ihn seiner Krone beraubt. Sie fühlte, wenn sie dem unwiderstehlichen Triebe folgte, daß sie das Vertrauen ihres Retters verlor. Sie blieb gebrochen, und dennoch hatte sie einem Befehle ihrer Seele gehorcht, der mächtiger war als alle Bedenken. Daher standen diese beiden Wesen, die durch die zartesten und feinsten Bande vereint waren, einander wie Fremde gegenüber. Endlich erhob sie, immer noch knieend das Haupt, breitete flehend die Hände gegen Memnon aus und murmelte:

«Verzeihe mir Vater, ich habe nicht anders gekonnt. Ein Gott hat es mir geboten.»

«Welcher Gott?»

«Ich weiß es nicht, aber er sprach von hier aus,» entgegnete Alkyonne und legte die zarte Hand auf ihr Herz.

«Sei er wer immer, er ist nicht mein Gott.»

«Verzeihe deiner Tochter, deiner Seherin.»

«Du bist nicht mehr meine Tochter,» versetzte Memnon hart, «du bist keine Prophetin mehr. Der Alkyon des Meeres, den ich aufgenommen, ist entflogen. Du bist nur mehr das Kind aus Samothrake, der leichte von Piraten entführte Raub, der seinem Geschicke entgegen eilt.»

Die Prophetin hatte sich vollständig erhoben. Ihre Augen füllten sich mit Tränen.

«Was, lieber Vater, ich werde nicht mehr deine Alkyonne sein?»

«Ich weiß nicht, ob du es je wieder werden wirst,» sprach der Priester. «Geh' jetzt, kehre zum Chore zurück und beweine deinen verlorenen Gott.»

" ·l· - kindlich umarmen und den Vater küssen,
ns befahl ihr sich nach vorne
las Gesicht mit den Händen
chrittes fort. Aus der Tiefe des
lodische Stimmen: «Isis! Isis!

X

Im Tempel

Markus Helvidius gehörte zu jener seltenen Gattung von Menschen, die mit der Huldigung der höchsten Wahrheiten ein großes Bedürfnis nach Betätigung vereinen und sich nur dann an ihren Gedanken ergötzen, wenn er um sie erglänzt und ähnliche um sie zu einem gemeinsamen Werke gruppiert. Sein Geburtsort und seine natürlichen Neigungen zogen ihn zur alten Schule des Pythagoras, des ehrwürdigsten Ahnen der edelsten griechischen Philosophie, den das ganze Altertum dennoch mit einer Art Ostrazismus, gemischt aus Furcht und Verachtung, schlug. Aus Krotona gebürtig, wo der große Philosoph vor sechs Jahrhunderten gelehrt hatte, zählte Helvidius zu den wenigen Pytagoräern, die die vollständige Überlieferung des Meisters aufbewahrt hatten. Politisch pries er die aristokratische Verwaltung, die die Macht einer Auswahl der Edelsten verleiht. Sie sollte sich, wie er dachte, aus einer Gruppe der wahren Eingeweihten zusammensetzen. Diese auserlesene Schar, die er sehr hoch im Geiste und Gemüte wissen wollte, sollte fähig sein, das Volk zu belehren und zu erziehen. Die Hierarchie der Seelen, die der Menschlichkeit und der Weltordnung zugrunde liegt, sollte im Staate angewendet und die Menschen nach ihrem Range in der Entwicklung eingeteilt und verwendet werden, in der alle Menschen berufen sind, fortzuschreiten, aber selten mehr als einen Grad in *einem* Leben emporsteigen. Die einführende Gesellschaft sollte eine Schule der Regenten werden, die politische Zusammenschließung der Städte sollte sich nach dem Bilde des philosophischen Ideales und der religiösen Wahrheit gestalten; Ideal und Wahrheit müßten in einem unzerstörbaren Sanktuarium von den ausgewählten Wächtern gehütet und dem Volke in dem Maße übersetzt werden, in dem sie diese unter dem Schleier der Kunst und der Symbole zu verstehen vermochten.

Die Lehre von der vollständigen Aristokratie, gleich Feind der

Tyrannis wie der Demagogie hatte in allen Tempeln nur Haß bei den Tyrannen und gierigen Demagogen hervorgerufen. Pythagoras, der im Bezirke Krotona eine ähnliche Gesellschaft gegründet hatte, war aus der Stadt verbannt worden und kam bei einer Feuersbrunst in Metapontum inmitten einer Volksverschwörung, die durch den Demagogen Kylon, dem er die Einweihung verweigerte, aufgewiegelt wurde, um das Leben. Daher wurden die Pythagoräer, die dieses Ungemach überlebten, von den demokratischen Griechen schlecht aufgenommen und die seltenen Fortsetzer der Schule blieben auch den römischen Kaisern noch verdächtig.

Helvidius war damals ein Mann von dreißig Jahren, offen, edel, bis zum Übermaße der Macht der Gedanken vertrauend: er übertrug anderen leicht seine eigene Güte. Das Feuer einer reinen Begeisterung und eines heiteren Gemütes leuchtete aus seinen Augen. Eine blaue Binde, die sein Haar zurückhielt, gürtete seine Stirne, und sein edles Angesicht wurde wohlgefällig von braunen Locken umrahmt. Enttäuschungen konnten sein Vertrauen zum Endsiege des Guten nicht schwächen. Ohne selbstsüchtigen Ehrgeiz war sein einziges Glück, immer die Wahrheit zu vertreten, er lächelte über die Unredlichkeit seiner Gegner und verachtete ihre geheimen Schmähungen.

Julia Helkonia, sein Weib, das nunmehr nach ihrem Gatten Helvidia genannt werden wollte, entfaltete an seiner Seite ihre liebende und starke Natur. Noch vor ihrer Vermählung hatte sie an seinem Worte und seiner Liebe den Gedanken ihres Mannes empfangen, wie ein durchscheinendes Alabastergefäß sich mit köstlichem Weine füllt und ihm die Anmut seiner Gestalt gibt und sich selbst mit seinem Purpur und Golde schönt.

Vor seiner Ehe hatte Helvidius große Reisen in Griechenland, Ägypten und im Oriente gemacht, dann siedelte er sich in Pompeji an. Diese Stadt der Ruhe, der Künste und des Vergnügens, dem am zauberischen Golfe erblühenden Rosenkörbchen im Schatten des Vulkanes, zog die Dichter, Redner und Philosophen an. Alles war entzückt. Seine prächtige Umgebung mit weichen und großartigen Linien lud zu tiefen Betrachtungen, zu kühnen Schöpfungen ein. Helvidius hoffte hier einen Mittelpunkt für seine pythagoräischen Ideen zu gründen und nach und nach in das Wesen der Stadt einzuführen und sie dann in die noch halbgriechischen Städte des

Golfes von Tarent, dann in Griechenland und im Orient, durch seine Beziehungen mit Alexandrien auszubreiten. In seiner Eigenschaft als Dekurio, das heißt als Senator, hatte er an der Verwaltung der Stadt teil und berief Memnon von Ägypten, um den vergessenen Isiskult wiederzubeleben und zu der Höhe emporzubringen, zu der ihn einst die wahren Jünger des Hermes zu heben gewußt hatten. Als er von seinem Weibe von der Liebe Alkyonnens zu Ombricius erfuhr, zeigte er sich einer Ehe zwischen ihnen wohlgewogen, denn er hoffte in dem Tribunen einen einflußreichen Adepten der Lehre zu finden, und einen Verteidiger gegen Vespasian und Titus. So wandte Helvidius seinen ganzen Einfluß an, Memnon zu überzeugen. Seine Schlüsse bestimmten diesen endlich, Ombricius als Schüler aufzunehmen und ihn zum Noviziat zuzulassen. Der Unterricht würde von dem Hierophanten im Hause des Helvidius in Anwesenheit des auserwählten Paares erteilt werden; dem Worte des Isispriesters, der die Lehre des Hermes vortrug, vereinigte sich manchmal auch der Tanz und die Poesie. Die heilige Kunst allein konnte den göttlichen Weisheiten einen Körper geben und das abstrakte Wort in ein lebendes Wort umwandeln. Junge Männer und Mädchen der Isisgemeinde führten nach pythagoräischem Ritus die Hymnen der Göttin auf. Endlich, um den Gipfelpunkt und die Arkana der Lehre zu verherrlichen, die sich jeder Zergliederung entziehen und sich nur durch religiöses oder poetisches Entzücken darstellen ließen, sollte Alkyonne nach dorischer Art die schönsten Hymnen des Orpheus, die durch geheime Überlieferung erhalten waren, vortragen, jene Hymnen, die von den himmlischen Reisen der Psyche handeln. Man würde dann sehen, ob man aus dem Herzen des Tribunen die reine Begeisterung hervorsprudeln lassen konnte, die fast immer wie ein Kristalltropfen in der Tiefe der Menschenseele versteckt ist. Vorläufig wollte man nur das Gelöbnis des Schweigens über alles, was er sehen und hören würde, von Ombricius fordern. Wenn er sein Noviziat siegreich bestand, sollte er feierlich in den Orden aufgenommen werden und hatte dann den Schwur der Isis zu leisten, in dem er dem Meister Gehorsam und der Wahrheit rückhaltlose Ergebung gelobte. Dann wollte man auf dem Schiffe des Helvidius eine gemeinsame Reise nach Griechenland und dem Oriente tun. Die Pythagoräer, die in der römischen Provinz unweit von Massilia an den Ufern der Rhone

Zuflucht genommen, hatten Helvidius diese prächtige Galeere :um Geschenke gemacht, in der Hoffnung, daß er sie auf ihr ›esuchen und vielleicht bei ihnen bleiben würde. Jetzt hatte sie der)ekurio Pompejis im Hafen von Stabiä malen und zieren lassen. ‹uf dieser Galeere würden sich Helvidius und Helvidia, Ombri- us und Alkyonne unter der Führung Memnons nach Athen :geben und dem eleusinischen Feste beiwohnen. Hier wollte man e Vermählung Ombricius mit Alkyonne feiern, dann zurück- :hren und gemeinsam das in Italien begonnene Werk fortsetzen.

Das ist der Tod der Seele, wenn er dem Ratschlusse des Geschik- :s sich fügte, so dachte Memnon. Er sollte also seine Wissen- haft und sein Glück verlieren. Aber er erinnerte sich der Worte s Sabakkas bei den Pyramiden in der Wüste: *«Du wirst die dritte häre nur im größten Schmerze finden.»*

Er bemühte sich daher, nicht mehr an sich zu denken, sondern r mehr an seine Pflicht, aus Ombricius einen vollständigen ıgeweihten und aus Alkyonne ein glückliches Eheweib zu ma- n, nicht ohne heimliche Hoffnung der Möglichkeit des Nicht- ngens. Aber er verwarf diesen gemeinen Gedanken und wollte 'ort nur der Lehrer sein, das heißt ein Mensch ohne irdische w ünsche, mehr als nur ein Mensch ... ein lebendiges Wort des EWIGEN.

Im Lararium des Helvidius begannen die Vorlesungen. Der Sklave, der das Heiligtum versorgen mußte, hatte den kleinen Altar und die zwei Musen Melpomene und Polyhymnia mit Blumen geschmückt.

Ein Dutzend Frauen und junge Mädchen standen mit Helvidia im Halbkreise. Memnon sprach stehend vor dem Altare. Ihm gegenüber, unter dem Peristyle saßen Helvidius, Calvus der Stoïker, Ombricius und einige junge Männer. Alle folgten mit größter Aufmerksamkeit den täglichen Vorträgen des Meisters.

Alkyonne erschien bei den ersten Zusammenkünften nicht. Seit zwei Monaten hatte Ombricius sie nicht gesehen. Obgleich diese Prüfungszeit ihm sehr hart war, unterwarf er sich ihr ohne Widerspruch. Er hatte Vertrauen zum Versprechen der Prophetin, seine Selbstliebe war ja befriedigt; endlich dank der Belehrung durch Memnon bekam sein Geist den Schwung seiner Jugend wieder. Aber statt in den engen und nackten Gängen des Stoïzismus zu straucheln und zu fallen, konnte er in die großartigen Alleen und in grenzenlose Fernsichten eintreten, die sich ihm eröffneten. Nachdem er die wesentlichen Grundzüge, die Wissenschaft der Zahlen, den Schlüssel der hermetischen Lehre flüchtig entworfen hatte, deren Wichtigkeit man nur in seinen vielfachen Anwendungen in allen Wissenschaften und in der Schlußzusammenfassung des Weltalls verstand, ging Memnon rasch zur Geschichte der menschlichen Rassen über, in der sich das ununterbrochene Herabsteigen und sichtbare Verkörpern des Geistes in die Materie zeigt. Er sprach von versunkenen Kontinenten, von denen die Überlieferung jede Erinnerung verloren hat. Er erzählte vom Leben der ersten Rasse, die den Tieren ähnlicher waren als den Menschen; Rassen, von denen die ägyptischen Priester Bilder und Figuren in den Hieroglyphen auf den Mauern der Krypten und Tempel gemeißelt aufbewahrten. Er schilderte die Lemuren, die Höhlenbewohner, die einst ein nördliches Festland bewohnten und an die Aeschylos zu denken scheint, wenn er seinen Prometheus sprechen läßt: «Die sehend einst mit ihren Augen doch nicht sahn ... und hörend nicht vernahmen, sondern Schatten gleich der Traumgestalten, alle Dinge fort und fort, bunt durcheinanderwirrten.» Er erzählte die Geschichte des mächtigen Atlantis-Kontinentes, der sich einst jenseits der Säulen des Herkules aus dem großen Meere erhob. Platon war von den ägyptischen Priestern eingeweiht und spricht von ihm in seinem Kritias und in seinem Timaeus. Nach einer Reihenfolge von Revolutionen der Natur versank seine letzte Insel, von Platon Poseidonis genannt, 9000 Jahre vor der Gründung Roms. Dieses weite, heute verschwundene Festland, war damals die Stätte einer wunderbaren Kultur, die tausend und abertausend Jahre dauerte und deren ungeheure Tempel mit goldenen Pforten davon Zeugnis gaben. Eine Gruppe von Inseln, jetzt durch die fortwährenden Fluten versunken, verbanden Atlantis mit Europa und Afrika und förderten Auswanderung; Wissenschaft und Kunst; Magie und Sonnenkultus entstanden bei den Atlantiern. Von ihnen kamen die ausgewählten Völker, die Europa, Afrika und Asien bevölkerten. Aber die geheiligte Wissenschaft in ihrer festen Fassung entstand erst in Ägypten durch Hermes, den Erben der atlantischen Überlieferung und durch die Eingeweihten, die in seinem Namen lehrten. Die Wissenschaft der Zahlen und der Gestirne, der Schriftkunde und der Göttlichkeit der Religion, die die geheimen Kräfte und die kosmische Macht in sprechende Symbole kleidet und die Kunst, die Menschheit zu führen, die von der Wissenschaft der Seele abstammt, brachten die Ägypter zur höchsten Blüte.

«Also,» schloß Memnon in der zerschmetternden Ungeheuerlichkeit der menschlichen Annalen, «von Jahrhundert zu Jahrhundert, von Jahrtausend zu Jahrtausend, durch alle Rassen und Umwälzungen der Erde ist die heilige Überlieferung der führende Faden, die Kette, die nicht bricht, die Fackel, die oft nur glimmt, aber nie verlöscht. Daß die blinde Menge langsam vorwärts schreite, ist nur den Propheten zu danken, den Gesandten des Ewigen, die sich auf Erden verkörperten. Um sie sammelt sich ein Kern von Brüdern, der die Massen mit fortreißt. Dank den Eingeweihten, die die Leuchte des Lebens rein halten, damit das heilige Feuer niemals erstirbt, nichts Wesentliches sich verliert und der Schatz derer, die wissen, sich immer vermehre. Jedem Propheten seine Botschaft, jeder Rasse ihr Werk.»

«Mit der dorischen Rasse, deren Prophet Orpheus war,» setzte der Hierophant fort, «beginnt die Zeitepoche, in der wir leben. Der Seher Orpheus, der aus den Heiligtümern Ägyptens kam, wollte den Hellenen die göttliche Wissenschaft in den Städten und in dem Tempel, im Marmor und im Fleische, in Leben und Schönheit übertragen. So war die beschwörende Magie seiner Zauberlaute beschaffen. Vor ihm kannte die Welt nur den Priester und den König. In die dunklen Wälder der Menschen warf Orpheus wie Lichtstrahlen den Helden, den Dichter, die Liebenden und die Pythia, lebende Fackeln des Prometheus. Wir, die Schüler des Hermes, des Orpheus, des Pythagoras, wir bewegen die Fackeln in der Welt, wir glühen danach, noch schönere anzufachen. Aber wir müssen an die göttliche Weisheit glauben, um göttliche Kämpfe bestehen zu können.»

Diese kühnen Reden rissen Ombricius hin. Sie ließen ungekannte Quellen aus dem harten Felsen seines Herzens entspringen. Vielleicht hätte er diesen unbekannten Zeichen kein Gehör geschenkt, wenn nicht ihr mächtiger Wohlklang seinem Stolze geschmeichelt hätte. Er sah sich schon als Eingeweihter, als Prophet, als Magier, mächtiger als alle Imperatoren. Er erschreckte die Menge mit seinem Zauber, sein Wille setzte Cäsaren ein und stürzte sie. – Aber die Gedanken des Ombricius nahmen eine andere Richtung ein, seine Stellung änderte sich gänzlich, als

Memnon den zweiten Teil der Geheimlehre vortrug. Der Mensch und das Menschengeschlecht haben nicht nur eine irdische Vergangenheit, sie haben auch vor und nach diesem Leben eine kosmische Geschichte. Wie war die menschliche Seele von der Gottheit herabgestiegen? Durch welche Reihen von Geburten und Wandlungen war sie in den jetzigen Zustand gelangt? Welches ist ihre kosmische Reise nach jedem Tode? Durch welches unabänderliche Gesetz war sie gezwungen, nach jedem Aufenthalte bei den Genien und schaffenden Göttern sich wieder zu verkörpern? Welches sind die Bedingungen ihrer endlichen Befreiung, ihrer Rückkehr mit vollem Bewußtsein in ihre göttliche Heimat? Über die schreckliche und erhabene Odyssee der menschlichen leidenden Psyche zur göttlichen Psyche, gab Memnon nur kurze Bemerkungen, und ließ jedem Gelegenheit den Faden, der diese verschiedenen Wesen und das Gesamtgesetz, das sie beherrscht, verbindet, allein zu entwirren. Er fügte außerdem hinzu, daß Ombricius über diesen Gegenstand die große Erleuchtung zu Eleusis empfangen würde und daß er, um sich zu einer der wunderbaren Mysterien des Diesseits und Jenseits des irdischen Lebens eine annähernde Vorstellung zu machen, lernen müßte, nach und nach in die Tiefe seines eigenen Wesens einzudringen. Das blieb den letzten Graden der Einweihung vorbehalten.

Bei den ersten Schritten des Meisters in die himmlische Geschichte der Psyche, empfand Ombricius ein Gefühl der Unruhe und des Schwindels. Diese Lehre der vielfachen und eingeteilten Unsterblichkeit kam vergebend aus dem Arkanum des Bewußtseins und des göttlichen Mittelpunktes des Weltalls; sie flößte ihm, dem Tribunen, einen geheimen Widerwillen ein. Während er Memnon zuhorchte, hatte er die Empfindung eines Bewohners der festen Erde, den verwegene Piloten gegen seine Willen in die schäumenden Wogen eines uferlosen Meeres hinauszogen. Wollte sich sein inneres Auge nicht öffnen oder hielt die natürliche Angst vor dem Unbekannten es ab? Bald verwandelte sich sein Unbehagen in Aufruhr, die Beengtheit seines Geistes, der Kleinmut seiner Seele setzten den Helm des Hochmutes auf, um sich zu maskieren und sich vor seinem getrübten Gewissen zu schmücken. Seine Vernunft weigerte sich, diese kühnen Hypothesen aufzunehmen, die man ihm wie überirdische Wahrheiten darbot und für die man ihm keinen fühlbaren Beweis lieferte. Sein Stolz bäumte sich bei dem Gedanken auf, unter anderen Formen existiert und Körper und Bewußtsein oft gewechselt zu haben. War das die Lehre, die euch der festen Erde der Sinne entreißt, um euch in einen Abgrund von Ungewißheiten zu stürzen. Mit welchem Rechte durfte dieser anmaßende Priester die Seele aus seinem Körper ziehen, um sie in den ungeheuren Raum zu schleudern. War dieser eingebildete Himmel den greifbaren Freuden dieser Welt gleichwertig. Lieber ein einziges Leben zu genießen, sagte er sich, und mit aller Energie der Leidenschaften und am Ende das Nichts zu finden, als wie ein leerer Schatten von einer unbekannten Macht durch viele Existenzen gejagt zu werden.

Die Gegenwart Alkyonnens, die endlich im Halbkreise erschien, vergrößerte nur seine Aufregung. Nie verließ sie den Kreis der Frauen und Mädchen, die sie mit einer Mauer von Liebe und Ehrfurcht umgaben. Sie war von ihrer Gruppe gefangen und wurde ihm fast fremd. Der Tribun konnte ihr nur heimliche Blicke zusenden. Oft wandte sie ihre träumenden und glänzenden Augensterne ihm zu. Manchmal verschleierte sie sich auch mit Gleichgültigkeit und ihre Seele weilte in weiter Ferne. Das Geheimnis dieser Seele, in das er nicht eindringen konnte, beunruhigte ihn noch mehr als das Geheimnis der Dinge. Die Haltung Alkyonnens während der letzten Vorträge Memnons machte den Abgrund, der sie trennte, nur noch größer. Während Ombricius sich den Ideen des Hierophanten mehr und mehr abgeneigt zeigte, erhob sich die Seherin mit Wonne in diese unnahbaren Höhen. Sie schwebte dort wie ein vom Winde getragener Vogel. Vor und nach den Worten des Meisters erklangen die Chorgesänge der jungen Männer und Mädchen zum Spiele der Theorbe und Lyra. Das waren sehr alte Hymnen, Anrufungen der Götter aus der orphischen Zeit. Während diese vertrauenden Seelen zu den unsichtbaren Mächten emporstiegen, während ihre leuchtenden Gesichter neue Lebenskräfte aus der Weltenseele zu schöpfen schienen, verhärtete und verschloß sich Ombricius' Herz immer mehr und mehr; diese Begeisterung machte ihn unwillig, diese Freude, an der er nicht teilhaben konnte, versetzte ihn in Empörung. Zum Übermaße der Kränkung schien Alkyonne ihn zu vergessen. Am Sockel der Muse sitzend, hielt sie die Knie der Statue umschlungen, das Antlitz war ebenso bleich wie der Marmor, an dem sie ihren Kopf anlehnte und sie schien der Verzückung nahe.

In dieser Haltung lauschte Alkyonne den letzten Worten des Hierophanten. Memnon sprach von der Seligkeit der am Ende ihrer Wanderungen und Wandlungen angekommenen Seele, wenn sie in ihre himmlische Heimat zurückgekehrt ist und mit einem einzigen Überschauen ihre Weltenreise erlebt. An diesem Tage waren nur drei Personen im Halbkreise. In der Mitte Memnon, links Alkyonne, rechts Helvidia mit einer Elfenbeinlyra. Der Priester der Isis schloß seine Ausführung mit den Worten: «Die menschlichen Worte vermögen die Herrlichkeiten nicht wieder zu geben, die sich vor der verklärten Seele in der Region, von der ich zu euch sprach, entrollen, aber die geheiligte Kunst hat es manchmal versucht sie zu übersetzen. Um das Wort des Hermes zu versinnbildlichen wird euch Alkyonne das «Lied von der göttlichen Psyche» singen. Nach diesen Worten verließ der Priester den Halbkreis und setzte sich unter das Peristyl neben Helvidius.

Alkyonne schien aus einem Traume erwacht und verließ langsam die Statue Polyhymnias. Wie im Traume schritt sie zum Hausaltare, warf ein wenig Styraxpulver in das unter der Asche ruhende Feuer. Eine lebende Flamme stieg empor. Dann hob Alkyonne das mit Narzissen gekrönte Haupt gegen das Gewölbe und rezitierte mit tiefer Stimme, die heilige Hymne zu den Akkorden der von Helvidia gespielten Lyra:

«Von Göttern gezeugt, bin ich Schwester der Geister.
Von meines Sternes Strahlen
Sah ich euch vergänglich wallen,
In Welten euch werden und sterben,
Aus finsterer Tiefe empor zum Zenith,
Vom Himmels Olymp hinab zum Nadir.
O Licht! Harmonie!
Und Weisheit und Liebe umfluten mein Herz.
Erglänzend und kostbar
Bebt mir in der Brust,
Gleich goldenen Sternen ein göttlich Erinnern …
Wer kann mich berauben der ewigen Krone?
Ihr düsteren Horden, ihr trügend Gespenster?
Ihr schrecklichen Höllen, ihr zahllosen Zeiten?
Ihr wollt mich verschlingen?
Ihr dürft es nicht wagen!

Ihr schwindet ... ich bleibe;
Ihr stürzet ... ich steige ...;
Denn ich bin die ewige Sehnsucht,
Das ewige Himmelserinnern;
Denn ich bin die göttliche Psyche!»

Die letzten Akkorde der Leier unterstützten die entschwindenden Gebärden der Seherin. Jeder verfolgte in sich selbst die Schwingungen ihrer Worte, wie in einer azurnen Woge Kristallkreise von einem Schwane verursacht werden. Aber plötzlich machte sich die Gemütsbewegung der Jugendherzen durch leidenschaftliche Rufe Luft: «Heil Memnon! Heil unserer Alkyonne!»

«Heil allen beiden!» sagte Helvidius und bot der Priesterin eine Lotusblume dar.

Sie nahm sie lächelnd, neigte sich zur Spielerin der Lyra, umarmte sie, als schämte sie sich ihrer Kühnheit, die göttliche Psyche dargelebt zu haben und nun wieder ein gebrechliches Weib geworden zu sein. Statt jeder Antwort preßte Helvidia das Goldhaar der Jungfrau zwischen ihre weichen Hände und drückte ihr heißes Köpfchen gegen ihren Busen und bedeckte diese Stirne, von der Schweiß der Begeisterung perlte, mit Küssen.

*

Alles erhob sich stürmisch, nur Ombricius blieb unbeweglich und stumm auf seinem Platze. Sein Gehirn schäumte, sein Herz war wie Eis. Er hatte das enttäuschte Aussehen eines Jagdhundes, der eine Lerche aus der Furche des Ackers auffliegen sieht und ihr nicht in den Raum folgen kann. Voll heftigen Grolles gegen diese Begeisterung, die er nicht verstehen konnte, und die er als albern empfand, zürnte er gegen alle, gegen Memnon, gegen seine Lehre, gegen seine Schüler, selbst gegen die Seherin. Und dennoch war die übernatürliche Schönheit Alkyonnens der Höhepunkt all der geheimen Wünsche seines Wesens, hervorgerufen durch einen unbesiegbaren Reiz. Aber er fand, daß er allein Rechte auf sie hatte und daß man ihm einen mühsam eroberten Schatz entreißen wollte. Die Selbstverleugnung ist die Essenz der großen Liebe wie der Begeisterung. Diese zwei erhabenen Fähigkeiten, die mächtigsten von allen, werden denen, die unfähig sind, sich in eine andere

Seele zu versenken, immer als eine ausgesuchte Torheit erscheinen.

Alkyonne war allein im Halbkreise neben der Statue der Polyhymnia geblieben und spielte mit einer Lorbeergirlande, die deren Sockel schmückte. Sie schien Ombricius zu erwarten. Er näherte sich ihr.

«Seit drei Monaten,» sprach er, «habe ich dich nicht sprechen können o Alkyonne! Kaum daß ich dich sah ... kaum daß dein Blick mir von weitem sagte, daß du dich noch meiner erinnerst ... Du weiltest in anderen Welten weit von mir, in irgend einem unerreichbaren Himmel. Dein erhabener Sang hat mich in Verzweiflung gebracht. Ich verliere in diesen grenzenlosen Räumen den Halt, die Schwingen fehlen mir, um der göttlichen Psyche dorthin zu folgen. Die Narzissenkrone, die auf deinem Haupte glänzt, blendet und kränkt mich ... Diese Blüten, Alkyonne, sind wie die Sterne unantastbar.»

Erstaunt erhob Alkyonne ihre Augen und richtete sie auf den Tribunen, als erkenne sie ihn nicht wieder. Dann spielte ein Lächeln voll unendlicher Anmut um ihre beweglichen Lippen. Sie nahm das Blumendiadem von ihrem Haupte, hielt es dem jungen Manne hin und sagte:

«Ich habe diese Narzissen in der Morgenfrische gepflückt. Ebenso möchte ich deine Seele pflücken und sie der göttlichen Mutter Isis hinreichen. Trinke doch den Hauch ihrer Blüten in dich hinein. Was sagt dir wohl ihr feiner Duft?»

Ombricius nahm den Kranz in seine Hände und sog liebevoll den Atem der gelben Herzen und der perlenglänzenden Sterne ein, deren zarter Wohlgeruch ebenso berauschend ist wie der des Jasmin. Abwechselnd richtete er seine Blicke auf die Narzissen und die Prophetin; fast rauh gab er ihr die Krone zurück.

«Was mir dieser Blütenzauber sagt? ...» rief er aus, «daß ich dich wie ein Wahnsinniger liebe und daß du mich nicht liebst.»

Sie umfaßte ihn mit einem Blicke voll Traurigkeit und unermeßlichen Mitleides.

«Ich liebe dich nicht? Hast du denn mein Gelöbnis beim Lotusbrunnen vergessen?»

«Wenn du mich liebtest,» sprach Ombricius, «würdest du mitleidig zu mir herabsteigen ... Ohne diese Hilfe werde ich mich mit dir nicht vereinen können ... Niemals werde ich so hoch steigen ... Ach, wenn du mich liebtest, ja wenn du mich wirklich liebtest ... Du würdest mir die Krone geben ... jetzt ... auf der Stelle!»

Alkyonne zitterte erschrocken. Sie drückte ihre gekreuzten Hände auf ihre Brust, wie um die Wogen ihrer Erregung zurückzuhalten. Dann drückte sie mit einer Bewegung unaussprechlicher Zartheit die Narzissenkrone gegen ihre Lippen. Aus dieser Berührung schien sie eine unerwartete Eingebung zu schöpfen, denn sie sprach mit ruhiger Stimme:

«Ja, Ombricius, die Blüten werden dir gehören. Denn ich bin ganz dein.» Dann setzte sie mit strahlender Miene die Krone auf den marmornen Kopf Polyhymnias und fügte hinzu: «Wir werden zusammen emporsteigen.»

In dem Augenblick kam wie ein Wirbelwind eine Schar junger Mädchen auf Alkyonne zu. Sie behängten sie mit einer Rosengirlande und riefen aus:

«Wie schön bist du! Du bist verklärt! Das ist die göttliche Psyche selbst.»

«Dir die Lyra, die die Seelen eint,» rief Helvedia und reichte ihr die Elfenbeinleiter.

«Dir die ewige Krone,» sprach Helvidius, nahm das Narzissengewinde vom Haupte der Polyhymnia und setzte es auf Alkyonnens Goldhaar, deren Wangen glühten. Etwas entfernt stehend schaute Memnon zu seiner Adoptivtochter empor und betrachtete sein Werk mit triumphierenden Blicken. Alkyonne nahm diese Ehrungen ohne Stolz hin. Das düstere Aussehen des Ombricius beunruhigte sie. Sie warf einen neuen Blick in seine Seele und bemerkte dort zum ersten Male in ihr gierige Wünsche und die Hölle der Selbstsucht.

Ombricius zog sich unter die Säulen des Peristyles zurück und sah von weitem auf die Gruppe. Mit Bitterkeit sagte er sich: «Da ist sie unter ihresgleichen, aber ich bin es nicht. Alle diese Isisverehrer bilden eine einzige Familie. Sie besitzen sie, aber ich besitze sie nicht.» Ein geheimer Neid und heftiger Zorn erfüllte sein Herz. Um es zu beruhigen, fügte er hinzu: «Sie liebt mich! Wohlan! Ich werde sie mit Gewalt bekommen.» Und er ging ohne sich von jemand verabschiedet zu haben.

XI

Hedonia Metella

Unter dem großen Portikus des Forums, wo die reichen Pompejaner und lebenslustigen Pompejanerinnen die Abendfrische einatmeten, auf dem Mosaikboden ihre Togen und Stolen nachschleppten, hinter ihren gefalteten Kappenmänteln hervorspähten und Gelegenheitsintrigen, die weniger kunstvoll als ihre Frisuren waren, anknüpften, dort schritt am andern Tage Ombricius fieberhaft erregt auf und nieder. Da klopfte ihm Simmias auf die Schulter und erfaßte seine beiden Hände.

«Eine gnädige Gottheit führt mich dir entgegen,» rief der Grieche aus. «Ich komme von Pompejis berühmtestem Weibe. Sie lädt mich heute zum Abendmahle ein. Die süße Myrrhina, die mir manchesmal untreu ist, aber doch immer wieder zu mir zurückkehrt, hat mir versprochen, vor dieser erlauchten Frau zu tanzen. Und was mir die Königin außerdem gesagt hat: ‹Wenn du mir die erste Tänzerin von Pompeji zuführst, warum bringst du nicht auch den stolzesten Tribunen der Armee des Titus, der, wie man sagt, ein großer Philosoph geworden ist? Ich möchte gerne diesen römischen Ritter unter meine Gäste zählen. Vor drei Monaten hast du mir versprochen, Ombricius Rufus zu mir zu führen und hast dein Wort noch nicht gehalten.› Ich antwortete dieser Königin: ‹Wenn ich ihn finde, so schwöre ich dir bei allen Göttern, ich bringe ihn heute abend mit zu dir.› Habe ich Unrecht getan?»

«Der Name dieser Frau?»

«Hedonia Metella.»

Vergeblich suchte Ombricius in seinem Gedächtnisse.

«Hast du die Patrizierin vergessen, die am Tage der Eheschließung des Helvidius, dort unten in ihrer Sänfte das Forum überquerte und die Rose von Paestum, wie durch Zufall in die Falten deiner Toga fiel?»

«Jetzt erinnere ich mich,» antwortete Ombricius, der unter dem Reize Alkyonnens an diese Begegnung nicht mehr gedacht hatte.

«Ich will dich nicht überfallen, mein lieber Tribun,» fuhr der Epikuräer fort. «Du mußt erst wissen, wohin ich dich führe. Der Tempel der Isis hat seine Geheimnisse, die ich nicht kenne; das Haus der Hedonia Metella hat auch ihre Gebräuche, Riten und Gesetze. Ich werde in diesem Labyrinthe dein Führer sein. Das ist ein seltsamer Ort, voll Lockungen und Fallen. Die einen finden dort ihr Glück, die anderen ihren Untergang. Ich muß dich vor dieser Eigenart dieses gefährlichen Weibes warnen. Jeder, der einmal den Fuß über ihre Schwelle gesetzt hat, ist gezwungen ihr Freund oder ihr Feind zu sein. Beachte das letztere, denn so edelmütig sie zu jenen ist, die sich ihren Launen unterwerfen, so fürchterlich ist sie, sagt man, für die, die es wagen, ihr zu trotzen. Also denke nach, ehe du annimmst und wenn du kommst, sei auf der Hut.»

«Haha. Simmias,» rief Ombricius aus, der seine Heiterkeit wiedergefunden hatte. «Du bist ein gewaltiger Redner. Du hast gewußt mich bei meiner Schwäche zu fassen. Gefahr ist dabei! Ich werde kommen. Übrigens habe ich Zerstreuung und Erheiterung nötig.»

«Vortrefflich,» sprach der Grieche und klatschte in die Hände. «Komm zu mir und nimm das Abendessen mit Myrrhina und mir ein. Wir gehen dann zur Königin von Pompeji.»

Eine Stunde später saßen die beiden Freunde und die Schauspielerin Myrrhina, nachläßig auf den kostbaren Ruhebetten ausgestreckt, fröhlich beim Abendmahle in dem kunstvoll ausgeschmückten Triklinium des Simmias. Auf den rotgemalten Wänden liefen Girlanden aus Grün mit sinnlichen Rosen vermischt; schwimmende Nereïden, fliegende Amoretten, Sphinxe und Pegasusse, schlanke Frauenbilder waren in die Mitte einer luftigen Architektur von Arabesken und Laubwerk gemalt. Die zwangslosen Plaudereien der Gäste flogen wie eine Schar räuberischer Sperlinge zwischen den Pokalen und Vasen über die Fisch- und Wildbretgerichte. Als man die Weinpokale erhob, ergriff Simmias ernst das Wort:

«Wisse lieber Freund, Hedonia Metella ist die Tochter des Patriziers Metellus und einer numidischen Prinzessin. Sie vereinigt in sich den stolzen Hochmut der Römerin und das feine Feuer der afrikanischen Rasse. Sie ist eine Menschenbändigerin und selbst unbezähmbar, denn bis heute hat sie gewußt sich zu behaupten. In ihr ist sowohl die Bacchantin wie die Agrippina vereinigt; aber beide verbergen sich hinter einer wunderbaren Heiterkeit. Ihr männlicher Wille hat ihre weiblichen Leidenschaften, wie eine Meute von Panthern zur Verfolgung ihrer geheimen Ziele abgerichtet. Wäre ich Philosoph, ich würde ihren Charakter so kennzeichnen: Tiefe brünstige Wollust im Dienste eines maßlosen Ehrgeizes.»

«Und das Ziel dieses Ehrgeizes?» fragte Ombricius.

«Niemand kennt es, so verworren ist ihre Lebensart.»

«O Gnade! Keine Philosophie!» bat Myrrhina und verschlang eine Auster und warf ihr hübsches Köpfchen in den Nacken. «Ihre Lebensgeschichte! Ihre Vergangenheit erzähle.»

«Ich weiß wenig davon,» setzte Simmias fort. «In ihrer Jugend war sie, so erzählte man, ein Liebling Poppäas; die Gattin Neros liebte es, die kleine Patrizierin auf ihren Knieen zu schaukeln. Verstand es damals Hedonia als frühreifes Kind und als frühentwickeltes Weib, aus den Blicken und Reden der blonden Jüdin, des Weibes des Ungeheuers, die scharfe Essenz deren unredlicher Huld und deren gelehrtes Benehmen einzusaugen? Verstand sie es, ihr die Kunst abzulauschen, den Cäsaren durch Lächeln, Tränen und Drohungen zu beherrschen, durch Weigerung zu erregen, durch Zärtlichkeiten ihn wiederzugewinnen? Ich weiß es nicht. Das weiß ich, daß sie mit achtzehn Jahren den wohlhabendsten Prokonsul des Reiches heiratete, der sich durch unzählbare Erpressungen bereichert hatte und daß dieser willfährige Gatte nach einigen Jahren starb, nachdem er ihr sein ungeheures Vermögen hinterlassen hatte: ein Haus in Rom, Grundstücke im Epirus und in Kampanien, ein Landhaus in Bajä, Sammlungen, Statuen, Schätze ohne Zahl mit einer Schar von ergebenen Klienten und einer Armee von Sklaven.»

«Wie gern möchte ich diese Frau sein!» seufzte Myrrhina, indem sie eine der Muscheln, die man Meeresblumen nannte, öffnete, deren weißes Innere sein noch lebendes Fleisch den sinnlichen Lippen der Tänzerin darbot.

Simmias dämpfte seine Stimme, um nicht von den Sklaven verstanden zu werden, die mit den Silberschüsseln herumeilten.

«Man behauptet, das sage ich aber unter uns, daß Hedonia ihren alten Gatten mit einer Phiole, die sie in den Haaren versteckt trug, vergiftet habe.»

«Wie das?» fragte Myrrhina zitternd vor Neugierde und Aufregung.

«O, auf eine ausgesuchte Weise,» sagte lächelnd der Epikuräer. «Der Alte liebte es, nach dem Feste die geknoteten schwarzen Haarflechten seines jungen Weibes zu lösen und ihren Duft lange einzuatmen. Die kleine Phiole aus Email war in einer Locke wie ein Kleinod eingewunden. Während der Prokonsul seine Lippen auf die nackten Schultern Hedonias preßte, hielt sie seinen Becher in der Hand und mit der anderen goß sie sorgfältig den Inhalt der Phiole in den Wein und bot den tödlichen Trank dem vom Dufte ihres Fleisches und ihres glänzenden Haares berauschten Gatten dar. Ob das wahr ist oder ob das nur die Verleumdung eines Sklaven sein soll! Dieses Gerücht hatte Rom und die Provinzen durchlaufen. Nach allem möchte ich gerne so sterben. Was sagst du dazu Myrrhina? ... Stimmst du darin mit mir überein?»

«Ach du Böser!» rief die Künstlerin, deren Augen in einer wilden Entrüstung aufloderten, «dieses schreckliche Weib. Aber eine herrliche Szene zum Mimen.»

«Und dann,» fragte der Tribun, der mit dem Essen und Trinken aufgehört hatte.

«Seit dem Tage hat Hedonia mit dem Reichtume und ihrem Luxus gespielt, ohne sich wieder zu verehelichen. In Rom hat sie eine Schar von Günstlingen um sich versammelt. Von ihr konnte man sagen, daß sie wie Poppäa den Buhlen vom Gatten nicht zu unterscheiden wußte. Der glänzendste ihrer Verehrer war Cecina, General des Vitellius, ein Offizier ersten Ranges, ein ehrgeiziger und starker Mann. Sie entzweiten sich plötzlich, ohne daß man wußte warum. Es schien, daß sie ihn nur noch haßte, denn sie spricht nie von ihm. Cecina war seither eine große Persönlichkeit geworden. Während des blutigen Krieges zwischen Vitellius und Vespasian hatte sich Hedonia Metella an das Glück des Titus gehängt, dem jungen Sohne unseres Kaisers. Sie hatte durch seine Gattin großen Einfluß über ihn. Vor etwa einem Jahre hat sie ihr Haus in Pompeji eingerichtet. Aber was sinnt sie? Ich glaube, sie verhält sich abwartend und ergötzt sich dabei.»

«Wie?»

«Auf eine geschickte und feine Art. Sie hat die hedonische Brüderschaft gegründet.»

«Was ist das?»

«Diese Brüderschaft setzt sich natürlich aus Anbetern Hedonias zusammen. Ich gehöre nicht zu ihnen, aber ich besuche den Kreis in Zwischenräumen als Festordner des Tanzes und der Musik. In dieser Eigenschaft weiß ich ungefähr was dort vorgeht. Um in den Kreis der Hedonia zu kommen, muß man ein Unterwerfungsgelöbnis machen, das die Teilnehmenden nötigt, allen ihren Launen zu gehorchen. Sie belohnt sie alle nach ihrer Willkür, aber nicht auf dieselbe Art. Jeden nach seinem Verdienste. Das eine muß man ihr zugestehen, daß sie es bis heute verstanden hatte, unter ihnen die vollkommendste Ordnung zu halten. Wenn sie einen Buhlen erwählte, wurde er während der Zeit seiner Gunst als Fürst der Vereinigung betrachtet. Durch eine besondere Zeremonie wird er geweiht. Alles muß ihm Achtung zollen. Eifersüchtige, Zänker und Murrende werden schonungslos verjagt. Die anderen gehorchen, warten, hoffen, oft vergebens. Aber sie sind nicht minder glücklich, in der Brüderschaft zu sein, die gestattet, sich der Königin von Pompeji zu nähern und bei ihrem Feste zu sein. Dieses Vorrecht hat große Vorteile. Viele ihrer Schützlinge, selbst jene, die nicht zu der höchsten Gunst gelangten, sind Präfekten, Generäle, Prätoren geworden. Sie vergißt sie nicht, sie verteidigt sie bei jeder Gelegenheit, solange sie ihr gehorchen. Alle die nicht der Vereinigung angehören, lästern und beneiden die Hedonier. Kurz, alles tadelt die Laster der Königin Pompejis, aber alle huldigen ihr. Man verabscheut sie, aber gleichzeitig verehrt man sie, man verwünscht sie, aber man fürchtet sie; denn sie besitzt Zauber und Macht. Ich vergaß dir zu sagen, Ombricius, um dich genau zu unterweisen, daß Hedonia Metella nicht an die wunderbaren Götter der Priester, noch an den leblosen und absoluten Gott der Philosophen glaubt. Diese offenkundige Gottlosigkeit könnte ihr im höchsten Grade schädlich werden, wenn sie nicht öffentlich einen pomphaften Kult zur Vergöttlichung des Cäsaren vorgaukelte, der sie von allem Argwohne eines Sakrileges befreit. Man spricht auch, daß sie in einem kleinen Tempel in ihrem Garten von Bajä einem geheimen Kulte huldige. Aber niemand hat dorthin Zutritt, sie spricht nicht davon. Das ist ihr Geheimnis. Ich habe gesprochen! O edler Tribun, denn das ist alles, was ich weiß.»

«Genug, um uns einen schönen Abend versprechen zu können,» sprach der Tribun und erhob sich mit einem überlegenen

Lächeln, das er gewöhnlich erkünstelte, wenn man vor ihm von vermögenden Frauen und Reichtum erzählte, aber das immer leichte Spuren von Lüsternheit verbarg.

«Ich habe Angst vor dieser Zauberin zu tanzen,» sagte Myrrhina. «Sie wird mich in Zauber bannen.»

«Gehen wir jetzt,» rief Simmias. «Sie wird dir ein herrliches Geschenk machen, das dir für den Rest deines Lebens Glück bringen wird.»

Ombricius warf seine Toga um. Simmias legte der Tänzerin einen Mantel über die Schulter, der sie vollständig einhüllte und alle drei entfernten sich.

*

Das Innere des Hauses der Hedonia erglänzte im Lampenschimmer. Geführt vom Nomenklator, schritten Simmias, Myrrhina und Ombricius durch eine Reihe von Zimmern des Atriums, des Perestyles und der Galerien, durch ein blendendes Labyrinth. Säulen aus Jaspis und Porphyr folgten aufeinander. Mythologische Szenen prunkten an den Mauern. Girlanden schöner Körper waren in rosa gemalt; Feste weißer, rosiger und brauner Leiber. Anmutige Jünglinge und zarte Göttinnen lächelten aus ihren Nischen. Amoretten aus Terrakotta schäkerten auf Blumenbeeten. Sie fanden die Herrin dieses Feenortes umgeben von einem Dutzend junger Männer in herrischen mit Schnallen und Kameen geschlossenen Chlamyden gekleidet. Die Gruppe stand im Nymphäum. Im Hintergrunde des kleinen, zu einem Halbkreise sich ausbuchtenden Saales, blickte aus einem Haine zarten Laubwerkes und Wasserpflanzen die halbliegende Marmornymphe hervor. Aus ihrer geneigten Urne goß die Göttin sanft einen Wasserstrahl in ein unter den Farnbüscheln verstecktes Becken. Eine Steinbank vor dem Halbkreise lud zur Rast ein. Vor der Nymphe hatte man drei Sitze in der schattigen Kühle des Brunnens aufgestellt. Auf dem mittleren, mit einem Byssuskissen gepolsterten Stuhle thronte, in einem Purpurpeplos mit goldenem Gürtel, die Haare über die königliche Stirne aufgerichtet, mit einem Diadem bereift und nach hinten durch ein Haarnetz, mit Edelsteinen geschmückt, zurückgehalten, Hedonia Metella. Eine Schärpe aus rosafarbiger indischer Seide mit Blumen bestickt, schlängelte sich um ihren Hals und umwand ihre nackten Arme. Eine einzige Locke ihres schwarzen und glänzenden Haares fiel weich auf ihren Hals wie eine durch starken Wohlgeruch gelähmte Schlange.

Ombricius hatte dieses Weib nur ein einziges Mal in ihrer Sänfte gesehen. Ihre hochmütigen Züge hatten sich in seinen Augen durch einen Willensstrahl eingegraben. Jetzt wurde er von der zarten Anmut, die über ihre Schönheit spielte, hingerissen. Über ihren hohen Busen richtete sich wie gegossen der Nacken gleich dem Halse einer Amphora empor. Die königliche breite Stirne, das Oval ihres Antlitzes, der Stolz der Linien kündeten die rassige Römerin. Aber die Beweglichkeit ihres Halses, die breiten zitternden Nasenflügel verrieten die Afrikanerin. Nichts wechselte mehr, als der Bogen ihres wogenden Mundes, in geschmeidiger Süße zusammengezogen oder von einem feinen Spotte gesenkt. Große schwarze Augen beherrschten diese Züge, unerforschliche und herausfordernde Augen, wie die der wilden Tiere der Wüste; gefühllose Spiegel, deren unruhige Tiefe mit derselben Ruhe die glühenden Himmel wie die Wirbel des Sandsturmes zurückstrahlt.

Als Hedonia Ombricius bemerkte, mäßigte sie das Feuer ihrer Augensterne, zog die Augenlider zusammen und grüßte ihren neuen Gast mit einer anmutigen Geste.

«Sei in meinem erwählten Kreise willkommen, o Herr. Ombricius, dein berühmter Name ist mir seit langem durch die öffentliche Stimme der Stadt bekannt; aber noch mehr durch deine Waffentaten in Palästina. Ich weiß, daß du der erste Soldat in der Armee des Titus bist.»

«Ruhm und langes Leben dir, o Hedonia Metella,» entgegnete Ombricius und verneigte sich tief. «Man nennt dich mit Recht die Königin von Pompeji; aber du vergißt, daß ich in Ungnade gefallen bin.»

«Du glaubst so, mein lieber Tribun? Welch ein Irrtum. Ich weiß das Gegenteil und kann es dir beweisen, wenn du wollen wirst.»

Ombricius näherte sich ihr. Einen Augenblick flüsterte sie mit leiser Stimme zu ihm. Neugierige und mißtrauische Blicke ruhten auf dem Tribunen, aber die Patrizierin bemerkte es und sprach:

«Mein neuer Gast, du wirst sofort die Mitglieder meiner Gemeinde kennen lernen. Ich stelle dir nur drei vor; sie werden dir die Namen der anderen nennen. Um zu beginnen, hier der edle Lentulus, Senator von Pompeji, mein ältester Freund, sehr weise und beredt.»

Ombricius sah einen ernsten Beamten in vorgeschrittenem Alter, mit ergrauten Haaren, der ihm mit strenger Miene die Hand reichte und ihn vom Kopf bis zu den Füßen musterte.

«Hier!» fuhr Hedonia lächelnd fort, «der vortreffliche Flavulus, ein Dichter, der uns die schönen Zeiten Catulls erneuert; mein Poet.»

Ombricius gewahrte einen fahlen, vorzeitig gealterten Mann mit fiebernden Augen, schlaffen und verquollenen Gesichtszügen, durchfurcht von grünlichen Runzeln, Zeichen frühzeitiger Ausschreitungen. Sein wulstiger Mund lachte vor Frechheit und Eitelkeit.

«Und hier,» erklärte die Königin ihrer Getreuen weiter, «ein Novize, der edle Crispus, ein römischer Edelmann, jung an Jahren, aber reich an Hoffnungen.»

Der Tribun empfing den kriecherischen Gruß eines jungen Mannes, der kaum das Jünglingsalter überschritten hatte; er war zart von Körper und Antlitz, ein vollkommenes Bild der Eleganz und Jugend. Alles war an ihm ausgeprägt und fein, Nase und Stirne, Hand und Fuß. Sein Auge blickte geistvoll. Er hielt in der Hand einen Becher mit der Anmut eines Epheben.

«Das ist der neue Regent,» flüsterte Simmias seinem Freunde in das Ohr.

«Und jetzt,» ergriff die Patrizierin wieder das Wort, «fahre fort, mein teurer Lentulus und sage uns die Zeitungen des Tages.»

«Seit acht Tagen,» begann der Senator, «spricht man in der Stadt nur von der Galeere des Dekurio Markus Helvidius. Er dürfte sie in Ligurien haben bauen lassen. Sie führt den Namen der Isis. Man sagt, daß sie ein Wunder sei. Kein Fahrzeug der misenischen Flotte besitze diese starke Breite, diesen mächtigen Schiffsschnabel und so glänzende Segel. Seit einiger Zeit malt man sie im Hafen von Bajä, aber sie wird wohl behütet von den grimmigen Liguriern. Niemand darf sich ihr nähern. Weit von unseren Lustschiffen liegt die Galeere vor Anker und scheint alle Welt zu verhöhnen.»

«Wozu soll sie dienen?» fragte Hedonia.

«Man glaubt, daß Helvidius an eine Reise nach alten größeren Hafenstädten des südlichen Italiens denkt. Man spricht sogar, daß er seine Reise bis Griechenland und Ägypten ausdehnen will, und dort seine Ideen über die aristokratische Regierung zu verbreiten und einen Bund der freien Städte gegen das römische Reich und gegen den Cäsaren zu gründen gedenkt. Unter leutseligem und bescheidenem Scheine ist Helvidius ein gefährlicher Mann. Niemals hat er dem Cäsarenkultus gehuldigt. Mit seiner Prachtgaleere gibt er sich das Ansehen eines Königs, eines Halbgottes. Diese neuen Isisbekenner sind vielleicht unheilvoller als die dunkle Sekte der Christen. Diese sind arm und einfältig; sie setzen sich nur aus Sklaven zusammen. Die Isisbekenner sind reich und hochgebildet und wenden sich an die Vornehmen. Sie nennen sich Freunde der Menschheit, aber sind wie die Christen Feinde des Cäsaren und des römischen Volkes. Eines Tages wird man gegen sie wüten müssen.»

«Was sprichst du von Helvidius?» fiel ihm der Dichter Flavulus in das Wort. «Dieser ist wenigstens ein schöner und angenehmer Mann; aber dieser Priester der Isis, den er aus Ägypten kommen ließ! Sah man jemals eine grämlichere und grauenhaftere Gestalt? Widerwärtig und hochmütig spricht er mit keinem Menschen, schreitet durch die Straßen mit zu Boden gesenktem, unheilvollen Blicke, in seinen Gedanken verloren. Ein dürftig begleitetes Gespenst, das Pantherfell, das er über seinem abgezehrten Körper geworfen trägt, ist eine Verhöhnung an Bacchus. Warum erregt man nicht einen Volksaufruhr, um sie aus Pompeji zu jagen?»

«Du sprichst, o Flavulus vom Priester, aber du vergißt die Priesterin,» ergriff Crispus mit einem geistvollen Lächeln das Wort und stellte sich in den Mittelpunkt des Halbkreises gegenüber der Hedonia. «Dieser Memnon hat sie irgendwo von cycladischen Räubern aufgenommen. Aber dieses Mädchen von Samothrake ist nicht gewöhnlich.»

«Ist sie schön?» fragte Hedonia und hob etwas ihr Haupt.

«Sie ist nicht schön, aber fremdartig und reizend hübsch. Man sieht sie nur verschleiert in den Straßen, wenn sie sich, von ihrer alten Nubierin begleitet, zur Gattin des Helvidius begibt. Aber ich sah sie im Isistempel während einer Opferung von Feuer und Wohlgerüchen. Sie hat entzückendes Goldhaar und hyazinthenfarbige Augen. Man verlangt, daß, wenn sie in Gegenwart des Priesters in den magischen Schlaf fällt, Isis ihr erscheine und daß sie diese befragt, um zu erfahren, wie man die Schüler behandeln soll. Da erscheint ihr Isis einmal mit einem Schlüssel, ein andermal mit einem Spiegel, oder mit einer Geißel.»

«Das ist richtig,» sprach Hedonia Metella ernst, «man schaut die

Göttin so mit diesen drei Sinnbildern in den Tempeln am Nil abgebildet. Ich beobachtete es auf meiner Reise in Ägypten.»

«Aber was bedeuten diese drei Dinge?» fragte die Schar der jungen Männer, die sich um Crispus gruppiert hatten.

«Ja! Horcht zu! Wenn Isis mit dem Schlüssel erscheint, nimmt man den Schüler sofort mit großem Pomp auf. Erscheint sie mit dem Spiegel, unterwirft man ihn einer langen Prüfung, die manchmal Jahre dauert. Und sieht man sie mit der Geißel, dann jagt man ihn fort.»

«Mit Geißelhieben! Dieses Symbol ist am deutlichsten,» schrieen die jungen Leute mit lautem Gelächter.

Der Tribun hielt sich in der Ecke, außerhalb des Halbkreises. Er fühlte den Spott auf sich gezielt und das Blut schoß ihm ins Gesicht. Er brannte danach, mit peitschenden Worten allen diesen jungen geckenhaften Fanten zu antworten, aber er konnte es nicht, ohne sich zu verraten. Er rührte sich daher nicht und schwieg.

«Ihr sprecht gottlos und nach der Volksmeinung,» sagte die Patrizierin mit lauter Stimme. «Aber wenn ich mich nicht täusche, haben wir hier einen wahrhaften Eingeweihten der Isis; unser stolzer Tribun selbst. Ist dem nicht so, Ombricius Rufus?»

«Eingeweihter? Nein. Schüler, ja. Meine Prüfungszeit ist noch nicht beendet,» sagte Ombricius etwas verlegen und näherte sich.

«Was liegt daran?» meinte Hedonia mit eindringlicher Stimme und ihr betörendstes Lächeln huschte über ihr Antlitz. «Im öffentlichen verstehe ich deine Verschwiegenheit, aber im privaten ... Setze dich neben mich, edler Tribun. Du erzählst mir etwas von diesen Mysterien, mir allein und sei es nur vom Haare und den Augen der Priesterin! ... Hast du auch geschworen, davon nicht zu sprechen?»

Ombricius, dessen Blut in tausend entgegengesetzten Gefühlen gepeitscht wurde, setzte sich neben die Patrizierin. Hedonia neigte sich zu ihm und schlang die rosa Schärpe um ihre bernsteinfarbigen weichen Arme. Sie flüsterte ihm etwas zu. Das war für die anderen unerwartet und rief eine lebhafte Bewegung in der Schar der hedonischen Jünger hervor. Der Senator wurde noch ernster, die Furchen des Poeten Flavulus noch grüner und der schöne Crispus zog sich zitternd zurück. Aber er wurde rasch beruhigt, denn Hedonia Metella hatte kaum die Unruhe ihrer Günstlinge bemerkt, als sie sofort rief:

«Setze dich zu meiner Rechten, Crispus. Genug des Gespräches. Beenden wir diesen schönen Tag durch das Schauspiel eines Tanzes. Der Tanz ist persönlich unter uns anwesend ... O unvergleichliche Muse ... Augenlust, luftige Wollust, Frohlocken der Anmut, Poesie des Gefallens ... komme Myrrhina!»

«Heil dem Tanze, heil der Tänzerin!» riefen die jungen Leute im Chore.

Alles setzte sich im Halbkreise.

Aus dem Hintergrunde einer Galerie kam Myrrhina hervor, wo sie sich entkleidet und bequem vor einem Kupferspiegel geschmückt hatte und erschien wunderschön im Glanze der Lichter. Sie war nur in eine himmelblaue wogende Toga gehüllt, hinter der die schlanke Gestalt ihres Körpers schwebte wie eine Alge unter dem beweglichen Wasser. Ein Beryllgeschmeide in Gestalt eines geflügelten Insektes glitzerte und funkelte am Scheitel ihres schwarzen Haares. Voll Freude blitzten ihre Augen im gleichen Glanze. Sie verneigte sich tief vor der Königin Pompejis und kreuzte die Arme. Die Flötenspielerinnen und Tamburinschlägerinnen, die sich an den zwei Enden des Halbkreises aufstellten, begannen ihre lärmende Musik und Myrrhina begann mit dem Bienentanz. Sie schien weit in der Luft eine eingebildete Biene zu gewahren und folgte mit der Hand dem launenhaften Fluge. Nach und nach sah sie jene sich nähern; da wurden ihre Mienen flehend. Es waren Anrufungen der Arme, Bewegungen des Kopfes und des Körpers. Aber die unsichtbare Biene, die man sich herabsenken zu sehen vermeinte, entfloh zur Verzweiflung der Tänzerin immer wieder. Endlich stürzte sie sich mit einem plötzlichen Fluge auf die Schauspielerin und so wirbelnd, daß sie ganz verwirrt wurde. Das unsichtbare Insekt setzte sich immer und immer auf ihren Busen, auf ihren Arm, auf ihr Gesicht. Aber vergeblich suchte sie es zu erhaschen. Es entflog flatterhaft und kam zudringlicher wieder zurück. Plötzlich stieß sie einen Schrei aus und tat einen Sprung, wie wenn die böse Biene sie gestochen hätte. Dann wandte sich die keuchende Mime wie närrisch, verfolgt und verfolgend, in so raschen Bewegungen, daß die zwei Gegner einander zu entkommen und zu fangen schienen. Myrrhina war ein beschwingtes Wesen geworden, eine menschliche Biene. Da hielt sie inne, unbeweglich und aufrecht. Ernst mit der Würde einer Kanephore löste sie vom Scheitel ihres Haares die gefangene

Biene. Dann kniete sie vor der Herrin des Hauses demütig nieder und reichte der Medonia Metella den Beryll dar.

Ein einziger Ruf der Bewunderung entrang sich der zwölf Kehlen und die pompejanische Königin sprach einen ihrer Entschlüsse aus: «Künstlerin aller Künstlerinnen, von nun an werde ich dich nur Myrrhina, die Göttliche, nennen.» Aus dem feinen purpurnen Wollengewebe, das ihre Brust verhüllte, zog sie eine prächtige Kamee hervor und bot sie der Geliebten des Griechen zum Geschenke. Dann zog sie deren Kopf an ihre Lippen und drückte einen langen Kuß auf den Mund der vor Freude und Glück strahlenden Mimin.

Während des Tanzes hatte Hedonia Metella ihre Blicke über ihre zwei Nachbarn gleiten lassen; Crispus, wie der Tribun waren verschiedenartig befangen. Indessen drängte sich der Kreis der jungen Männer um Myrrhina und überhäufte sie mit Glückwünschen und Lobsprüchen ... «Göttliche Myrrhina!» sagte einer von ihnen. «Dein Mund hat die Lippen Hedonias Metellas berührt. Er ist von nun an geweiht durch eine magische Gewalt ... Gib mir einen Kuß ... Einen einzigen ... das bringt mich unserer Königin näher. Welch Glück!» – «Mir!» rief ein anderer – «Nein mir.» – «Allen» schrie der Chor. Noch zitternd vom Tanze, mit schwitzendem Halse, stieß sie leichte Schreie aus und stampfte inmitten, wie ein dampfendes Pferd nach dem Laufe. Sie war an dem Punkte angelangt, den Bitten der tollen Jünglinge nachzugeben, aber ein ernster Blick Simmias hielt sie zurück – und strahlend über ihren Erfolg kam sie zu ihm.

Die drei Vertrauten Hedonias, der Senator Lentulus, Flavulus der Poet und der heitere Crispus stellten sich vor ihrem Götzenbilde hin, das immer noch in der Mitte des Nympheums, unter dem Farnengewirr, neben dem geheimen Plaudern des Brunnens saß.

«Um unser wunderbares Fest zu beschließen, bitten wir unsere Magierin uns die Zukunft zu enthüllen,» bat Flavulus.

«Aus dem Blicke oder aus den Handlinien?»

«Aus beiden.»

«Es sei. Ich werde bei dir, o Lentulus, beginnen.»

Sie ergriff die Hand des Senators, senkte den Blick ihrer großen Pupillen in die traurigen Augen des Beamten.

«Lentulus, freue dich!» sprach sie nach einer Pause. «Bald wirst du Duumvir von Pompeji sein.»

Diese Worte verdüsterten nur den ergrauten Mann. Er zog seine Hand aus der der Patrizierin und seufzte:

«Lieber möchte ich Fürst der hedonischen Verbrüderung für nur einen einzigen Tag sein, als für mein ganzes Leben Duumvir der Stadt.»

«Warst du es nicht drei Monate lang?» entgegnete sie spottend, «du weißt, daß ich nicht gerne einem Freunde diesen Titel zweimal gewähre, was immer auch sein Verdienst sei ... das macht aber nichts ... hoffe immerhin ... Hedonia verspricht nichts und gibt alles an einem Tage ... wenn die Stunde mit ihren geflügelten Füßen es will.»

Flavulus stellte sich vor, mit flehenden Blicken, bitterem Munde, als ärgere er sich über sich selbst, zum hundersten Male ein Gebet zu verrichten, ohne Hoffnung es je erhört zu sehen. Hedonia nahm nachlässig seine Hand und streifte die unruhigen Augen des fahlen Wüstlings mit einem heimlichen Blick:

«Was werde ich dir verkünden, unglückseliger Poet? Die Musen schmollen dir, denn du hast zu sehr der Göttin Venus gehuldigt. Gut, ich werde dir offenbaren, was ich aus deinen Augen lese. Für die schönen Verse, die du mir gedichtet hast, wirst du von Titus zum Fürsten der Poeten gekrönt werden und deine Büste wird in seiner Bibliothek stehen.»

Unterwürfig küßte Flavulus Metellas Hand und flüsterte: «Dank o Cypris!» Er fügte aber mit klagendem Tone und ernstkomischer Miene hinzu:

«Eine Büste, eine Büste, wie kühl und traurig. Eine Büste, die man eines Tages in den Tiber wirft und die vielleicht nach zweitausend Jahren ein gallischer oder germanischer Weiser ausgräbt, wenn ich längst nur mehr Staub und Schmutz sein werde. Eine Büste, die sich des Modells schämen muß, denn sie ist jung und schön und das andere ist es nicht. Eine Büste, die einem sagt: Ich bin unsterblich und du nicht. Ach, ich gäbe alle Büsten der Welt hin, für eine Nacht, die ich als Lebender in Bajä mit Hedonia Metella im Tempel der Hekate verbringen könnte.»

Bei diesen Worten erbebte Hedonia, ihre Augen funkelten und ihr königliches Haupt richtete sich auf ihrem beweglichen Halse auf, wie eine Schlange tut, wenn sie sich aufringelt.

«Schweig!» befahl sie, «du weißt nicht was du sagst.»

«Dennoch ist sie deine Göttin.»

«Wenn auch ihr Kult besteht, so sieht ihn niemand außer mir. Niemals hat jemand mit mir den Tempel betreten. Und kein Mensch hat das Recht davon zu sprechen. Du hast das Gesetz meiner Brüderschaft auf das ernsteste verletzt. Ich verurteile dich einen Monat lang zum absoluten Schweigen.»

«Für einen Poeten ist die Strafe hart,» meinte der Senator mit einem leichten Lächeln über die Niederlage seines Genossen.

Flavulus war verlegen und senkte das Haupt. Die jungen Leute sahen einander an, sie zitterten alle vor der Herrin des Hauses und vor ihrem Dämon. Hedonia war blaß geworden und zerrte mit den Händen an der Schärpe. Gleich zwei Dolchklingen drangen die Blicke aus ihren Augen. Die glühende Atmosphäre, die von ihrem Körper ausging, war plötzlich eisig geworden. Von dieser plötzlichen Kälte beunruhigt, erhob sich Ombricius und stellte sich unter die Galerie, um von dort zu beobachten, wie sich diese neue Episode entwickle.

Da trat aber Crispus vor die Patrizierin und sprach mit Sicherheit:

«Ich werde bescheiden sein. Ich verlange nicht die Zukunft, ich will sie nicht wissen; ich bin gegenwärtig zu glücklich. Ach, könnte es lange so dauern! Nun ich der Fürst der hedonischen Verbrüderung bin, bitte ich, vor ihr den Akt meiner Unterwerfung vor der Königin erneuern und ihren göttlichen Fuß küssen zu dürfen. Das ist mein Recht und ich bin darauf stolz!»

«Es ist dein Recht!» widerholte Hedonia, die ihre Fröhlichkeit wiedergewonnen hatte.

«Gib acht!» flüsterte Simmias dem Tribunen zu. «Du wirst jetzt die Zeremonie der Einweihung sehen.»

Ein Sklave brachte einen Elfenbeinschemel mit einem Byssuskissen und stellte ihn vor seine Gebieterin hin. Sie setzte den nackten, nur mit einer Sandale beschuhten Fuß darauf. Dieser Fuß erschien im hellen Scheine der Lampen herrlich wie aus blassem Bernstein und durchscheinend wie Alabaster. Crispus kniete nieder, küßte ihn mit Ergebenheit, dann legte er sein Gesicht auf das Kissen. Hedonia setzte ihren Fuß auf den Hals des jungen Mannes, ihre Zehennägel drückten sich in die Haut ein und hinterließen gerötete Spuren. Glückstrahlend erhob er sich, die anderen beglückwünschten ihn, nur die zwei abgewiesenen Vorgänger zogen sich traurig, aber ergeben in die Ecke zurück.

«Edler Ombricius, was sagst du zu meinem Zeremoniell?» fragte die Patrizierin den Tribunen.

«Ich sage, daß dieser Fuß ein Weltwunder ist und daß die Königinnen Asiens einen derartigen nicht besitzen. Certes, das Weib des Darius, das anzuschauen Alexander sich weigerte, um nicht ihren Reizen zu unterliegen, konnte keinen schöneren ihr Eigen nennen. An Stelle Alexanders hätte ich das Weib des Darius genommen, nicht aber mich ihren Füßen unterworfen. Denn niemals wird irgend ein Weib mir den ihren auflegen.»

«Bist du dessen so sicher?» meinte die Tochter des Metellus mit spottender Süße und beugte den Kopf vor.

«Bestimmt.»

«Du wirst also nicht meiner Gemeinde angehören?»

«Die Ehre, die du mir anbietest, ist groß. Ich bin gerührt davon, aber ich fürchte, ihrer unwürdig zu sein. Ich danke deiner Huld und die Götter seien mit dir. Ich grüße die schönste und mächtigste Römerin in dir.»

«Auf Wiedersehen Ombricius Rufus,» rief Hedonia laut.

Zum Zeichen des Abschiedes streckte er seine Hände aus und verneigte sich. Ohne die anderen Anwesenden zu grüßen, entfernte er sich. Er hatte kaum zehn Schritte getan, da hörte er die durchdringende Stimme Hedonias, die ihm nachrief: «Hüte dich vor der Geißel der Isis!» Er wandte sich aber nicht um und antwortete nichts, aber die Versammlung zollte diesem Worte mit einem homerischen Gelächter Beifall. Das befreite sie von dem Gewichte des spottenden Stolzes, das der Tribun auf sie gewälzt hatte. Dieses Hohngeschrei der Verachtung gab seinem Abgange den Anschein einer Niederlage.

*

Kaum aus den vom Lichte erstrahlenden Sälen gekommen, traf der Tribun auch schon den Griechen und die Tänzerin in den dunklen Gäßchen der Stadt. Ombricius nahm Abschied von Simmias, um in sein außerhalb der Stadtmauern gelegenes Landhaus heimzukehren.

«Wie hat dir Pompejis Königin gefallen?» fragte der Epikuräer.

Der Tribun war sehr düster geworden, schwieg zuerst, dann warf er mit trockenem Tone hin:

«Sie ist stark, aber ich bin stärker als sie.»

«Wer sagt das? Das steht dort oben geschrieben,» entgegnete der Grieche und hob seine Arme gen Himmel.

Eine Sternschnuppe durchfurchte den Augusthimmel wie eine goldene Schlange mit feurigem Kopfe. Die drei Heimkehrenden sahen sie funkeln und verlöschen.

«Du glaubst also doch an die Götter? Gewöhnlich sagtest du, sie existieren für dich nicht!» fragte Myrrhina ihren Buhlen.

«Ich glaube an die Schönheit!» versetzte Simmias und hüllte seine fröstelnde Gefährtin fester in ihren Mantel.

Und da sprudelte, wie aus einer Quelle der Wasserstrahl, ein schallendes Lachen aus dem Munde der Tänzerin und fiel wie silberne Cascaden in die nächtliche Stille der Straßen Pompejis.

XII.

Meister und Schüler

Ombricius verbrachte eine böse Nacht auf dem harten Lager seines Oheims, des verstorbenen Veteranes. Die geistreiche Patrizierin hatte seinen Adern eine Fülle von Empfindungen eingeflößt, die er nicht mit einem Schlage zu entwirren vermochte und die ihm große Qualen verursachten. Wenn er für das Volk der Hedonier auch nur Verachtung hatte, erfüllte ihn Hedonia mit anderen Gefühlen. Ihre Schönheit, ihr Reichtum, ihre Macht erweckten in ihm die alten Wünsche. Mit ihren sinnbetörenden leiblichen Reizen, mit der Größe ihres Verstandes vereinigte sie einen einzigartigen Zauber, das Mysterium des Bösen, das in ihr herrschte. Ihr stolzer Körper erschien wie ein dämonischer Tempel; ihr Geist besaß das Wissen und ihre Seele die Religion. Eigensinnig, grausam quälte sie die Sinne des Tribunen, um ihn zuletzt mit blutigem Hohne zu durchbohren. Mit Groll hatte er diese böse Verspottung und die Ausfälle des Crispus ertragen, aber das letzte Wort der Patrizierin: «Hüte dich vor der Geißel der Isis!» blieb in seiner Seele wie ein Partherpfeil. Ein vergifteter Pfeil!

«Nach allem,» sagte er sich, «hat sie vielleicht recht! Ist der Isiskultus, diese fremde Lehre nicht nur eine große verworrene, durch den Ehrgeiz des Helvidius und des Memnon angezettelte Verschwörung? Man sucht Adepten, um gefügige Werkzeuge zu finden. Die Seherin dient ihnen als Köder. Und ich würde der Genarrte sein.»

Nein, er konnte nicht annehmen, daß Alkyonne ihr Komplize war. Aber warum beugte sie sich ihrem Willen, ihren Riten, ihren gelehrten Ausflüchten? Diese kaum aufgetauchten Zweifel wuchsen ins Maßlose und ein Strom verführerischer Gedanken folgte ihnen. Schon umgarnte ihn die gefährliche Magierin, die das rote Gespann des Ehrgeizes und des Wunsches so leicht mit einer Hand führte. Regierte Hedonia Metella nicht über das weiteste Reich. Nur durch sie konnte er dahin eindringen. Warum auf dieses bezaubernde Reich verzichten? Entschädigten ihn die ungewissen Versprechungen des Isispriesters dafür? Alkyonne allein konnte es tun. War sie aber aufrichtig? Wie alle Männer der Tat hatte Ombricius vor jeder Ungewißheit Abscheu. Um aus diesem erdolchenden Zweifel hinauszukommen, beschloß er von Memnon die sofortige Eheschließung mit der Prophetin zu verlangen, anstatt auf die Reise nach Eleusis zu warten. Dazu brauchte er zuerst Alkyonnens Einwilligung. Nachdem er sich einige Vorwände ausgedacht hatte, um durch die Begünstigung Helvidias, mit der Prophetin eine geheime Zusammenkunft zu erreichen, faßte er den Gedanken, ein Hochzeitsgeschenk für Alkyonne zu kaufen.

*

Ein lauwarmer Herbstmorgen schmückte die Felder. Ombricius trat durch das Sarno-Tor in die Stadt, um seine Einkäufe zu besorgen. Er durchschritt zuerst die Marktstraßen. Unter den breiten Plachen, die man der Sonne wegen ausgespannt hatte, wimmelte es von Sklaven. An den offenen Schaufenstern vorbei drängten sich die Landhirten mit ihren Ziegen und Schafen, zankende Freie und geschwätzige Dienerinnen. Alles zeugte von Überfluß und Verweichlichung. Man strauchelte über Haufen von Kürbissen, Orangen und Melonen. Der Duft frischen Weines, der in den breiten irdenen Amphoren gärte, mischte sich mit dem Bratendufte, der den fahrbaren eisernen Öfen entströmte. Über den Schutzdächern überall Lorbeerzweige, Eichengrün und Blumenguirlanden. Dann schritt der Tribun in die weniger belebten Stadtviertel der Arbeiter, wo es aber nicht minder lärmend zuging. Hier hörte man die Rollen des Walkmüllers, der die Togen bleichte, auf den Werktischen klopfen und schnarren. Hier knirschten die Schleifsteine des Edelsteinschleifers. Dort ächzte der Meißel des Bildhauers. In den Geldbanken des Wechslers mischte sich das Klingen der Münzen mit dem rasenden Gehämmer der Bronzearbeiter. Vor einer Bude mit einer Menge ausgestellter Elfenbeinfigürchen hielt Ombricius Rufus an. Ein junger Knabe hütete die Auslage.

«Wo ist dein Herr?» fragte der Tribun.

Das Kind öffnete die Türe und begleitete den Besucher in eine Hinterstube. Hier sägte ein Inselgrieche mit stumpfnasigem Gesichte einen Elfenbeinstoßzahn.

«Zeige mir deine schönste Kassette.»

«Ein Hochzeitsgeschenk?» fragte der Kunstgewerbler mit lauernden Augen.

«Jawohl.»

«Du sollst ein Wunderwerk sehen.»

Aus einem verriegelten Schranke in der Mauer zog der Künstler eine entzückende Elfenbeinkassette hervor. Gruppen kleiner Amoren in erhabenem Relief geschnitten, umkränzten die vier Seitenflächen in einem schäkernden Zuge. Auf dem Deckel betrachtete sich eine ruhende Venus in einem Spiegel. Nachdem sie mit dem Preise übereingekommen waren, zählte Ombricius die Summe in Goldsesterzen aus. Dann eilte er zu einem Juwelier und erstand dort ein Halsband aus blaßroten Korallen, Silberagraffen und einige Onyxkameen und legte alles in das Kästchen. Mit diesem kleinen Schatz beladen, schlug Ombricius den Weg nach dem reichen Stadtviertel ein. Hier sah man nur wohl gekleidete Freigelassene und Sklaven in allen Farben mit glänzender Haut und geschmeidigen Lenden. Auch hier gab es Läden, aber vornehmere, mit kostbaren Geweben, durchsichtigen Gazen, Waffen, Teppiche, prunkvolle Auslagen, wo Männer in wallenden Togen und Frauen mit langen nachschleppenden Stolen sich stauten. In den Straßenecken sprudelten kleine Springbrunnen, deren klares Wasser fröhlich in die Geleise zwischen den rotziegeligen Gehsteigen und den weißen Backsteinen, die die Straße pflasterten, dahinrieselte. Durch Bronzegitter konnte man in reiche Wohnungen, in schattige Gärten blicken, gemalte Säulen, weiße künstlerische Statuen schauen. Und überall las man auf den Marmorschwellen in Mosaik eingelegt, den Gastgruß: «Salve», der den Vorübergehenden zum Eintreten einlud.

Ombricius hoffte Helvidia, die mit der Priesterin fast täglich lustwandelte, zu treffen, um ihr sein Vorhaben anzuvertrauen. Als er die Rückseite von Helvidias Haus erreichte, gewahrte er die kleine Pforte zum Garten offen. Eine Dienerin des Gynäceums hatte zweifellos vergessen, sie zu schließen. Der Tribun stieß die Türe auf und trat in den privaten Garten des Dekurio ein, aber er erbebte und fuhr zurück, denn unter einer Weinlaube erblickte er Alkyonne. Sie stand vor einem auf zwei Säulchen aus Zitronenholz gestützten Webstuhl. In einem beweglichen Rahmen spannten sich von oben nach unten die Fäden. Das junge Mädchen hielt ein Elfenbeinschiffchen in der Hand und bereitete es vor, um es in den Einschuß gleiten zu lassen. Der Tribun sah Alkyonne nur vom Rücken, aber er erkannte sie an ihren zarten Formen, die man unter den Falten des Peplos erraten konnte, an der blendenden Weiße des Nackens und an dem nach griechischer Art zu einem Lockenbündel gewundenen Goldhaare. Ein zarter Sonnenstrahl der durch die Weinranken drang, ließ das wundervolle Haar in Flammen erscheinen. Leise umschritt er die Laube und stand plötzlich vor Alkyonne.

Sie ließ das Weberschiffchen fallen, wich einen Schritt zurück und stieß einen leisen Schrei aus.

«Du hier?»

Ombricius hob flehend seine Hände.

«Verzeihe! Ich suchte Helvidia, als ich dich erblickte. Da nahm ich mir den Mut, denn ich muß dich sprechen. Und dann ... ich biete dir mein Hochzeitsgeschenk an!»

«Hochzeitsgeschenk?» fragte die Prophetin und sah den Tribunen mit träumenden Augen an, aus denen eine leise Neugierde hervorbrach.

«Hier!» sagte Ombricius und stellte das Elfenbeinkästchen auf den kleinen runden Tisch aus grünem Jaspis mit Greifsfüßen, der in der Nähe vor einer Marmorbank stand.

Dieses herzige Köfferchen mit seinen kleinen Amoretten und seiner ruhenden Venus war wie eine Gruppe winziger Götter anzusehen. Man konnte sagen, eine scherzende Schar von Familiengöttern in einem lieblichen Orte plaziert und auf dem glatten Jaspis des Tisches spielend, der sie wie ein Spiegel reflektierte. Alkyonne saß bewundernd vor dem Meisterwerke. Sie zögerte noch.

«Öffne!» hauchte Ombricius.

Alkyonne faßte es an, hob den Deckel und sah die Kameen, die Agraffen und ihre Hand zog das Korallenhalsband hervor, dem eine kleine rosafarbene Taube mit entfalteten Flügeln als Schließe diente.

«Wie schön!» flüsterte sie und hielt das Band für einen Augenblick um den Hals. «Aber darf ich es denn tragen? Der Hochzeitstag ist noch nicht gekommen. Und du bist noch nicht am Ende deiner Prüfung.»

«Was liegt daran?» sprach der Tribun mit bitterer Miene und

mit stechendem Blicke. «Sollten wir uns jemals trennen, behalte dieses als ein Angedenken an mich.»

Alkyonne zitterte und stieß einen keuchenden Schrei aus:

«Du willst uns verlassen?»

«Nein, aber ich argwöhne Memnon ... Er ist mein Feind ... Ich fürchte sein Genarrter zu werden. Vielleicht verweigert er mir, wenn ich endlich alles für dich über mich ergehen ließ, die Belohnung. Schau, Alkyonne, diese Prüfungen, diese Erwartungen, diese Vertröstungen töten mich noch ... Ich kann ohne dich nicht leben!»

Unruhig erhob sich Alkyonne. Sie fühlte ihr Herz ungestüm pochen und ihr Kopf war von einem Schwindel erfaßt.

«Du vergißt o Freund, dein Noviziat von einem Jahre und dein gegebenes Versprechen.»

«Handelt es sich darum! Man verlangt zuviel von mir. Ich kann diese Qual nicht länger ertragen. Es ist in mir ein Dämon aufgetaucht ... Ich fühle ihn ... wenn du ihn nicht mit deinen Armen kettest ... wenn du ihn nicht besänftigst und aus ihm einen Gott, einen König der Erde machst? Hast du mir nicht Hingebung versprochen? Jetzt ist die Stunde gekommen. Alkyonne, liebst du mich?»

Von Angst erfaßt, verbarg Alkyonne ihr Gesichtchen in ihre Hände.

«Dann liebst du mich nicht mehr?»

«Ich liebe dich nicht mehr?» klagte die Seherin mit erstickter Stimme und ihr Haupt fiel auf die Schulter des jungen Mannes, der sie umschlungen hielt. Ombricius senkte seinen Blick wie eine entfachte Fackel tief in diese violetten Augensterne, aus denen so oft die Verzückung Goldpunkte erglänzen ließ. Glänzend wie ein Sternenhimmel leuchteten sie von einer unbegrenzten Liebe. Berauscht vom Triumphe faßte der Tribun das Haupt der Seherin zwischen seine Hände wie eine Beute und preßte einen feurigen Kuß auf ihre Lippen. Alkyonnens Bewußtsein drohte zu schwinden. Sie wand sich zwischen den Armen des Ombricius mit rückwärtshängendem Kopfe, bleich wie Marmor, den Mund geöffnet, die Ellbogen auf den Tisch gestützt, die Stirne in den Händen und stöhnte:

«Was hast du gemacht, Unglückseliger? ... Isis! Isis! ... Bin ich noch deine Prophetin?»

«Du bist es mehr denn je,» rief Ombricius mit der Sicherheit des Siegers aus. «Du bist es für mich. Morgen gehe ich zu Memnon und verlange unsere sofortige Verbindung.»

Alkyonne hob die angstvollen Augen zu ihrem Verlobten.

«Glaubst du, daß er einwilligt?»

Der Tribun warf seine Toga über die Schulter zurück, mit einer triumphierenden Haltung breitete er die Arme aus und rief:

«Ich bin dessen sicher! Ich bin jetzt der Herr ... Und er wird mir folgen.»

Man vernahm das Geräusch von Schritten auf dem Sande hinter der Laube. Alkyonne sprang auf.

«Geh jetzt! Ich flehe dich an!» sagte sie mit leiser Stimme. «Es ist Memnon.»

«Lebewohl! Auf morgen!» murmelte Ombricius, der gerade noch Zeit hatte, durch die Türe des Pylonen zu kommen.

Es war nicht Memnon, sondern Helvidia. Sie gewahrte den Schrecken des jungen Mädchens, die Elfenbeinkassette und das Korallenhalsband auf dem Jaspistisch.

«Wer gab dir diese wunderschönen Dinge?» fragte sie.

«Ombricius», seufzte die Jungfrau traurig. «Es ist sein Hochzeitsgeschenk.»

«Jetzt schon?» schüttelte Helvidia lächelnd das Haupt.

Alkyonne fiel aufschluchzend in die Arme ihrer Beschützerin, die den Sturm ihres Herzens ahnend, sie mit Liebkosungen und sanften Worten tröstete.

*

Siegesbewußt, ungeduldig sein Joch abzuschütteln, trat Ombricius am nächsten Morgen im Tempel der Isis ein. Er fand Helvidius bei Memnon. Beide schienen ihn zu erwarten, denn sie waren keineswegs über sein Kommen erstaunt.

«Dich allein, o Memnon, möchte ich sprechen», sagte der Tribun.

«Er und ich», entgegnete Memnon, «sind eins. Wir sind durch das Band der Bruderschaft verbunden, in der keine Geheimnisse mehr bestehen und wo grenzenloses Vertrauen herrscht. Ich wünsche, daß auch Helvidius dich anhört.»

«Um so besser», antwortete Ombricius, dessen Mienen seine

Verlegenheit sehr schlecht verhehlten. «Denn ich hoffe in dem edlen Dekurionen eine Stütze bei meinem Gesuche zu finden.»

«Sprich also frei heraus.»

«Seit drei Monaten bin ich treu deinen Lehren gefolgt», begann der Tribun mit fiebernder Stimme, die eine große Aufregung verriet, «ich habe deine Beredtsamkeit und deine Weisheit bewundert. Um das Wort des Hermes zu hören, voll von Überraschungen und strahlenden Lichtern, hatte ich mein vergangenes Leben verlassen; ich habe alles vergessen. Aber heute erfaßt mich Ungewißheit, Zweifel, Angst. Ich will wissen, wohin man mich führt, ich will das Ziel dieser verborgenen Wissenschaft kennen lernen, die Belohnung für alle Anstrengungen. Schließlich ... liebe ich Alkyonne ... Sie liebt mich. Sie sagte es mir vor drei Monden im Garten der Isis. Sie liebt mich heute noch mehr. Ich weiß es. Aber weder sie, noch ich wollen länger warten. Ich fordere ... ja ich fordere noch vor Beendigung meines Noviziates meine sofortige Verbindung mit der Prophetin.»

«Du verlangst Unmögliches», sprach Helvidius mit Ruhe, der durch seine Autorität die Verweigerung des Memnon bemänteln wollte. «Erinnere dich und denke an dein feierliches Versprechen. Du würdest ohne Meineid, diese heilige Verbindung vor der Rückkehr aus Eleusis und bevor du siegreich aus den Prüfungen hervorgegangen bist, nicht fordern können. Die Mühe, die du bis jetzt hattest, ist nichts neben den Anstrengungen, die dir obliegen, dir ein Weib, wie Alkyoone, eine menschliche Harfe, die im göttlichen Hauche erklingt, zu verdienen. Sei geduldig und harre aus, die Belohnung wird dein Erwarten übertreffen, ebenso wie dein heutiger Wunsch unter der wahren Liebe steht.»

«Welche Belohnung?» fragte Ombricius bebend.

«O Tribun des Titus, laß mich also dir erklären, was wir von dir erwarten und welches das Ziel ist, das wir verfolgen. Wir wollen in der verführten und verdorbenen Welt die edle Hierarchie des Heldenzeitalters wieder herstellen, das Werk der echten Jünger, die Krone der menschlichen Familie, durch die allein die Wahrheit sich unter den Menschen kundtun kann. Diese Eingeweihten, von denen viele unerkannt in der Menge leben und deren ewige Arbeit wir fortsetzen, sind die mystischen Könige, mächtige aber entsagende Könige, und immer bereit, sich aufzuopfern. Wir wollen in den Städten bei den Völkern die geheiligte Herrschaft der Seele und des Geistes errichten, die in dem unsichtbaren Himmel ein lebendes Reich bildet und von dem ein echtes Volk uns ein Bild geben soll. Die Freiheit muß durch das Emporstreben von Grad zu Grad erobert werden. Wir ehren die Götter, Weltkräfte und göttliche Seelen, wir stammeln ihre Namen, wir schaffen ihre Symbole. Aber über allen thront der souveräne und unergründbare GOTT, von dem die schaffenden Geister und die ganze Natur ausgeht. Jeder Gott bürgt für eine unendliche Kraft, jede Seele für einen Grad des Bewußtseins. Wir stellen die Seelen nach den Göttern und bilden ihre Kette. Wir bekämpfen mit derselben Energie die aus Hochmut gezeugte Tyrannei eines einzelnen, wie die Tyrannei aller, die der Neid schuf. Wenn es nötig ist, kämpfen wir mit bewaffneter Hand, aber wir streiten nur der Freiheit willen, nie um zu unterjochen. Um unsern Schülern die Freiheit bringen zu können, müssen wir ihre freiwillige Unterwerfung, ihre Jüngerschaft verlangen. Wir wollen Jünger, um aus ihnen Meister zu machen.»

«Was machen diese Schüler im Leben? Wie wirkt diese Lehre?»

«Die Lehre ist nur die zitternde Hülle der Wahrheit. Millionen von Strahlen entsendet die Sonne, aber ihre Glut, das lebendige Feuer ist im Mittelpunkte – und dieser Mittelpunkt ist die Liebe. Um die in Schwäche und Laster gesunkenen Völker emporzuheben, gibt es keinen mächtigeren Hebel, als die auserlesenen Paare; durch ihre Liebe zeigen sie die Wahrheit und durch ihre Kinder erneuern sie das reine und starke Leben. Du, o Ombricius wirst die größten Vorteile haben, wenn du unsere Gesetze annimmst. Die Seherin wird dir deine Leuchte sein. Öfters faßte in den Heldenzeiten der dorischen Rasse die Priesterin Apollos Liebe zu einem dorischen Helden und entsagte der Verbindung mit Gott, der ihr die Weissagung verlieh und wurde Gemahl eines Helden. Beide weihten sich dem heldenmütigen Leben. In all ihren Handlungen gehörten sie und ihre Kinder dem Sonnengotte. Du hast eine Genossin gefunden, Ombricius, und Memnon wird seiner geliebten Tochter entsagen, wenn du einer der unseren wirst.»

«Ja», sprach der Hierophant mit ernster und fester Stimme, «Ich entsage meiner Alkyonne, wenn du ihrer würdig geworden bist.»

«Um das, was muß ich tun?»

«Du hast den Schwur der Isis zu leisten.»

«Welchen Schwur?»

Memnon heftete seine wie Nadeln stechende Augen auf seinen Schüler und sprach dann nach einer Pause:

«Zuerst die Entsagung dem irdischen Ruhme, dann die rückhaltslose Aufopferung für die Wahrheit. Endlich: Gehorsam dem Meister gegenüber bis zur letzten Einweihung.»

Die freien Worte Helvidius' hatten den Tribunen halb wankend gemacht, aber bei den Forderungen des Priesters bebte er und rief achselzuckend:

«Die Wahrheit, sagst du? Wie sie erkennen? Wo ist sie?»

«In dir selbst. Solange du nicht den leuchtenden Gott, der aus deiner erschlossenen Seele hervorkommt, begrüßt haben wirst, kannst du nicht wissen, was Wahrheit ist und du wirst nicht reif sein für die Einweihung, die die höchste Freiheit gibt.»

«Einem Herrn gehorchen, das heißt nicht frei sein.»

«Wenn dir dein Lehrer eine Handlung zu tun befielt, die gegen dein Gewissen ist, dann bist du im Recht, ihm nicht zu gehorchen. Aber das geschieht bei uns nie, denn wir haben selbst unsichtbare Lehrer, mächtiger als wir, die uns behüten, die uns erleuchten und uns zurückhalten und wenn es nötig ist, uns bestrafen. Niemals verlangen wir eigennützig etwas von unseren Jüngern. Würden wir es ein einziges Mal tun, im selben Augenblicke würden wir alle unsere teuer erworbene Kraft verlieren. Zur Befreiung verlangen wir zeitweiligen Gehorsam. Man kommt nur durch die Selbstbesiegung zur Wahrheit und durch Demut vor dem Allerhöchsten, dem Ewigen und Einzigen. Helvidius und ich sind seine Bürgen und Führer. Bist du bereit den Schwur zu leisten?»

«Bist du bereit?» wiederholte Helvidius und ergriff des Tribunen Hand.

Die Stunde war feierlich, denn ein Schwur verpflichtet unwiderruflich. Ombricius war von den hehren Gedanken des Helvidius hingerissen und durch die Erhabenheit der Seele fast gewonnen, aber bei der Rede des Memnon hatte er die Geißel der Isis seinen Rücken zerpeitschen zu fühlen geglaubt. Des Dekurionen Hand, die ihn beim Arme hielt, schien ihm wie das Halseisen einer unermeßlichen Kette, die von dem unendlichen Raume herabreichte und die ihn für ewig gefangen hielt. Von seinem Argwohne erfaßt, gedemütigt, seinen Willen nicht durchsetzen zu können, empfand er nur die eine Sorge: dem Zwange zu entkommen. Er wandte den Kopf und sagte mit gedrückter Stimme:

«Ich werde in acht Tagen antworten. Ich muß mich bedenken.»

Darauf streckte er rauh die Hand gegen den Dekurio und den Priester zum Gruße aus und entfernte sich, ohne sie anzusehen.

«Ich habe gute Hoffnung», sagte Helvidius, als er verschwunden war.

«Ich weiß nicht», erwiderte Memnon, «er hatte den Blick eines ungezähmten Tieres.»

XIII

Der Schwur zur Hekate

Wütend schritt Ombricius über die Felder. So groß war die Unruhe seiner Ungewißheit und der Taumel seiner Gedanken, daß er sich bei der Belagerung von Jerusalem unter den Pfeilen der Juden wähnte und den Strom des geschmolzenen Goldes von den Dächern des in Brand gesteckten Tempels herabfließen sah. Am Tore seines Heimes gewahrte er einen alten, in einen braunen Mantel gehüllten Mann mit falschem Blick und einer Spähernase.

«Bist du nicht der Tribun Ombricius Rufus?» fragte der Unbekannte.

«Ja, der bin ich.»

Trotz der ländlichen Umgebung und der Abgeschiedenheit des Ortes ließ der Alte seine Blicke mit unruhiger Miene um sich schweifen und dämpfte seine Stimme, während er sprach:

«Ich bin ein Freigelassener im Hause der Hedonia Metella. Meine Herrin ladet dich ein, morgen in ihr Landhaus in Bajä zu kommen. Sie hat dir Wichtiges mitzuteilen.»

«Wer bürgt mir dafür, daß du die Wahrheit sprichst und daß du von ihr kommst», entgegnete Ombricius, und versuchte das Gesicht des Greises zu erkennen.

Der Freie zog unter seinem Mantel eine Kamee aus Onyx hervor, in die ein Medusenhaupt eingeschnitten war und die Ombricius an Metellas Gürtel bewundert hatte. Das war das Abzeichen ihrer Herrscherwürde in der hedonischen Brüderschaft.

«Hier dieses Zeichen bürgt dir dafür. Du sollst es behalten. Meine Herrin gab mir den Auftrag, dir diese Kamee zu überreichen», sprach der Diener mit einem zweideutigen Lächeln seines zahnlosen Mundes, und sein von Gemeinheit und Niedrigkeit kraftloses Auge blickte ihn frech an.

Der Tribun nahm das Kleinod und fragte mißtrauisch:

«Ich kenne Bajä nicht! Wie den Weg dorthin finden?»

«Im Hafen von Stabiä wird eine Barke bereit liegen, morgen um die zwölfte Stunde nach Sonnenaufgang.»

«Wo werden wir landen?»

«Im Tempel der Hekate. Dort erwartet dich meine Herrin.»

«Im Tempel der Hekate?» Der Tribun fuhr jäh empor.

Dieser Name verwirrte ihn. Was? Diese stolze Patrizierin, die keinem ihrer Freunde, selbst dem zeitweilig bevorzugten Liebhaber, dem Fürsten der hedonischen Vereinigung, erlaubte, diesem geheimnisvollen Aufenthalte sich zu nähern oder in ihrer Gegenwart auch nur dessen Namen auszusprechen ... Dieses Weib, dessen Gast er nur ein einziges Mal gewesen, wollte ihn in ihrem geheimsten Heiligtume empfangen! Sie stellte den in Ungnade gefallenen Tribunen in ihrer Achtung hoch über alle. Aber was für ein Staatsgeheimnis oder welch düstere Magie wollte sie ihm enthüllen? In welch ein wunderbares Abenteuer oder in welche finstere Ränke wollte sie ihn verwickeln? Alle diese Bedenken kreuzten sich in der Spanne weniger Sekunden im Gehirne des Ombricius. Ein erschreckender Zweifel über seine Zukunft erfaßte ihn. Er wollte sich zuerst davon befreien, aber er zog es vor, ihn für jetzt zu vergessen. Der Stolz, die Neugierde, auch ein unbegreiflicher, unersättlicher Drang hoben den Tribunen über all sein Zaudern.

«Gut», rief er schließlich, «sage deiner Herrin, daß ich kommen werde.»

«Auf morgen.» Hinkend entfernte sich der Freigelassene.

*

Die Sonne senkte sich zwischen Capri und dem Kap Misene gegen das Meer, als die Barke des Tribunen schräg die Bucht von Neapel durchschnitt. Das mächtige Gestirn brütete mit seinen Feuerstrahlen über dem bezaubernden Golf. Die Städte, die Häuser, die Gestade, die Inseln, alles brannte, alles leuchtete unter einem leichten Schleier von durchsichtigem Purpur. Wie der Goldbecher einer Bacchantin schien der wunderschöne Meerbusen von Parthenope mit seiner Gebirgsumrahmung. Wilder Wein umrankte seine Ufer und in seinen magischen Fluten saugte und verdichtete sie den dunklen Azur des Himmels. Als die Barke sich Bajä näherte, war die Sonne schon in das tiefe Meer getaucht. Am

Ende des sorrentischen Vorgebirges hob sich die Insel Capri wie eine Sphinx aus Porphyr von der orangeroten Glut des Horizontes ab. Eine schwere Müdigkeit senkte sich mit der Dämmerung zur Erde und auf die unbewegliche Oberfläche des Golfes herab. Ombricius sah, daß die Barke einem kleinen bewaldeten Kap, das senkrecht in das Meer abfiel, zusteuerte. Von der Höhe dieser unzugänglichen steilen Felsen leuchtete ein unsicheres Lichtlein aus einer Ädikula.

«Der Tempel der Hekate», erklärte der Führer dem Tribunen.

Es war tiefe Nacht, als sie hinter diesem Felsen in einer kleinen dunklen Bucht, die von einem Libyer bewacht wurde, das Ufer berührten. Der Garten dieses Grundstückes breitete sich über das vulkanische und schwefelige Terrain aus, das die Bai von Puteoli kennzeichnete. Hier war der Boden immer dem unterirdischen Feuer unterworfen. Überall Asche, Bimsstein, Kiesel mit gelbem oder bläulichem Schwefel bedeckt. Manchmal dringen an einem Tage kleine Hügel glühender Asche aus der Erde hervor und verwüsten Wald und Feld. Aber eine verschwenderische Vegetation bedeckt diesen beweglichen Boden, wo hie und da noch Erdrisse rauchen oder wo man die heißen Quellen unter dem Felsen plätschern hört. Hedonia hatte ihr Haus in eine vor allen Blicken verborgene Bucht gebaut. Ombricius schritt vor seinem Führer. Fackeltragende Sklaven eilten hin und her. Der Freie führte ihn durch eine Pforte in das Wäldchen Hekatens, das den Hintergrund des Vorgebirges einnahm und durch eine Mauer vom Garten getrennt war. Ein wie ein Zenturio mit Panzer und Speer bewaffneter Libyer fragte den Tribunen mit argwöhnischer Miene, doch schien er ihn zu erkennen und hieß ihn durch die Pforte eintreten und schloß sie hinter ihm. Mit dem Empfinden eines Gefangenen folgte der Gast – ein wenig verwirrt über das Benehmen der Patrizierin – dem geraden Wege, der zwischen den Korkeichen hindurch führte. Mächtige Urnen aus Marmor, Statuen von Herrschern und ernsten Frauen schmückten die Laubnischen, die sich in Abständen aneinanderreihten. An einem Kreuzwege standen unbeweglich zwei in lange graue Schleier gehüllte Frauen. Sie schienen ihn zu erwarten. Die eine große, hagere ließ unter der Kapuze ein altes Gesicht erblicken und wies mit der Hand gegen den steilen Weg, der in das dichte Wäldchen mündete, aber sie legte einen Finger auf ihren Mund. Die andere war jünger;

sie berührte den Arm des Tribunen und flüsterte: «Hier!» Er stieg durch das Wäldchen, durch die dichte Finsternis und langte endlich zu einer kleinen Anhöhe, wo der Blick sich über den ganzen verdunkelten Golf weitete. In der Bai von Puteoli glänzten die Lichter vieler Lustbarken. Ombricius neigte sich über den Abgrund. Ein beleuchtetes Boot fuhr soeben am Fuße der Vorberge vorbei. Mit Fackeln besteckt glitt es wie ein Blumenkörbchen über die Fluten. Sein Bord war von jungen Männern und Frauen überfüllt, die sich paarweise am Vorder- oder Hinterschiffe stehend, sitzend oder liegend umschlungen hielten. Die Arme spannten sich. Ein leidenschaftlicher Gesang scholl nach dem Takte der Ruderschläge zu ihm empor:

Unsteter Bacchus, sanfter und wilder Gott, bist du zurückgekommen?
Du wurdest von den Jungfrauen verleugnet und jetzt erinnerst du dich der spottenden Bacchantinnen.
Ihre Schar grüßt dich.
Suche, suche die Gattin!
Es gibt tausende Bacchantinnen, aber es gibt nur eine Ariadne.
Wir blühen unter den Liebkosungen, wir ersticken unter den Küssen.
Aber Ariadne schmachtet, Ariadne stirbt.
O Bacchus, Bacchus, such deine Gattin.

Die Barke entfernte sich und ihre roten Lichter spiegelten sich im dunklen Wasser. Der Sang verklang im Winde. Vom Schwindel erfaßt, wich Ombricius erschreckt zurück. Er eilte weiter und stand vor einem Portikus mit vier Säulen, der in eine dunkle Grotte führte, in deren Hintergrunde Licht brannte. Ein noch wilder aussehender Libyer stand unbeweglich wie eine Statue am Eingange. Verwirrt durch die entgegengesetzten Eindrücke fragte sich der Tribun, ob er hier nicht auf Befehl ermordet werden sollte, wegen Verschwörung mit den Isis-Verehrern. Er faßte den Dolch, den er unter seiner Toga versteckt trug, fester, bereit sein Leben bis zum Tode zu verteidigen. Dann trat er entschlossen ein. Groß war sein Erstaunen, als er, nachdem er einen dunklen Raum durchschritten hatte, in eine kleine Grotte gelangte, die über und über mit Zweigen und Blüten behangen war und von Emaillampen, die von geflügelten Liebesgöttern getragen, hell erleuchtet wurde. Im Hintergrunde ruhte auf einem purpurnen Ruhebette, über das ein Pantherfell gebreitet war, Hedonia. Sie trug das Kleid der Ariadne, der Königin der Bacchantinnen. Die Nebride über Busen und Hüften gewunden und darüber wie eine rosa Tunika einen leichten durchsichtigen und gekreppten Schleier.

Ruhig blickte sie auf, nahm seine Hand, als wollte sie Besitz von ihm ergreifen. In dem kostbaren Gewande der halbnackten Göttin, mit ihren weitgeöffneten und festschauenden Augen, glühenden Blumensternchen gleich, war Hedonia ein anderes Weib als sonst. Ein so mächtiger Strom floß lau von ihrem Blicke und ihrer Hand in den Körper des Tribunen, und er stürzte vor sie auf die Knie.

«Ich erwartete dich schon längst, Ombricius Rufus ... seit dem Tage mit der Rose. Erinnerst du dich? Warum kommst du so spät.»

«Vielleicht hatte ich Furcht vor dir ... mein Blick mißt und umschließt dich heute zum erstenmale.»

Mit seinen beiden Händen hatte er die nackten Arme der Patrizierin erfaßt und wollte sich ihres Nackens bemächtigen, um ihren Mund an den seinen ziehen zu können. Sie hielt ihn gebieterisch zurück.

«Was tust du, du hast noch kein Recht, von den Lippen Ariadnens zu pflücken.» Und ernst werdend: «Besinne dich, daß du im Tempel der Hekate bist. Zuerst benötigst du der Erlaubnis meiner Göttin ... und meiner auch.»

Ombricius wollte sich erheben. Aber ihre Hand legte sich auf seine Schulter und zwang ihn knieend zu verbleiben.

«Atme den Duft dieser Rose ein, er wird dich beruhigen», sprach sie, «also sei artig, mein Kind.»

Hedonia hielt dem jungen Manne eine große Rose hin, die sie von der Brust, vom Saume der Nebride löste und ließ ihn lange den Hauch einatmen. Die Berührung der Blume, die warme Frische des Fleisches, ihr zarter Duft ... Ombricius fühlte sich schwach werden und schloß die Augen. Mit weicher Stimme ergriff sie wieder das Wort.

«Sie lassen dich dort unten leiden ... Im Tempel der Isis. Nicht wahr? Ich weiß alles.»

«Ja», entgegnete Ombricius kurz.

Sogleich fügte sie mit gierigem und betörendem Munde hinzu:

«Erzähle mir alles.»

«Nicht jetzt. Ich kann nicht, heute will ich vergessen!»

Und er wandte den Blick seines forschenden Auges in den verzehrenden Strahl. Noch einmal machte er Miene aufzustehen, aber mit der Behendigkeit eines Panthers faßte Hedonia seinen Kopf zwischen ihre Hände und blickte ihm fest in die Tiefe seiner Augen.

«Bist du der, den ich erwarte?» rief sie, «Bist du der, den ich wünsche, den ich will? Antworte.»

«Was denn?»

«Du wirst es bald wissen.»

«Was hast du denn? denn ich erkenne dich gar nicht.»

«Das ist wahr. Gut denn. Höre.»

Ombricius setzte sich in einen Bronzesessel und Hedonia nahm auf dem Bette ihre stolze und ruhige Lage der Ariadne ein und begann also:

«Ich bin wie Aphrodite aus einem Ozean geboren, von Ungeheuern ummurrt. Ich wurde von ihren Rachen und ihren Fühlern durch eine Perlmuschel beschützt. Denn wie Meeresschaum schäumte es um mich von Festen und Vergnügungen. Meine Kindheit sah Nero, der die Jungfrauen von Löwen verschlingen ließ, der Rom verbrannte und der immer neue Verbrechen ersann. Ja, ich schaute diesen schrecklichen Wahnsinnigen inmitten seiner Geschöpfe, seiner Günstlinge, seiner Komödianten, er selbst wurde zum Komödianten, der die Welt als Spielzeug auffaßte. Ich sah dieses Ungeheuer wie einen Hund von dem unaufrichtigen und falschen Lächeln der blonden unzüchtigen Poppäa an der Leine geführt. Ich schaute den gemeinen Galba, der würdig war, ein Steuereinnehmer zu werden, der es verdiente, daß er von seinen Legionen ermordet wurde. Ich sah den schwächlichen Otho nach der verlorenen Schlacht sich selbst töten und den dummen Schwelger Vitellius dem öffentlichen Spotte preisgegeben, mit gebundenen Händen und die Spitze des Schwertes auf der Stirne. Ich heiratete den Prokonsul Carnutus. Als dieser würdige Mann starb, den ich wirklich liebte ...» Hier lächelte Hedonia so eigenartig, daß Ombricius sich fragte, ob diese Frau den reichen Greis nicht wirklich vergiftet habe, wie man in Rom munkelte ... «stand ich allein in der Welt, jung noch, mit jenem Vermögen der Frau, vor dem das Volk und auch die Edlen ohne Mißgunst sich beugen. Aber ich suchte um mich herum, in diesem Schwarme von feilen Sklaven, zitternden Rittern, verlebten Senatoren, einen Mann, der würdig wäre, den Namen Mann zu tragen. Ich glaubte ihn in der Person des Cecina gefunden zu haben. Der Elende ... Er hat mich getäuscht. Er war nur ein undankbarer Feigling. Eines Tages wird er es bereuen.»

Hedonia senkte ihre geschmeidigen Mundwinkel, die die Linie eines gespannten Bogens annahmen, der einen Pfeil abschießen wird. Aber sie ließen schnell diesen bitteren Eindruck fallen und erhoben sich zu einer gewundenen Linie der Wollust und des Verlangens.

«Ich schloß mich an Titus und an seine Gemahlin. Nach dem Verrate Cecinas sah ich den flüchtig ... der mir bestimmt war. Ich wollte ihn schön haben, wie einen Adonis, feurig wie Achilles, stark wie Brutus ... einen jungfräulichen Cäsaren, um ihm meine Macht zur Verfügung zu stellen. Oh! mit ihm, sagte ich mir, werde ich die Kraft in mir fühlen, eine Welt zu erobern, ein Königreich zu unterwerfen. Ich werde unbesiegbar sein, wie die mit dem Wurfspieß bewaffnete Amazone. Ich suchte ihn lange vergebens ... aber endlich sah ich ihn, von meiner Sänfte aus, am Forum von Pompeji, am Tage, an dem ich dir begegnete.»

«Mich?» fragte Ombricius erstaunt, «und was willst du aus mir jetzt machen?»

«Etwas Großes. Es ist nicht nötig es dir zu sagen. Du wirst es später erfahren ... Bis dahin vertraue dich mir an.»

Diese Worte betonte Hedonia stark und schlug auf eine Bronzekugel, die auf einem Dreifuße stand. Die zwei Dienerinnen, die Ombricius im Wäldchen gesehen hatte, traten durch eine in den Vertiefungen der Grotte verborgenen Türe herein und hüllten sie in einen grauen Mantel. Aus Ariadne war eine ernste Vestalin geworden.

«Folge mir.»

Sie durchschritten den finsteren Teil der Grotte und gelangten auf eine kleine Anhöhe, von wo man Bajä mit seinen Lichtern und die ganze Bucht von Neapel sehen konnte. Das Haupt des Vesuv hatte seinen roten Schein, der sich im Meere wie ein feuriger Federbusch spiegelte.

«Siehst du die Bucht», fragte Hedonia. «Das ist der Spiegel

meiner Macht. Da fühle ich mich Königin, da schöpfe ich meine Kraft, aber meine Macht dehnt sich viel weiter aus. Willst du sie mit mir teilen.»

«Sie teilen ... mit den Eintagsfliegen deines Hauses, mit diesen Spielzeugen deiner Launen, diesen Schwächlingen, die ich zu deinen Füßen kriechen sah.»

«Nein, du bist der Einzige, der Erwählte. Morgen, wenn du willst, sind alle nichts mehr und du bist alles.»

Bei diesen berauschenden Versprechen umschlang Ombricius sanft mit seinen Armen das Weib, das unter dem Gewande einer Priesterin unantastbar geworden schien und bat:

«Sei Ariadne nur für mich!»

Sie entzog sich den kräftigen Armen nicht, die sie an ihn drückten und fuhr mit derselben einschmeichelnden Süße fort:

«Ja, aber eine Bedingung, du schwörst in meine Hände zu Hekate!»

«Man hat mir gesagt, daß Hedonia Metella an keine Götter glaubt.»

«Das ist wahr. Götter sind Trugbilder, mit denen man die Menschen führt.»

«Und dennoch dienst du einer Gottheit?»

«Ja, einer einzigen und ohne sie könnte ich nicht leben. Denn von ihr erhalte ich das Geheimnis meiner Kraft. Wahrhaftig ich weiß nicht, habe ich sie geschaffen oder hat sie aus mir gemacht, was ich bin. Sie ist ... ein Schatten ... um mich. Sie besucht mich oft und abwechselnd gehorcht sie oder befiehlt mir. Sie und ich sind eins ... Ich werde dir ihr Bild zeigen.»

Widerwillig und von einer unerklärlichen Furcht erfaßt, zögerte Ombricius. Aber Hedonia faßte ihn bei der Hand und führte ihn in die große Grotte zurück. Diese war jetzt von einer flammenden Fackel erleuchtet, und er glaubte in dem Saale eines unterirdischen Palastes der Unterwelt zu sein, wo die Flammen von dem Gewölbe herabregneten und längs der Mauer sich herabschlängelten, und nicht in einer Stalaktitenhöhle. Aber Ombricius sah nur die mächtige Statue und blieb stumm vor ihrer schrecklichen Schönheit. In einen Mantel aus glänzend schwarzen Marmor gehüllt, das Antlitz weiß wie Wachs, rötliche Augen, erinnerte diese Statue an Hedonia Metella. Sie hielt in der rechten Hand ein blutiges, senkrecht auf den Boden gestütztes Schwert, in der anderen eine kleine geflügelte Viktoria. Bei ihrem Anblicke überlief Ombricius ein Schauer. Sein Wille zog sich in die Tiefe seines Selbstes zurück und er wußte nicht, ob er dort gekauert bleiben oder ob er durch einen plötzlichen Vorfall hervorquellen würde. Langsam und feierlich breitete Hedonia den dunklen Mantel, der sie von Kopf bis zu den Füßen einhüllte, über Hekate, dann setzte sie der Göttin das halbmondgebogene Diadem, das auf ihrem Scheitel prunkte, auf das Haupt und kniete vor der Statue nieder.

«Hekate!» sprach sie halblaut, «einzige Göttin, dir weihe ich meine Gaben. Mächtige Herrscherin, mein zweites Ich, hilfreich und rächend, ich verspreche, dir diesen Mann zu weihen, wenn er sich unserer Sache anschließt ... und wenn er den Eid leistet.»

Sie tauchte ihre Hand in das heiße Quellwasser, das in einem Marmorbecken brodelte, besprengte Ombricius und betonte:

«Du seiest für unser Werk geweiht.»

Als sie sich erhob, war sie herrlich schön in ihrer rosa durchscheinenden Ariadne-Tunika. Die Augen leuchteten triumphierend. Dann zog sie sorgfältig aus der Nebride einen Dolch hervor, der auf ihrem Busen ruhte und überreichte ihn Ombricius, nachdem sie ihn mit den Lippen berührt hatte.

«Schwöre zu Hekate», sagte sie mit ernster, fast männlicher Stimme, «schwöre mein zu sein im Leben bis zum Tode. Schwöre auf diese geheiligte Waffe, bei der Tat zu sein wie diese kalte Klinge in der feurigen Hand – und ich werde dich stark machen unter den Starken, groß unter den Großen. Schwöre, mir zu gehorchen – wie ich Hekate gehorche.»

«Und du wirst mein sein?»

«Zur Stunde und für immer.»

Ombricius trank das auf ihn einströmende Fluidum dieser Worte mit dem Hauche dieses Mundes. Er sah unter der rosa Gaze die bernsteinernen Schultern der Bacchantenkönigin aus der wie Leopardenfell gefleckten Nebride heraustreten. Er fühlte die Strahlen ihrer Augen in sein Gehirn fließen, gleich der spitzen Klinge des Dolches, den Hedonia ihm in die Hand gab ... und er bebte ... denn er fühlte, daß er wider Willen schwören würde. Sie betrachtete ihn; plötzlich ergriff sie des Tribunen Arm und mit einer entstellenden Falte ihrer Lippen sagte sie:

«Schwöre mir vor allem, den Priester und die Priesterin der Isis nie wieder zu schauen.»

«Alkyonne?» ... hauchte Ombricius und wandte sich um, wie wenn er aus der Tiefe des Ozeanes zum Sternenhimmel emportauchen würde.

«Ja», antwortete Hedonia, die Stahlklinge den Lippen des Tribunen hinhaltend, «sie ist meine Feindin. Du mußt wählen zwischen Alkyonne und mir.»

Bei diesem süßen Namen, mit dem Tone des Hasses ausgesprochen, sah Ombricius, wie unter einem Blitzstrahl die entzückte Prophetin und die lichtvollen Reisen, denen das Wort des Hermes das Unendliche eröffnete. Er wandte sich gegen Hedonia. Gesicht und Blick waren die der Hekate geworden. Da rief er laut:

«Niemals!»

«Dann geh! Du bist ein Feigling, wie die anderen», sagte sie mit zischender Stimme. Voll Hochmut fügte sie noch hinzu: «Aber Unglück über dich, Ombricius Rufus, Sektierer der Isis und Feind des Reiches! Fluch deinem Lehrer und der Priesterin!»

Bei dieser durch Schimpf erschwerten Drohung fühlte der Tribun das Blut seines Herzens in das Gehirn strömen.

«Warum zogst du mich hierher, wenn du mich nicht willst. Du hast mich getäuscht wie die Gladiatoren die Löwen in der Arena täuschen. Zittere auch du, Hedonia Metella! Du hast einen römischen Ritter verhöhnt, aber ich habe Recht über dich. Ich bin nicht dein Sklave ... sondern dein Herr.»

Während er so sprach, zerriß Ombricius mit einer zornigen Gebärde den rosa Schleier, der Ariadne einhüllte, vom Leib. Entsetzt floh die Patrizierin in den Hintergrund der Grotte. Dort wandte sie sich um und stellte sich gegen den Tribunen zur Verteidigung, der sie zu fassen suchte und verwundete ihn mit der Waffe, die sie noch immer in der Hand hielt, stark am Arme. Ombricius entwand ihr den Dolch. Während des Ringens brachte er ihr, ohne es zu wollen, eine leichte Wunde am Halse, oberhalb der Nebride, bei. Hedonia schrie auf und sank auf das Lager und ließ den Kopf über die Rückenlehne herabhängen. Die Augen waren nach aufwärts gedreht. Die Augensterne staken hinter den Lidern, und man konnte von den stolzen Augen nur das Weiße sehen. Der erschreckte Tribun glaubte sie tot, neigte sich über ihren Körper und unwillkürlich preßte er seine Lippen auf den bernsteinfarbenen Hals, aus dessen Wunde ein einziger Blutstropfen hervorquoll. Ängstlich saugte sein Mund ihn auf. Sie stieß einen langen Seufzer aus, sie kam zu sich, dann erhob sie sich langsam. Ihre großen Augen schwammen in einem feuchten Schleier. Sie schien fast weich, und geheimnisvoll flüsterte sie:

«Du hast mein Blut getrunken ... Jetzt bist du mir verfallen ... rettungslos.»

Ombricius war bei diesem herrischen Worte, durch das die kluge Magierin Besitz von ihrer widerspenstigen Beute ergriff, wie vom Blitze getroffen. Bis in das Mark drang ihm noch der Schrei der Verwundeten. Sein rauhes und entwaffnetes Herz verstand das Triumphieren einer Besiegten, die ihren Besieger bannte. Mit gepreßter Kehle stammelte er:

«Was sagst du?»

Sie erhob sich völlig und antwortete:

«Stolzer Knabe, törichter Athlet, du verstehst es doch nicht. Du weißt also nicht, daß es so kommen mußte? Du wolltest den Schwur zu Hekate nicht leisten! Ich verlange ihn jetzt nicht mehr, denn den Ritus der Hekate, den hast du erfüllt. Sicherer und unergründlicher als durch Worte, als du mit deinen Lippen das Blut der Wunde, die du mir machtest, aufsaugtest. Ob du willst oder nicht, du mußt mich nun lieben. Und wehrtest du dich noch so dagegen.»

Lauter fuhr sie fort:

«Auch ich liebe dich, obwohl du mich töten wolltest ... in der Wut und deiner Wollust ... du bist der einzige, der es gewagt hat ...» Sie ergriff seine Arme und drückte ihn fest an sich. «Gestehe, daß du Furcht vor mir hast ... und daß du mich liebst!»

Vor dieser fremdartigen, aus Wollust und Haß, aus Versprechen und Drohung gemischten Liebe, fühlte der Tribun zwischen Wunsch und Furcht schwankend, seinen Hochmut sich aufbäumen. Er sammelte sich, wie der Zenturio vor seiner Kohorte sich sammelt, um sich an ihrer Spitze auf den Feind zu werfen und erklärte mit klangharter Stimme:

«Nein! Ich bin und bleibe ein freier Mann!»

Mit bitterem fast wildem Lächeln ließ sie seinen Arm los:

«Frei? Beglückwünsche dich, noch lebendig zu sein! Ein einziges Wort aus meinem Munde ... und die, die mich bewachen, töten dich auf der Stelle ... Ich kann es immer noch tun ... aber ich habe Mitleid mit dir. Frei? Gehe hin! Sei frei! Aber wisse, das Gespenst der Hedonia wird dein Auge, dein Herz, deinen Leib nie verlassen. Würdest du auch Cäsar werden, mein Phantom wird dir in das Ohr flüstern: ‹Ich fließe in deinen Adern, ich bin in dir, ich schreite vor dir einher.› Du kannst deine Isis-Priesterin umarmen, so oft du willst, ich werde Haß in dich legen, ich werde in deinen Gedanken leben, ich werde über deine Seele herrschen. Du wirst Memnon und Alkyonne aufsuchen, nicht wahr? Ich habe in deinem Blicke gelesen ... du wirst wieder kommen ... Du wirst wieder kommen ... Und jetzt geh ...! Geh!»

Wie von Furien gepeitscht eilte Ombricius hinweg. Er erreichte die Anhöhe, stürmte durch die Finsternis die Allee hinab, ohne aufzublicken. Er sog mit langen Zügen den rauhen Duft der Korkeichen in der nächtlichen Frische ein. Die verschleierten Dienerinnen öffneten ihm das Tor des Wäldchens. Er durchquerte den verlassenen Garten und fand in der kleinen Bucht eine Barke festgebunden, in der der Schiffer schlief. Ombricius weckte ihn. Die Gondel glitt ruhig über die Fluten. Der Mond spiegelte sein letztes Viertel mit einem schwarzen Wolkenstreifen in dem noch schwärzeren Meer. Als sie in der Mitte des Golfes waren, sprang der Tribun auf und wollte angesichts des mit Wolken bedeckten, drohenden Himmels, die wie zerzauste Dämonen und ungeheure Schlangen aussahen, das letzte Wort, das er zu Hedonia gesprochen, «Ich bin ein freier Mann!» in die Nacht hinausschreien. Aber es wollte sich seiner Kehle nicht entringen. Niedergedrückt setzte er sich wieder. In seinem Gehirne, in seinem Herzen, in seinen Gliedern kreiste wie ein feines Gift eine leichte Glut, die ihn beklemmte.

War es der gebieterische und tötende Hauch Hedonias.

Ach, schwach war der Rest seiner Freiheit! ... Er mußte sich für immer binden, auf dieser oder auf der anderen Seite. Wählen zwischen Isis und Hekate.

Oder hielt ihn Hekate schon zu fest?

XIV

Der Kuß des Anteros

Alkyonne schloß sich nach der Begegnung mit Ombricius im Garten der Helvidia mit ihrer Nubierin im Hofe des Isis-Tempels ein. Die dreisten Forderungen des Tribunen hatten ihre jungfräulichen Gefühle verletzt und rauh ihre Seele aus den Höhen, in denen sie schwebte, in eine trübe und finstere Region geführt. Sie suchte in der tiefen ernsten Stille Sammlung. Des Tages überdachte sie ihre unbekannte Zukunft, denn sie konnte sich nicht mehr von Ombricius trennen. Des Nachts suchten erschreckende Träume sie auf. Reigen von Faunen und Bacchanten verhöhnten sie. Dann wieder sah sie ein stolzes Weib mit einem königlichen Diademe, die sie mit den Augen eines Raubvogels anstarrte. Wenn dieses Weib ihre Arme ausbreitete, entfaltete es häutige Flügel, wie eine ungeheure Fledermaus und drohte ihr Opfer erdrücken zu wollen. Jede Nacht träumte Alkyonne auch von Ombricius. Sie sah ihn nicht mehr mit der Latisclavia, sondern in der Rüstung des Militärtribunen und die weibliche Harpyie entführte ihn in eine blutige Wolke; über sie jagten Kentauren und Kentaurinnen in wilden Sprüngen und bliesen in Kriegstrompeten. Nach solchen Alpdrükken erwachte sie in Angstschweiß gebadet und war bleich und erschöpft vor Entsetzen. Memnon, der ein Unheil ahnte, wollte sie beruhigen. Aber sie blieb auf seine Fragen stumm. Er führte sie mit Gewalt in den Tempel und versenkte sie gegen ihren Willen in den magischen Schlaf. Im Augenblicke, wo sie in die zweite Phase ihres Zustandes eintrat, schrie sie auf:

«Ich will nichts sehen! Ich will nichts wissen! Der schwarze Kreis, die Sphäre der Ungeheuer und der Stürme hüllen mich ein. – Erwecke mich.»

«Steige! Steige empor, höher empor, zur Pforte des Lichtes!» befahl Memnon.

«Ich will nicht!»

Sie fiel in Lethargie. Als der Hierophant sah, daß er keine

Gewalt über sie hatte, beschloß er, sie sich selbst zu überlassen und sie zu beobachten. Als sie erwachte, bat sie leise, aber bestimmt, acht Tage mit Helvidia im Garten der Isis verbringen zu dürfen, wo neben dem Tempel der Persephone eine kleine ländliche Wohnung gebaut war. Memnon gab umso lieber die Erlaubnis, als er glaubte, in der Landruhe würde seine Adoptivtochter gesunden und diese Entfernung allen Kontakt zwischen ihr und dem Tribunen bis zum Schwure der Isis verhindern.

*

Am kommenden Tage warteten Memnon und Helvidius im Tempel vergeblich auf Ombricius. Am Nachmittage erschien der Tribun vor dem Priester, der allein geblieben war. Mit scheuen Blicken, zusammengezogenen Brauen, bleichem Gesichte, fiebernden Bewegungen. Alles an ihm zeugte von den heftigsten inneren Kämpfen. Mit abgerissenen Worten rief er:

«Ich kann zu Isis nicht schwören, ohne die Prophetin zu sehen. Ich will aus ihrem Munde vernehmen, daß sie mich noch liebt ... daß sie mich trotz allem liebt.»

Lange betrachtete ihn der Hierophant und empfand ein tiefes Mitleid mit seinem Schüler, den ein so heftiger Sturm erregte. Mit einem Blicke erfaßte er die Situation und nach einer Weile sprach er:

«Du leidest, mein armer Freund, ich sehe es und ahne es. Du bist dort angelangt, wo man zwischen dem Wege der Dunkelheit und dem Wege zur Höhe des Lichtes schwankt. Die Dämonen verblenden dich, versuchen dich an sich zu reißen, sie haben dich beinahe erfaßt ... Noch ist es Zeit, dich ihnen zu entreißen; morgen wird es schon zu spät sein. Ich werde dir das Licht zeigen und du wirst wählen. Komm, gehen wir zu Alkyonne.»

Das unruhige Auge des Ombricius erglänzte in einem fiebernden Freudenstrahle. Ohne ein Wort zu sagen, durchschritten der Priester und der Tribun die Stadt und die Felder Pompejis, um den Garten der Isis zu erreichen ... Ein Freier des Helvidius öffnete ihnen das Tor. Sie traten in den wilden Garten, wo Busch und Baum um die Ruinen des alten Ceres-Tempels wuchsen. Von weitem sah Ombricius den Lotusbrunnen, wo ihm die Priesterin einst gegen Memnon's Willen ihre Liebe versprochen hatte. Der

Brunnen war verlassen und von Pflanzenwuchs umwuchert. Sie gelangten in eine Zypressenallee, die zum Tempel der Persephone führte. Vier Karyatiden bildeten die Fassade und stützten die Kornische. Dichte Sykomoren breiteten über den verlassenen Tempel ihr schützendes Laubdach. Die Blätter der herabhängenden Zweige, die der Wind bewegte, zitterten über den gebräunten Giebel.

«Hier verbringt Alkyonne mit dem Weibe des Helvidius die Tage», erklärte Memnon, «sie leidet seit acht Tagen, vielleicht schläft sie jetzt. Gehen wir mit Vorsicht hinein und sprich nicht zu ihr, wenn sie sich in ihrem ekstatischen Zustande befindet.»

Durch die offene Pforte traten sie in den Tempel. Das Innere war im ersten Augenblicke so finster, daß der Tribun vor Dunkelheit seine Umgebung nicht sah. Nach und nach wurde die Architektur sichtbarer. Säulenlose nackte Wände mit leeren Nischen und in Abständen kleine Laternen ohne Licht. In der Cella stand auf einem viereckigen Gestelle die zweifarbige Statue der Persephone. Haupt und Arm aus weißem Marmor sahen aus einem Peplos aus schwarzem Marmor hervor. Eine Krone aus Mohnblüten schmückte ihre Haare. In ihrer Rechten hielt die Göttin das Szepter der Königin der Toten, in der linken Hand eine brennende Ampel, deren Lichtschein milde ihre ernsten Züge streifte und das Dunkel, wie ein Stern mit nebelhaftem Strahlenkranze durchdrang.

«Welch ein Gegensatz», dachte der Tribun, «zwischen dem Adel dieser Statue und der düsteren Schönheit Hekatens im Heiligtume der Hedonia Metella.»

Mit einem Male empfand Ombricius in seinem innersten Wesen eine unbeschreibliche Erschütterung. Das war wie ein Ausbruch des Wunsches, des Schmerzes und der Furcht. Am Sockel der Statue erblickte er Alkyonne weich gebettet schlafend, und in der anmutigsten Haltung das Köpfchen auf ein Byssuskissen gestützt. Links von der Priesterin glimmte Feuer in einem Kohlenbecken auf einem bronzenen Dreifuß. Aromatische Substanzen verrauchten dort und verbreiteten keusche, aber durchdringende Düfte, deren Schärfe die Seele vom Körper trennen wollte. Rechts von der Seherin saß Helvidia auf einem Bronzesitze und hielt eine Theorbe in den Händen. Alkyonne war bleich wie Alabaster unter dem Lichte der Ampel, das den Halbschatten durchsickernd, ihr ungeordnetes, nur halbgeknotetes Haar in eine leichte Aura einhüllte. Auf ihrem Antlitze lag der Ausdruck eines süßen und vollkommenen Glückes. Der Tribun hatte die Ahnung, daß nicht er die Ursache dieses Glückes war; und dieser magische Schlaf eröffnete einen tiefen Abgrund zwischen ihm und der Prophetin. Diesen wollte er überwinden.

«Kann ich sie sprechen?» fragte er Memnon.

«Versuche es.»

Der Tribun näherte sich der Schläferin. Kaum hatte er nur ihre warme Hand berührt, stieß sie einen Schrei aus und fiel in die Arme Helvidias, die herbeigeeilt war, um sie zu stützen.

«O!» rief sie, «nicht er, nicht er jetzt ... Er will mir böse ... er tötet mich ... laßt mich schlafen.»

Ihre Augen waren geschlossen geblieben. Sie wand sich ängstlich in den Armen Helvidias.

«Du siehst es!» sagte Memnon zu dem Tribunen. «Du kannst ihren Willen nicht zwingen. Lassen wir sie in ihrer hohen Sphäre, in der sie sich jetzt aufhält und von wo sie dir vielleicht Kunde geben wird. Erfüllen wir die Zeichen, um ihr den Gipfel der Entzückung erklimmen zu helfen.»

Memnon berührte mit dem Finger die Stirne der Seherin, um sie in den magischen Schlaf zu versenken. Sie fiel auf die Kissen in ihre frühere Lage zurück. Dann warf er Styrax auf das Kohlenbecken. Dichte Rauchwolken quollen hervor und erfüllten den Tempel. Alsdann sprach der Priester mit lauter Stimme das Gebet und die Anrufung:

«Herrschender Geist! der über die Welten durch die Seele der Natur regiert und eins ist mit ihr. Osiris-Isis, wir rufen DICH an, daß der reine Genius, der diese Jungfrau beschirmt, sich in ihr verkörpere und durch ihren Mund spreche, wie er es einst zu mir tat und diesem Manne die Wahrheit sage und ihn einen Strahl des Lichtes schauen lasse, einen Strahl der Rettung und der Läuterung.»

Während Memnon so sprach, stand Helvidia mit der Theorbe auf und griff in die Saiten. Sie erklangen in den ernsten Akkorden der Motive der dorischen Sonnenhymne. Es war, als wenn die hellen Schallwellen körperliche Formen in den Weihrauchwolken annähmen und in Schlangenlinien sich um die Seherin wanden. Lebhafte Schimmer, leichte Funken durchfurchten sie von Zeit zu Zeit. Ein glänzender Stern erschien einen Augenblick lang hoch oben unter dem Gewölbe. Da richtete Alkyonne sich halb auf, hob das Haupt, breitete die Arme aus und flüsterte:

«Der Hochzeitstag ist gekommen. Komm, Anteros, komm!»

«Was soll das bedeuten?» fragte Ombricius ängstlich.

«Fürchte nichts, sie lebt jetzt in ihrem anderen Leben. Die Götter allein haben Macht über sie. Achten wir auf das Weitere.»

Aber auch der Hierophant begann unruhig zu werden, denn noch nie hatte die Annäherung des geheimnisvollen Genius diese Art und Weise gewählt. Ein Windstoß aus der offenen Tempeltüre löschte die Ampel aus und fuhr mit einem raschen Hauche über die Theorbe, die wie in Aeolsstimmen erklang. Helvidia stieß einen Schrei aus und die beiden Männer standen wie gebannt auf ihrem Platze. Mit geschlossenen Augen und offenem Munde lag Alkyonne wieder auf ihrem Lager. Eine Lichtgestalt neigte sich knieend über sie. Ein junger Hirte von hohem Wuchse, schön wie ein Apollo, glänzend wie Eros. Die Locken seines Haares leuchteten wie lebendes Gold. Das Lammfell, das er über seine Brust gekreuzt trug, funkelte wie ein Silberpanzer. Memnon erkannte den Horus der Beduinen. Seine Augen konnte man nicht erschauen, denn er war über die Seherin gebeugt. Sein Antlitz beleuchtete das ihre mit einer blendend reinen Weiße. Er näherte seine Lippen ihrem Munde und drückte darauf den Hochzeitskuß. Man sah die zwei Gestalten leuchten, wie in die glühende Fülle des Lichtes getaucht. Dann verblaßte plötzlich alles. Der Priester und der Tribun fühlten sich in die tiefe Finsternis zurückgestoßen. Bald darauf glaubten sie in der halben Höhe des Gewölbes in dem Weihrauche eine menschliche Gestalt zu sehen. Es war Horus-Anteros. Deutlich sah man seine großen, leidenschaftlichen Erosaugen, deren Strahlen immer auf Alkyonne ruhten. Mit seiner Hand schien er in den Fluten der Weihrauchwolken weiße Rosen zu pflücken, die auf die schlafende Braut herniederfielen.

Ombricius war mit einem vorher nie gekannten Erstaunen dieser Erscheinung gefolgt, die ihm kein Nachdenken, kein Insichgehen erlaubte, als bis er aus diesem Traumzustande erwachte. Jetzt erlangte er sein Bewußtsein wieder, und ohne sich klar zu werden, was er gesehen, ohne eine Erklärung dafür zu suchen, empfand er nur eine seelische Enttäuschung und eine rasende Wut. Er wußte nicht, was er hinausschrie:

«Ich verlache eure Geister, ich glaube nicht mehr an sie; aber ich will wissen, ob Alkyonne mich noch liebt. Euch allen zum Trotze werde ich es erfahren.»

Er machte bei diesen Worten Miene, sich auf sie zu stürzen; Memnon hielt ihn zurück, denn ein Erschrecken hätte für seine Tochter tödlich sein können.

Der Tribun riß sich mit wilder Heftigkeit los, um sich auf seine Beute zu werfen. Aber er fuhr zurück, ein unerträglicher Schmerz drang in seine Augen, in seinen ganzen Körper. Hinter der Schläferin, vor dem rauchenden Dreifuße, sah er dieselbe Gestalt, die früher sich über die Prophetin geneigt hatte. Aber dieses Mal stand sie aufrecht. Die Augen funkelten zornig und sein Arm hielt eine Brandfackel; deren blendendes Licht war in die Augen des Ombricius gedrungen. Gleichzeitig empfand der Tribun ein Gefühl, als hätte ein Messerhieb sein Gehirn zerwühlt. Das Phänomen, das die Kraft eines Blitzschlages besaß, dauerte nur wenige Sekunden; aber der Römer blieb an allen Gliedern gelähmt. Wie ein an die Gitterstäbe seines Käfigs sich anklammernder Tiger unter der Peitsche des Bändigers, so zitterte Ombricius, und sein Mund zitterte vor Wut. Er sah nichts mehr Außergewöhnliches im Tempel der Persephone. Alkyonne schlief noch immer. Helvidia kniete neben ihr und erwärmte deren eisigkalte Hände mit den ihren. Durch die offene Türe des Sanktuariums drangen die letzten Sonnenstrahlen herein. Aber die leuchtende Erscheinung war eine zu plötzliche Antwort auf die frevelnde Tat, ein Ausfluß der unsichtbaren Macht, der er zuwiderhandelte. Der Tribun fühlte in den geheimsten Teilen der Seele, wo sich die unzähmbarsten Überzeugungen bilden, daß nach dem Kusse des Anteros er, Ombricius, über Alkyonne keine Gewalt mehr hatte. Sein Zorn steigerte sich mit seiner Ohnmacht. Der unbesiegbare Feind, der ihm Alkyonne entriß, erbitterte ihn mehr, als wäre er ein lebendiger Gegner von Fleisch und Knochen gewesen, den er mit seiner Faust niederschlagen oder mit seinem Schwerte hätte durchbohren können. Aber sein Stolz, stärker als jedes andere Gefühl in ihm, erlaubte ihm nicht an die Wirklichkeit der furchtbaren Macht zu glauben, die ihn demütigte und ihn matt setzte. Daher leugnete er in seinem Bewußtsein die Wirklichkeit dessen, was er gesehen und erklärte alles als eine Gaukelei, ein Blendwerk des Priesters, um seine Schüler durch die Kraft seines Willens zu täuschen. Aller

Einfluß, den Memnon über ihn hatte, war mit einem Schlage dahin. Alle Lehren, die er vorläufig angenommen, waren in einer Sekunde wie weggefegt, und es blieb im Herzen des Schülers nur das Gefühl der Bitterkeit, das sich durch Spott und Lästerung Luft machte:

«Böswilliger Zauberer!» schrie er, «Betrüger, du hättest mich fast getäuscht. Diese Jungfrau war mir bestimmt. Sie hat sich mir versprochen. Du hast sie mir durch den Geist deiner ungesunden Künste entführt und du glaubtest aus mir einen Sklaven zu machen, da du mich mit Gespenstern ködern wolltest. Aber heute verachte ich dich und deine Lehre und deine Geister, dein Wort, deine Prophetin.»

Memnon hörte mit verschränkten Armen zu. Mit Traurigkeit antwortete er:

»Ich habe dich nicht gerufen. Du selbst hast den Pfad des Lichtes gesucht und wählst heute den Weg der Finsternis. Hochmütiger und ehrgeiziger Tor! Dein Fehler wäre klein, wenn du nur diese liebende Jungfrau verlassen und deinen Lehrer verleugnen wolltest. Das ist nichts. Dein Fehler, dein unsühnbares Verbrechen ist, daß du deine eigene Seele vergiftest. Deine größte Strafe wird nicht die sein, die die Menschen sehen können. Sie wird darin bestehen, daß du den Sinn für die Wahrheit verlierst. Du hast die Augen deines Geistes vernichtet, indem du aus deinem Herzen den letzten Tropfen der Liebe verjagtest. Die rauhen Gelüste haben dich gleißnerisch gemacht. Du wolltest meine Lehren nur dazu empfangen, um über die andern und selbst über mich zu herrschen. Du wirst bestraft werden durch die Finsternis, die dich inmitten der Pracht und Würden umgeben wird. Versteinertes Herz. Du willst nunmehr zu den Bösen eilen. Ich halte dich nicht. Ich überlasse dich von nun an deinem unvermeidlichen Schicksale. Gehe deines Weges. Vielleicht erinnerst du dich meiner in deiner letzten Stunde. Die Prophetin wirst du nimmer sehen.»

«Das glaubst du?» rief Ombricius kalt und bitter. «Vielleicht. Wenn aber der Cäsar eines Tages von neuen Umtrieben erfahren wird – dann zittere. Ich glaube nur an den Willen, der in meiner Hirnschale thront, an das Blut, das in meinen Adern rollt und an das Schwert, das ich in meiner Hand halte. Mit ihnen und durch sie alle, werde ich mir meine Wahrheit und meine Macht erobern. Lebt wohl.»

Er griff nach seinem kurzen Schwerte, das er seit der Nacht in Bajä nicht versäumte, am Gürtel seiner Toga zu tragen – seiner Tribunenwaffe – und schwang es, wie um unsichtbaren Gegnern zu trotzen und ging.

*

Ein schmerzlicher Blick Memnons folgte dem Schüler nach, der die Freundschaftsbande des Lehrers floh, um seinem Geschicke zu folgen. Welch schmerzliche Dinge waren in dieser tragischen Stunde geschehen! Ja, ein Strahl hatte den Schleier durchbrochen: der Unsichtbare war sichtbar erschienen, den Wunsch des Eingeweihten erfüllend und dessen Wissenschaft krönend. Ein unsterblicher Geist war in die menschliche Bestimmung eingeschritten, um dort eine Schranke zu setzen; sein leuchtender Glanz hatte die Prophetin beschirmt und den Entheiliger verjagt; der Hierophant war vernichtet wie ein vom Blitze getroffener Baum. Er verlor zugleich seinen Schüler und seine Tochter. Alkyonne liebte in dieser Welt Ombricius, in der anderen Welt Anteros. Das beste ihrer Seele gehörte ihrem Genius. Der besaß sie ... besaß sie für die Ewigkeit. Wenn der Tribun unvermeidlich in sein Verderben rannte, konnte er sich wenigstens im Rausche der Leidenschaften betäuben. Aber er, Memnon, der Wissende, der Dulder, blieb angesichts des Himmels, wo sich die auseinandergehenden Wege der Seelen verlieren, und indem er in seinem Herzen das Glück der Unendlichkeit trug, allein.

Die Prophetin erwachte. Sie erhob sich, sehr bleich, sehr ernst, in sich versunken.

«Leidest du?» fragte Memnon.

«Nein», antwortete sie und legte die ausgespreizten Finger auf die Brust. «Mein Herz ist gestillt und ich habe einen diamantenen Panzer erhalten.»

«Weißt du, daß Ombricius uns verließ?»

«Ja, ein Orkan hat ihn entführt!»

«Wir müssen ihn vergessen.»

«Nein», sagte Alkyonne mit ruhiger Milde, die keinen Widerspruch duldete, «wir müssen ihn retten.»

Memnon stellte die Beharrlichkeit der geteilten Liebe Alkyonnens, der göttlichen und der irdischen fest; beide unausrottbar, jede beherrschte ein anderes Fach der Seele und paßte sich einer anderen Lebenssphäre an. Aber eine Verbindung zwischen den beiden Regionen war hergestellt, ein Fortschritt war gemacht in ihrer Hellsichtigkeit. Sonst hatte sie gar keine Erinnerung an die Begebenheiten während ihres magischen Schlafes. Jetzt schien sie sich zu erinnern, aber sie weigerte sich darüber zu sprechen.

Alkyonne, Helvidia und Memnon schritten aus dem Tempel der Persephone und hielten unter dem Peristyle. Die Dämmerung war eingebrochen. Die fernen Berge richteten sich wie flammende Altäre um den Golf auf. Einige Sterne flimmerten gleich leuchtenden Blüten am Himmelszelte. Die Prophetin blickte zu ihnen empor und ließ die Hände ihrer Freunde los und grüßte die Sterne.

«Was sagen sie dir?» fragte Memnon.

«Es scheint mir, als seien sie alle in mir», entgegnete Alkyonne und preßte ihre Hände auf das Herz. «Zwischen mir und der Welt gibt es keine Schranken mehr. Ich bin frei ... frei.»

Darauf nahm Helvidia eine Lorbeerkrone, die an einer der Karyatiden des Peristyles hing und setzte sie der Seherin auf das Haupt. Ohne zu sprechen, stiegen sie die Stufen des Tempels hinab und durchquerten den Garten. Eine schwere Träne rann über die Wange Memnons. Mild und fest aber schritt die gekrönte Priesterin einem Opfer gleich, das zum Opferaltare geführt wird.

3. Buch

Finsternis

Liebe und Haß,
beides ist Täuschung.   *Plotin.*

XV

Im Tepidarium

Ein lauer Herbstmorgen überflutete mit einem warmen Lichte die mit Lava gepflasterten Plätze, die mit Mosaik belegten Straßen und die zahllosen Kolonnaden Pompejis. Er tauchte in die im Innern der Häuser verborgenen Gärten und zeigte die über den Terrassen entfalteten grünen Lauben im vollen Lichte. Die kleinen Bächlein, die in den Geleisen der mit weißen und grauen Backsteinen gepflasterten Straßen rieselten, ließ er wie Silberfäden erglänzen. Im Atrium kleideten sich bequeme Frauen mit Hilfe ihrer geschäftigen Sklavinnen an. Kinder spielten mit Hunden. Die Patronen hielten ihre Täfelchen in der Hand, um die Verlangen ihrer Klienten anzumerken. Die Freien streiften in der Stadt, um ihren Käufen und Geschäften nachzugehen. In den Tempeln sprachen die Priester ihre Gebete oder bereiteten die Opferungen vor. Die Stadt erwachte wie an jedem Tage zum trägen und gleichgültigen Leben und Vergnügen. Dem Adler der Apenninen, der in der Höhe des Vesuves über Pomeji schwebte, schien die kostbare Stadt am Ufer ihres Golfes wie eine Muschel oder wie ein auf eine Eiche geworfener Korallenzweig. Aber der Straßengänger, der diesen Adler im Azur schweben sah, bemerkte nur den leichten rosigen Strahlenkranz, der sich quer durch den Raum zwischen Erde und Himmel ausbreitete.

Die Pforte des Hauses der Hedonia Metella war weit offen. Der Wächter, ein schwarzbrauner Riese mit blauem Turban stand daneben und musterte die Vorübergehenden mit verächtlichen Blicken. Vielleicht dachte er an das freie Leben in der Wüste, an die über die Sandsteppe galoppierenden Pferde, wo am Horizonte die Oasen lockten. Plötzlich stand ein in einer Latiklave gekleideter junger Mann mit fiebernden Augen vor ihm.

«Ist die edle Patrizierin Hedonia Metella in ihrem Hause? Ich muß sie sofort sprechen.»

«Sie ist hier, aber du kannst sie nicht sprechen.»

«Ich muß aber zu ihr. Wenn sie meinen Namen wissen wird, empfängt sie mich gewiß.»

«Wärst du Cäsar in eigener Person, du wirst nicht eintreten. Meine Herrin bleibt heute unsichtbar.»

Der junge hartnäckige Mann mit den energischen Zügen, den fieberhaft flackernden Augen, wollte an ihm vorbeigehen. Der Afrikaner riß ihn mit kräftigen Armen zurück und wollte ihn mit der Faust niederschlagen. Es wäre zu einem Kampfe gekommen, wenn nicht der Nomenklator mit seinem tückischen Antlitz, mit Hasentritten aus dem Vestibulum erschienen wäre.

«Ich kenne diesen Mann», sagte er, «er ist ein römischer Ritter.»

«Das kümmert mich nichts. Ich habe meine Befehle.»

«Ich will wenigstens seinen Namen unserer Herrin überbringen.»

Der Nomenklator reichte dem Tribunen eine Elfenbeintafel und einen Schreibestift aus rotem Minium hin. Der Ritter zeichnete seinen Namen darauf. Nach einigen Augenblicken kam der Nomenklator zurück und verkündete:

«Ich soll den Tribunen in das Tepidarium geleiten.»

Der robuste Numidier brummte vor sich hin:

«Er trete ein.»

Von seinem Führer geleitet, durchschritt der junge Mann eine Reihe von Säulenhallen und Galerien. Am Ende der einen öffnete der Nomenklator eine Pforte, hieß den Gast eintreten und schloß hinter ihm zu. Der Besucher durchquerte einen dunklen Gang und trat in einen gewölbten mit warmem Dampfe gefüllten Saal. Die Mauern waren nackt. Längs des Blätterfrieses spielten Amoretten aus gebranntem Ton wie eine Schar fröhlicher Kinder. Darüber ließen die dicken Glasfenster das bläuliche Tageslicht eindringen. In der Mitte des Raumes glomm ein Kohlenfeuer in einem Kupferbecken. Im Hintergrunde saß Hedonia in eine violette Chlamys mit Goldfransen gehüllt. Sie war erst aus dem Bade gestiegen. Eine Sklavin war beschäftigt, ihr die üppigen Haare zu flechten und den schwierigen Bau ihrer Frisur wieder herzustellen. Eingeschüchtert und verwirrt blieb der Tribun in einiger Entfernung stehen.

«Der Tribun! ...» rief Hedonia Metella mit unmerklichem Spotte, der ihm eher als Schmeichelei dünkte. Sie heftete den weichen Stoff ihres seidenen Bademantels gelassen an ihren Schultern fest, der die ganze Pracht ihres Halses und ihrer Arme frei ließ. «Wie? ... du Ombricius Rufus! Wirklich, du versetzt mich in Erstaunen, berühmter Philosoph. Ich glaubte dich im Tempel der Isis eingeschlossen, in der Zelle der Novizen, für ewig, und anderen einfachen Menschen verloren. Und schon sehe ich dich zurückgekehrt. Ich wage kaum meinen Augen zu trauen.»

«Ich bin unwürdig in deinen Augen», antwortete der Tribun und senkte die Blicke zu Boden. «Edle Hedonia Metella. Es traf mich ein Unheil. Ich bitte dich um deine Gnade ... um deine Hilfe.»

«Sag mir zuerst, was dich zu mir führt?»

«Das kann ich nur dir allein sagen.»

«Galla geh!» rief Hedonia zur Sklavin, «ich werde dich rufen, wenn ich deiner bedarf.»

Die Sklavin ließ die schwere Fülle der Haare in Unordnung auf den Nacken ihrer Herrin fallen und schritt hinaus.

«Meine Hoffnung nach Ruhm ist vernichtet», begann der Tribun. «Du hattest Recht, erlauchte Tochter des Metellus, du Glanz von Rom und Pompeji! Sie haben mich betrogen, verhöhnt. Ehrlich und mit aufrichtigem Herzen suchte ich die Wahrheit neben diesem schurkischen Priester und dieser falschen Priesterin. Isis, die Göttin, macht sich lustig über mich. Ich glaubte ihn als Meister und sie als Erleuchtete. Dieser Memnon ist aber ein Betrüger und Alkyonne ...»

«Nun?»

«Diese Jungfrau, diese Prophetin ... hat ... einen Buhlen.»

«Ah!» rief Hedonia vor Staunen aus und ließ ein Fläschchen aus Opalglas mit wohlriechender Essenz zu Boden fallen. Das Glas zerbrach auf den Mosaikfließen. In den großen, schwarzen Augen der Patrizierin war eine wilde Neugierde zu sehen, die fast an Bewunderung grenzte. Ruhiger fügte sie hinzu:

«Sahst du ihn?»

«Ja, im Isisgarten, im Tempel der Persephone. Er ist ein junger stolzer Mann, schön wie ein Gott. Ich sah ihn inmitten einer Weihrauchwolke, neben der schlafenden Alkyonne knien. Ich sah ihn sich über sie neigen und mit seinen Lippen die ihren berühren und ihren Atem trinken.»

«Was tatest du?»

«Ich wollte ihn niederschlagen, ihn fassen, unmöglich. Er lähmte mich mit einem Strahle wie mit einem Blitzschlage – dann war alles verschwunden. Nein, es war keine Sinnestäuschung. War es eine leere Gestalt, ein Schattenbild, das die Magie des Memnon geschaffen hat? Oder war es ein Geist?»

Bei den letzten Worten brach Hedonia in ein Spottgelächter aus, das an dem Gewölbe widerhallte und wie ein Perlenregen auf die Steinfließen zu fallen schien. Plötzlich unterbrach sie ihr Lachen und wurde nachdenklich:

«Dennoch ist alles höchst seltsam», sprach sie, «sehr seltsam.»

Ihre Augen bekamen einen unruhigen Ausdruck. Dann sprach sie mit ernstem Tone:

«Liebst du Alkyonne noch immer?»

Mit düsterer Energie entgegnete Ombricius:

«Ach, du weißt nicht, wie ich sie jetzt hasse, sie und all die Ihren.»

«Was willst du jetzt tun?»

«Diese unglückselige Stadt verlassen, zum Heere zurückkehren. Marschieren, handeln und kämpfen und die schlimmen Verführer vergessen – bis der Tag der Rache kommt.»

«Das ehre ich, edler Tribun! Aber bist du der Gunst des Titus gewiß?»

«Nein. Ohne sie vermag ich nichts.»

«Gedulde dich einen Augenblick. Ich befaßte mich mit dir, mein lieber Ombricius, während du um die Priesterin umherschlichst.»

Sie klatschte in ihre Hände und die Sklavin erschien.

«Galla, bringe mir die goldene Kassette aus dem Ebenholzschranke meines Schlafgemaches.»

Die Sklavin kam mit dem Kästchen zurück und Hedonia entnahm ihm eine Papyrusrolle, die mit einem Goldfaden zusammengehalten wurde, an dem ein rotes Wachssiegel mit dem kaiserlichen Bildnis hing. Sie öffnete sie und reichte sie dem Tribunen. Ombricius las:

«Titus Cäsar, Sohn des Augustus Vespasian grüßt Hedonia Metella. Da du mir mit deinem Haupte und deinem Leben für die Treue des Ombricius Rufus bürgst, sei ihm verziehen. Bei seiner Ankunft in Rom verspreche ich ihm die Führung einer Kohorte.»

Ombricius ließ den Papyrus fallen, so freudig bestürzt war er von dieser Nachricht.

«Das war dein Werk!» stammelte er.

«Warum nicht! Wenn ich dich liebe!» sagte Hedonia und knotete nachlässig die prächtigen Flechten ihrer Haare.

«O Göttliche!» rief Ombricius voll Aufregung aus. «Du hast dein Leben für den eingesetzt, der dich verwundete? Ich will von nun an dein Sklave sein.»

Er stürzte zu ihren Füßen und umarmte ihre Knie.

«Hüte dich, stolzer Tribun», sprach Hedonia ironisch, «du hörst auf, ein freier Mann zu sein. Noch vor acht Tagen behauptetest du einer zu sein .... Ich bin begierig nach deiner Freiheit.»

«Meine Freiheit ist dein; ich liefere mich dir aus, um mich an meinen Feinden zu rächen. Sie sollen jetzt zittern. Frei sein? Ich will es nur durch dich und mit dir sein. Dir zu gehorchen ist mein Ehrgeiz. Befehle, fordere, foltere mich, wenn du willst, alles nehme ich mit Lust und Freude an. Ich bin bereit, das Gelöbnis zu Hekate zu leisten.»

Sie beugte sich tief zu ihm herab und durchdrang ihn mit dem Blicke einer unbezähmbaren Leidenschaft, die bei ihr die einzige Art der Liebe war.

«Es ist nicht nötig. Wußte ich nicht, daß du mir gehören mußtest, seit du einen Tropfen meines Blutes getrunken hast?»

«Laß mich wenigstens deine Füße küssen.»

«Du willst ...?»

«Ich will ... ich flehe dich an!»

Die Tochter des Metellus hob den Saum ihrer Chlamys leicht auf und zeigte ihren alabasterweißen Fuß, dem der Schimmer des violetten Mantelkleides und das bläuliche Licht, das im Tepidarium herrschte, einen Elfenbeinglanz gaben. Leidenschaftlich drückte Ombricius seine Lippen darauf – und sanft setzte die Patrizierin ihren Fuß dem knieenden Manne auf den Nacken. Mit Berauschung fühlte er in seinem Genicke die Krallen des menschlichen Panthers. Diese Wut zur Knechtschaft schien ihm die lauteste Vergeltung gegen das, was er den Verrat Alkyonnens nannte. In diesem plötzlichen und vollständigen Umschwung seiner Seele glaubte er seine verlorene Kraft wieder zu gewinnen.

«Jetzt sprich und ich gehorche ...» sagte er sich erhebend. «Soll ich auf der Stelle nach Rom gehen?»

Mit einem Sprunge stürzte sie sich auf den jungen Mann.

«Gehen? Jetzt? Du wirst meine Wohnung vor einem Monat nicht verlassen ... Du sollst hier König sein.»

Der Tribun taumelte vor Glück. Seine zitternden Hände zerrten an der Chlamys und den nackten Armen der Patrizierin. Unter der Ausströmung, die von diesem königlichen Körper ausging, schloß er die Augen; dann wollte er sie umarmen.

«Mein bist du! Mein!»

Aber mit gebietender Geste hielt sie ihn ab und sah ihn mit ihrem herrisch sprühenden Auge an:

«Sei vernünftig! Unsere Sklaven können uns überraschen ... und wir müssen die Herren bleiben. Nimm deine Toga und folge mir.»

Ergeben gehorchte Ombricius. Er raffte seine Toga auf und warf sie über seine Schultern. Auch Hedonia erhob sich, majestätisch und lächelnd.

«Jetzt komm!»

Sie schritt in das Vorgebäude. Ihre Chlamys war leicht auf eine Seite geglitten und ließ die geschmeidige Schulter und die gehöhlte Wellenlinie des Rückens schauen. Das blaue Licht des Tepidariums liebkoste den schönen olivenfarbigen Körper der halb numidischen Römerin. Sie durchschritten die Säulenhallen, wo Springbrunnen in mit Blumen besäten Bassins flossen. Schiefblickende Freie und lautlose Sklaven kreuzten ihre Wege. Im Hintergrunde eines dunklen Ruhezimmers unter Behängen und Palmen stand ein orientalisches Bett, gleich einem Throne.

XVI

Umgarnung

Ein Jahr war vergangen. Ombricius Rufus war von Titus zum Befehlshaber einer Legion in der Bretagne ernannt worden, hatte drei Siege errungen und den Feind in das Herz seiner Berge zurückgetrieben. Nach Rom zurückgekehrt, wohnte er im Hause der Hedonia Metella. Der Senat hatte ihm die Siegesauszeichnungen zugesprochen, eine Statue und eine Krone aus Gold. Titus war zu erhaben, um auf einen Untergebenen eifersüchtig zu sein und hatte es erlaubt. Aber diese hohen Ehrungen genügten der Beschützerin des zum Legionkommandanten gewordenen Tribunen nicht. Hedonia wollte, daß er sich um die freie Konsulstelle bewürbe. Bei diesem Verlangen der Metella hatte Titus, ohne zu antworten, die Stirne gerunzelt. Ombricius wollte davon abstehen, denn er sah, daß er durch eine allzugroße Kühnheit sein Glück verscherzen würde. Aber bei seinen Bedenken zuckte die hochmütige Herrin mit den Achseln und ihr Mund nahm eine böse Falte an.

«Was dir unmöglich scheint», sagte sie, «wird möglich, sobald man die richtigen Mittel zu wählen weiß.»

Aber über dieses Mittel bewahrte sie Schweigen. Ombricius fühlte, daß sie, wie bei allen Äußerungen ihrer unzähmbaren Launen, von ihrem hartnäckigen Vorhaben nicht losließ.

Das römische Haus der Hedonia Metella schmiegte sich wie ein Adlernest zwischen dem Claudiustempel und dem Nymphäum Neros an den Abhang des Berges Coelius. Man gelangte durch eine gerade zwischen hohen Mauern aufsteigende Gasse dorthin. Von der Höhe seines Söllers sah man wie von einer Aussichtswarte in das Herz Roms. Gegenüber erhob sich der Palatin mit seinen Strebemauern und seinem von Marmor, Porphyr und Bronze erglänzenden Palaste der Cäsaren. Links zeigte der Aventin seine düsteren Gemäuer, Wohnungen des niederen Volkes. In dem breiten Tal zwischen den beiden Hügeln breiteten die Gärten

Neros ihre Blumenbeete, ihre Weiher, ihre zierlichen Stege und ihre Lusthäuser aus. Den Hintergrund bildete der große Zirkus mit seiner Sandarena und seinen rotgestrichenen Bänken.

Am Rande des Plateaus auf dem Dache der hedonischen Villa saß Ombricius allein und hatte den Arm auf die Balustrade gestützt. An seiner Brust trug er große Orden aus Kupfer mit eingegrabenem Adler und Löwenköpfen, die Zeichen seiner Siege. Seine Tunika hatte gelbe Fransen. Eine Goldkrone saß auf seinem kurzgeschorenen Haupte. Die Gewandung eines siegreichen Armee-Führers trug er gewöhnlich, wenn er sich vor dem Volke zeigte, im Zirkus, im Theater oder bei Festgelagen. Der Befehlshaber sollte heute Abend an einem Festmahle bei Titus teilnehmen. Jetzt sah er auf das unter seinem Blicke ruhende Rom und dachte an sein vergangenes Leben, an die Gegenwart und an die Zukunft. Nach einem Monate wollüstigen Vergessens, den er mit Hedonia in Bajä verbracht, hatte der Tribun, dem Titus eine Legion unterstellte, seine Militärlaufbahn wieder aufgenommen. Seine Sinne, sein Geist waren von dem Hauche der ehrgeizigen Patrizierin durchtränkt, daß sie ihn nicht verließ. Sie begleitete ihn über die rauhen klippendräuenden Meere, in den Angriff der Kohorte gegen die wilden Völker. Ihr lüsternes Gespenst war fast fleischlich geworden und quälte ihn in den Ruhestunden und versprach ihm die ungeahntesten Freuden bei seiner Heimkehr. Ihr Herrscherblick stieß ihn zu den unversöhnlichsten Beschlüssen gegen die Besiegten und in die gräßlichsten Metzeleien, um seine Errungenschaft zu beschleunigen. Manchmal, wenn er in tiefer Nacht unter dem Zelte auf dem Bärenfelle lag und nur die Rufe der Feldwachen zu hören waren, erschien ihm das Bild Alkyonnens. Er erschaute die Prophetin in ihrem visionären Zustande, die zartbeschwingte Botin der göttlichen Psyche; im Traume erblickte er auch den ernsten Memnon, dessen erklärendes Wort den Schleier vor der Natur zu zerreißen und seinen Blicken Horizonte ohne Grenzen zu enthüllen schien. Dann kreuzte ein schmerzlicher Gedanke sein Hirn. War dort nicht doch die Quelle allen Lichtes und allen Glückes? Zu dieser Quelle hatte er sich für immer den Zugang versperrt. Wenn er aber an Anteros dachte, verjagte die Wut sein Bedauern. Die Erinnerung an Hedonia überschwemmte ihn mit berauschenden Strömen. Ariadne, die Königin der Bacchantinnen, machte ihn mit ihrem herrlichen Körper toll. Und dann deutete die Priesterin Hekates mit ihren scharfen und dürstenden Augen auf ein entferntes Ziel. Aber welches? Welches?

Und jetzt, wo er Sieger war und mit Ruhm überhäuft wurde, verdoppelte sich seine Unruhe, seine Pein. Nach den ersten leidenschaftlichen Berauschungen des Wiedersehens war Hedonia fieberhaft erregt, düster und verschlossen. Des Tages empfing sie ihm unbekannte Boten und hielt mit ihnen geheime Unterredungen. Des Nachts machte sie lange Meditationen vor einer Statue der Hekate (einer Nachbildung des großen Standbildes von Bajä), die wie eine Hausgottheit das Lararium ihres römischen Hauses zierte. Seit einigen Tagen wehrte sie ihren Buhlen kühl und unwillig, unter dem Vorwande, ernste Sorgen zu besitzen, ab. Welches war denn die Gefahr, die sie bedrohte, oder was für schreckliche Dinge herrschten in ihrem Geiste.

Ombricius blickte auf den Palatin, den Zirkus, die Gärten. Trotz der empfangenen Ehren schloß ihn dieses kaiserliche Rom wie ein Gefängnis ein und lastete auf ihm wie eine zu schwere Rüstung.

Plötzlich sah er Hedonia vor sich stehen. Sie war aus dem Schlafgemache des Proprätor, das auf die Terrasse sich öffnete, getreten, ohne daß er sie gehört hätte. Mit ernstem Gesichte, die weite Stola der Römerfrauen umgehängt, hielt sie eine Papyrusrolle in der Hand.

«Lies», forderte sie ihn auf.

Mit Staunen las Ombricius einen brandenden Aufruf an die Legionen Italiens, eine Aufforderung, Vespasian und Titus zu stürzen und einen neuen Cäsaren zu wählen.

«Was soll diese Rolle?» fragte Ombricius.

«Sie ist von der Hand des Cecina geschrieben.»

«Und das heißt?»

«Daß er sich gegen Titus und Vespasian verschworen hat. Der Aufstand ist am Tage des Augustusfestes angesetzt, also in drei Tagen. Titus soll im Kapitole ermordet werden.»

«Wer gab dir diese Schrift?»

«Ein Freigelassener des Cecina, der durch mich bestochen war.»

«Und was willst du tun?»

«Sie Titus zeigen. Aber zuerst muß Cecina totgeschlagen sein. Nur so wird die Nachricht für Titus eine glückliche sein. – Er wird dem, der sie ihm überbringt, nichts verweigern können. Ich weiß übrigens, daß Titus den Cecina haßt, wie seinen Todfeind, obwohl er ihn heute Abend zum Gastmahle, zu dem auch wir geladen sind, einlud.»

«Und wer soll diese Verwegenheit haben?»

«Du», entgegnete Hedonia und reichte ihm den geweihten Dolch der Hekate.

Entsetzt sprang Ombricius auf.

«Ich? Ich soll diesen Mord begehen?»

«Wenn du Cecina nicht tötest, wirst du niemals Konsul werden.»

«Ich will es lieber nicht werden, als es so zu werden. Ich werde meinen Ruhm nicht mit dem Blute eines römischen Feldherrn besudeln.»

«Dann wirst du ein Sklave bleiben ... ich will aber einen Herren zum Gemahl. Man steigt nur auf einer bluttriefenden Treppe zum Kapitole empor. Einmal oben, schwemmt das Reinigungswasser das vergossene Blut fort.»

«Das ist die Arbeit eines Henkers, aber nicht die meine.»

Mit zischender Stimme sprach Hedonia:

«Du weißt doch, daß dieser Mensch hundertmal den Tod verdient hat. Er ist mein Todfeind. Er hat mich einmal verraten, beschimpft, verhöhnt. Wenn du ihn tötest, wirst du mich rächen.»

«Deine Rache steht unter meinem Ruhme.»

«Dein Ruhm ...» wiederholte sie mit Verachtung, «das war ich ... mein Werk ... Also du willst nicht?»

«Verlange, daß ich in der Arena vor dem römischen Volke mit den wilden Tieren kämpfe.» Ombricius wies auf die behelmten, mit Masken und Netzen bewaffneten Gladiatoren, die im Zirkus zu ihren Füßen sich übten.

«Gut», sagte Hedonia, «ich suche mir einen echten Römer, der mehr Mut hat als du. Jetzt gehen wir zum Festmahle des Cäsaren.»

Eine Stunde später ließen sich Ombricius Rufus und die Patrizierin Hedonia Metella in Sänften den Palatin hinauftragen. Während des ganzen Weges wurde kein Wort gewechselt.

*

Die kaiserliche Festtafel fand in einem großen, von Porphyrsäulen umsäumten Saale statt. Im Lichte der Kandelaber blinkten

Jaspis und Marmor der Gefäße, die Edelsteine funkelten an den Hälsen und den nackten Armen in tausend verschiedenen Feuern. Dreißig Gäste ruhten auf kostbaren Liegebetten. Fünfzig Sklaven trugen die goldenen und silbernen Tafelgeschirre, Weinbecher und Räucherpfannen mit Wohlgerüchen auf und ab und wirbelten um die Auserwählten des Kaiserreiches wie ein Bienenschwarm. Titus war in seiner Purpurtunika majestätisch und ernst und sprach wenig. Er beobachtete alles und hatte das Aussehen der Macht, die in ihrer Ruhe schrecklicher sich äußert, als im Zorn. Ihm zur Rechten, saß seine Gattin, zu seiner Linken Hedonia. Der Patrizierin zur Seite lagerte ein riesenhafter Mann, breitschulterig, mit rauhen Zügen, scharfen Augen und stützte sich auf seine Ellenbogen. Das war Cecina. Ombricius saß an der anderen Seite des Tisches. Im Lärme des Gelages konnte Ombricius nur einzelne Worte des Gespräches seines Gegenübers auffangen, aber die herausfordernde Haltung seiner Herrin vor ihrem früheren Buhlen erschreckte ihn. Diesen Menschen, den sie in ihrem unversöhnlichsten Hasse dem Tode weihte, suchte sie sichtlich wieder zu gewinnen, indem sie von ihrem ehemaligen Leben in leichten Sätzen sprach. Cecina blieb bei diesem zügellosen Spiele zuerst kalt, aber da er sah, daß Hedonia ihn mit ihren Augen fast verschlang und ihre Brust unter dem schallenden Gelächter pochte, ihr Arm sich rundete, wenn sie ihm den Wein in seinen Becher goß, belebte sich nach und nach der schwere Koloß und wandte schließlich seine unruhigen Augen seiner Nachbarin zu. Mehreremale wechselten sie leise Worte und steckten die Köpfe zusammen. Als Titus sich erhob, um sich in ein anderes Gemach zu begeben, wo er seinen Gästen einige Atellanen vorführen lassen wollte, nahm Hedonia von dem kaiserlichen Paare Abschied und schritt zum Ausgange des Palatines, ohne Ombricius nur das geringste Zeichen zu geben, der für sie nicht mehr zu existieren schien. Cecina folgte ihr kurz darauf nach. Mit zusammengepreßter Kehle schlich Ombricius in einiger Entfernung hinter ihnen die Treppe hinab. Auf dem schmalen Abschnitte, den der Ausgang des Palatines und des Forums bildete und der mit seinen Schießscharten und seinen niederen Türmen einem Mittelwall, einem Gefängnisse oder einer Mördergrube ähnelte, standen zahlreiche Sänften. Da blitzten die Rüstungen und die gezogenen Schwerter der prätorischen Garde. Beim Scheine einer Fackel sah Ombricius seine Herrin sich umdrehen und ihre Blicke kreuzten sich. Sie wußte jetzt, daß er ihr folgte. Hinter einer Waffenpyramide versteckt sah er Hedonia vor ihrem Palankin halten und hörte die Worte, die zwischen ihr und Cecina gesprochen wurden.

«Ich habe mit dir zu sprechen. Steig in meine Sänfte und komme mit mir bis zu meinem Hause.»

«Ich mißtraue dir.»

«Du tust Unrecht. Es geht um dein Leben. Ich kenne dein Geheimnis, und wenn du nicht mitkommst, so bist du verloren.»

Die Patrizierin stieg, von ihren Libyern unterstützt, in ihre breite Sänfte und Cecina setzte sich an ihre Seite. Die Libyer zogen die Vorhänge zu, erhoben den Palankin und schritten mit ihrer Last im Lampenscheine den Palatin hinab. Ombricius sah sie links gegen das Velabrum einschwenken, einer einsamen und morastreichen Gegend. Ein kalter Schauer floß über seine Glieder. Er fragte sich, ob Hedonia durch einen plötzlichen Gesinnungswechsel, deren sie wohl fähig war, sich vielleicht der Verschwörung des Cecina anzuschließen gedachte, während er, Ombricius mit Vespasian und dessen Sohne weggefegt werden würde. Er wußte nicht, was er tat, aber er schlich sich wie ein Jäger, der selbst schon zum Tiere geworden ist, hinter der Spur der wilden Tiere, deren Witterung er schnüffelt, der Sänfte näher. Die Stangenlaternen schwankten vor ihm hin und her. Ihm zur Rechten hoben sich aus dem dunklen Azur der Nacht die schwarzen und verschwommenen Massen der Tempel, der Säulengänge, der Triumphbögen, des Forums ab. Mit welchem Spotte diese Bauwerke jetzt diesen vor Ehrgeiz tollen und vor Eifersucht keuchenden Sohn Roms überhäuften. Es schien ihm, daß sie vom Blute troffen und daß sie mit seinem eigenen Fleische gekittet wären. Aufschreien hätte er mögen, als er die bronzene Löwin mit ihren zwei Säuglingen sah, die von der Höhe einer Säule ihn verhöhnte und zu verschlingen drohte. Die Fackeln der Libyer bewegten sich jetzt neben dem Circus maximus und die von den kraftvollen Rücken getragene Sänfte stieg die Steigung des Berges Coelius, durch eine geböschte Gasse zwischen hohen Mauern empor, um zu dem Hause der Hedonia Metella zu gelangen.

Ombricius hatte nur den einen Gedanken, diese zwei gegen ihn verbündeten Ungeheuer zu töten. Vor der Pforte erreichte er sie. Cecina entstieg der Sänfte und sprach nur: «Morgen.»

Mit einem Sprunge warf sich der Proprätor auf ihn und stieß ihm seinen Dolch in den Hals. Die Stahlklinge war ihm in das Fleisch eingedrungen, aber er entwand sich ihm. Ein mächtiger Mann, von seltener Körperstärke, umfaßte er seinen Angreifer, um ihn zu überwältigen. Ombricius war von einer übermenschlichen Kraft erfüllt, faßte ihn an der Kehle, würgte ihn mit seinen nervigen Händen und schlug ihn an die Wand. Keiner der Kämpfer ließ nach, kein Wort fiel, kein Schrei verriet die Messung der beiden wütenden Willen. Durch die krallenden Finger des Ombricius erdrosselt und durch das Blut erstickt, rollte endlich Cecina, eine leblose Masse, über die Stufen der Treppe hinab. Hedonia sah dem Kampfe im düsteren Lichte der Hornlaternen mit der Ruhe einer Löwin, um deren Gunst sich zwei Löwen streiten, und die ruhig den Sieger erwartet, zu, ohne aus der Sänfte zu steigen.

Jedoch der Tod seines Gegners hatte das Blut des Ombricius nicht beruhigt. Er wandte sich haßvollen Blickes mit gezückter Waffe gegen die Patrizierin. Die Libyer stürzten sich über ihn. Hedonia rief sie zurück:

«Laßt ihn.»

Sie legte leicht die Hand auf die Schulter ihres erbitterten Geliebten und rief:

«Endlich kenne ich dich wieder.»

Ruhig blickte sie in die Augen des Siegers, bereit, den tödlichen Stoß zu empfangen. Beschämt ließ Ombricius die Waffe sinken.

Ohne eine Sekunde zu verlieren, befahl Hedonia ihren Sklaven:

«Zurück zum Palatin.»

Und zu Ombricius gewandt, wies sie auf das Haus, dessen Tor die Diener öffneten und fügte hinzu:

«Erwarte mich in meiner Kammer.»

Eine halbe Stunde später stellte sich Hedonia am Palatin dem Cäsaren vor. Titus war von seinen Gästen umgeben und wohnte, von einer erhöhten Estrade mit gelangweilten Mienen dem Spiele der Komödianten bei.

«Ich bitte den Kaiser Roms um eine geheime Audienz», sprach Hedonia Metella mit lauter Stimme.

Nähertretend flüsterte sie ihm zu:

«Es handelt sich um das Leben Vespasians und um das Deine und um das Wohl des Kaiserreiches.»

Als sie allein waren, zog Hedonia unter ihrer Stola die Rolle, auf der die Rede Cecinas, die die Legionen aufwiegeln sollte, geschrieben stand, hervor. Titus überflog die Zeilen und konnte sich eines Rufes der Überraschung nicht enthalten. Hedonia fuhr fort:

«Was hat er verdient?»

«Die Verbrecherstrafe!»

«Er ist schon gestraft.»

«Wer schlug ihn nieder?»

«Ombricius Rufus!»

«Er ist rasch bereit, die dem Kaiser bereiteten Schmähungen zu rächen.»

«Wir haben die Herrschaft der Flavier gesichert.» Hedonia senkte ergeben das Haupt. «Cecina war dein letzter und gefährlichster Feind. Jetzt wird der edle Titus seiner Natürlichkeit folgen können und Milde und Gnade pflegen können.»

«Gut», entgegnete Vespasians Sohn mit ernster Miene, aber mit heimlicher Befriedigung. «Gut, Hedonia, Ombricius wird in einem Monate Konsul sein.»

«Dank, o großer Kaiser. Dem Augustus Vespasian langes Leben. Dem Kaiser Titus Sieg und unsterbliche Glorie.»

Mit diesen Worten neigte sich Hedonia über die Hand des Fürsten, küßte den kaiserlichen Ring und schritt hinaus.

«Man setze die Komödie fort», wandte er sich wieder an seine Höflinge.

*

Neben seinem mit kostbaren Geweben belegten Lager, zwischen einem Kohlenbecken, dem schwere Wohlgerüche entstiegen und einer Naphthalampe, lehnte Ombricius in einem Bronzestuhl und war in träumende Gedanken versunken. Er tauchte in eine der verborgenen Tiefen des Gewissens, wo der Mensch nicht mehr sein Wesen versteht und mit Schaudern vor den eigenen Handlungen zurückschreckt. Was hatte er begangen? Einen Akt des Mutes oder einen gemeinen Mord? Was war es? Hatte er aus eigenem Willen gehandelt oder unter dem Einflusse dieses schrecklichen Weibes? Ha! Wie sie sich seiner Leidenschaften zu bedienen gewußt hatte. Er war nur ein Spielzeug ihres Willens gewesen, ein Dolch in der berechnenden Hand. Was würde ihm diese Stunde bringen? Eine Ehrenkette um den Hals oder das Henkerbeil und sein Körper würde in den Tiber geworfen werden. Was würde sie ihm bringen vom Palatin?

Ehre oder Gemonien? Nach der ungestümen Aufregung wartete er untätig und niedergeschlagen. Ach, er fühlte es wohl, durch einen Zauber war sein Bewußtsein, sein Wille, sein Wünschen ganz von diesem Weibe verschlungen worden, wie von einem tiefen Abgrundschlunde.

Von ihr allein, von ihren Augen, von ihren Lippen erhielt er die Antwort seines Schicksales: Tod oder Leben!

Das Cubiculum führte auf die Terrasse. Durch eine offene Türe sah man den Gipfel des Palatin und einen Streifen reinen Himmels. Plötzlich flackerte ein großes Licht vor der Pforte auf und verhinderte den Ausblick. Es war Hedonia, die zurückkehrte. Sie ließ ihren Mantel auf die Fließen fallen und stand in ihrer syrischen purpurnen Musselintunika vor ihm.

«Du bist Konsul», rief sie. «Heil mein Bacchus, mein König.»

Und die kalte Patrizierin war plötzlich eine feurige Bacchantin geworden, und warf ihre Arme um Ombricius wie auf einen Raub.

«Was hat Titus gesagt?» fragte der junge Mann vor Furcht und Freude zitternd.

«Als ob davon die Rede wäre!» meinte Hedonia mit hellem Lachen und rieb die Gemme ihres klingenden Halsbandes. «Ich spotte über Titus, über Vespasian, über alle Cäsaren. Ich weiß nur das eine, daß du jetzt mein bist wie nie zuvor.»

Sie setzte sich auf seinen Schoß und bedeckte Haupt, Hals und Arme des Mannes, den sie nun vollständig besaß, mit feurigen Küssen. Diese regneten förmlich auf ihn wie brennende Rosen. Sie schmerzten ihn. Die lang zurückgehaltene Leidenschaft Hedonias ergoß sich wie ein Lavastrom auf ihn. In diesen Feuergluten versenkt, die seine Furcht verbannten, murmelte Ombricius:

«Ich möchte alles wissen!»

«Morgen, mein Bacchus!»

Und sie nahm seinen Kopf zwischen ihre Hände, sandte durch seine Augen einen tiefen Blick in seine gekettete Seele. Ombricius widerstand nicht länger ... Die Ampel erlosch ... lange, wollustrasend hielten sich die Leiber umschlungen.

*

Still und heiter herrschte die Nacht, als Hedonia, den zukünftigen Konsul an der Hand führend, auf die Terrasse hinaustrat. Der Himmel erglänzte von den Gestirnen; das ruhige und schwarze Rom schlief zu ihren Füßen. Eine düstere Trauer, eine fremde Angst malte sich in den Augen des Ombricius.

«Bist du nicht glücklich?» fragte sie.

«Ach ja», erwiderte er wie im Traume.

Sie zeigte auf die ewige Stadt.

«Siehst du den leeren Zirkus in der Nacht? Er ist der Schauplatz alles Ehrgeizes. Schau, der Aventin, der Berg des Volkes, oft schon war er Sieger in seinen Aufständen, immer wieder wurde er durch ein aus ihrer Wut geborenes Ungeheuer gezähmt. Schau, der Palatin, der Thron der Cäsaren. Alles könnte dein sein, wolltest du nur.»

Erschrocken fuhr Ombricius zurück. Die Patrizierin ließ ihre Hand auf der Schulter des erstaunten Römers ruhen und mit kaum wahrnehmbarer Stimme fuhr sie fort, als fürchte sie, der Hauch des Nachtwindes könnte ihre Worte auf den Palatin, der zu schlafen schien, aber dessen Wachen auf und ab schritten, tragen.

«Militärtribun ... Hauptmann einer römischen Legion ... Konsul ... Warum solltest du nicht eines Tages Cäsar sein?»

Ernst und königlich sah sie in ihrem rosa Musselinkleide aus.

«Willst du?» ... flüsterte sie; ihre Stimme war kaum mehr ein Hauch.

Vom fernen Meere rauschte ein rauher Windstoß über die sieben Hügel. Er pfiff durch den dunklen Pontikus des Claudiustempels und streifte mit einem langgezogenen Stöhnen die Gärten Neros. Die breitästigen Fichten schwankten und die Riesenzypressen des Nymphäums bogen sich zitternd wie schwarze Gespenster. Die Sterne verblichen, dann strahlten sie leuchtender und schienen ganz nahe gerückt zu sein. Ombricius sah Hedonia an. Er blickte ihr in die Augen und stammelte:

«Ja ... Cäsar, wenn du ... Augusta sein willst.»

Diese Worte, die kaum die Stille der Nacht unterbrachen, waren ein ernstes Gelöbnis vor den unsichtbaren Göttern. In dem Augenblicke tauchte durch eine tiefe Seelenbewegung in der Erinnerung des Ombricius das weinende Antlitz Alkyonnens auf, aber das undeutliche Bild verwischte sich unter den Umarmungen Hedonia Metellas, die ihn wie mit einer unzerreißbaren Kette fesselten. Der Morgen dämmerte langsam über den Palatin und in den unterirdischen Räumen des Circus maximus begannen die hungrigen Löwen zu brüllen.

XVII

Weiße und schwarze Magie

Während der vier Jahre, die dem Scheiden des Ombricius folgten, war die Stadt Pompeji ein Opfer der heftigsten öffentlichen Zwistigkeiten geworden. Der Senator Lentulus war mit Markus Helvidius Duumvir, und diese zwei Beamte, ausgesprochene Feinde, herrschten über die Stadt. In ihrem Anhange teilte sich Pompeji in zwei Gruppen, den Hedoniern und den Isianern. Die Prophetin, die zurückgezogen lebte, wußte nichts davon oder schenkte diesen Dingen keine Beachtung.

Seit dem Kusse des Anteros war mit Alkyonnens Seele und Leben eine große Umwandlung geschehen. Eine Art hehrer Friede war über sie gekommen und hüllte sie in göttliche Trauer. Durch ihr geheimes Leiden, durch das ruhige Dulden war sie zur wirklichen Prophetin geworden, zur freien Prophetin, frei von ihrem Meister. Memnon überwachte sie, hörte ihr andächtig zu, aber er leitete sie nicht mehr. Er sah, daß eine Art geheimes Heimweh die Seherin jetzt zu dem mächtigen Tröster hinzog, zu dem unsichtbaren Freunde, der sie in der tragischen Stunde besucht hatte und dadurch, daß sie sich diesem Wunsche ihrer Seele überließ, drohte sie alle körperlichen Bande zu zerreißen und in den Abgrund gegen die andere Welt zu gleiten, durch die Pforte des Todes. Er erschrak und bemühte sich angestrengt, sie zum Leben zurückzuführen. Er fand in Anteros selbst eine mächtige Stütze, der der Jungfrau im tiefen Traume erschien und ihr zuredete: ‹Kehre zur Erde zurück. Du mußt noch leiden, um zu heilen und zu retten. Dann erst wirst du mich schauen wie nie zuvor.› Seither nahm Alkyonne wieder Anteil am Leben. Manchmal sprach sie zu Memnon oder Helvidia von Ombricius, wie von einem weit entfernten Freunde, der eines Tages zurückkehren würde, zurückkehren zum Lichte der Isis. Der Priester und das Weib des Dekurio ließen sie sprechen, ohne sie von dem Triumphe und der glänzenden Laufbahn des ehemaligen Tribunen zu belehren, den die öffentliche Meinung mit Hedonia Metella als verbunden erklärte. Zur selben Zeit empfing sie auf Anraten Memnons, in seiner Gegenwart, im Tempel alle Arten von Suchenden, Kranken und Leidenden, von Schicksalsschlägen gebeugte Männer und Frauen. Aus dem Blicke, durch Berühren erkannte sie deren physische Übel, las in ihren geheimen Gedanken, in ihrem vergangenen Leben und gab ihnen Ratschläge. Manchmal, obgleich selten, sprach sie in unklaren oder deutlichen Worten von der Zukunft. Dadurch wuchs die Liebe des Volkes zur Prophetin, die das Unglück umwandelte und die in ihrer Entsagung neue Fähigkeiten gefunden zu haben schien.

Aber ein unvorhergesehenes Ereignis hätte die Ruhe zerstören können, ein Ereignis, das den Sturm in der Seele der Priesterin entfesseln sollte.

Eines Morgens schlief Alkyonne im Tempelhofe des Isis-Tempels in ihrer Hängematte. Ihre Dienerin Nurhal lag zu ihren Füßen und spielte mit Straußfedern und Glasperlen. Plötzlich hörte man in den Straßen rufen: «Heil dem Konsul Ombricius Rufus!» Alkyonne erwachte und mit einem Sprunge stand sie auf den Füßen.

«Ombricius», rief sie, «Nurhal, gehe hinaus und schau, ob er es ist.»

Die Nubierin wackelte hinaus und kam bald mit Nachrichten zurück. Man hörte, daß der Konsul Ombricius Rufus in Rom seinen Triumph feierte und in einigen Monaten in Pompeji seinen feierlichen Einzug halten werde. Zusammengerottete Scharen riefen das Ereignis in die Straßen. Bei dem Namen Ombricius erwachte im Herzen Alkyonnens die halbvergessene Vergangenheit.

«Bring mir die Elfenbeinschatulle», befahl sie der Nubierin.

Auf einer Steinbank im Tempelhof sitzend stellte Alkyonne das Kästchen auf den Schoß. Lange betrachtete sie die kleinen Amorfiguren, die das Fries des Köfferchens bildeten und die auf dem Deckel eingegrabene Venus. Das war doch die Liebesgabe des Ombricius, sein Brautgeschenk. Ihre schwachen Hände befühlten die schweren Armbänder. Sie erfaßte das Perlenhalsband und drückte es an die Lippen. Sie stieß einen Schrei aus. Sie glaubte von neuem den sinnlichen Kuß auf ihrem Munde zu fühlen, mit dem einst der kühne Tribun von ihren Sinnen und von ihrem Herzen Besitz ergriffen hatte.

«Ich will nicht mehr hier bleiben», sprach Alkyonne, «führe mich in das Haus der Helvidia.»

Die beiden Frauen warfen lange Stolen um, hüllten die Köpfe in Schleier und schritten in die bevölkerten Straßen hinaus.

Alkyonne fand Helvidia unter der Säulenreihe des Atriums sitzen, inmitten der mild lächelnden Statuen, im Geplauder der Fontäne, die plätschernd in das Impluvium herabfiel. Vor ihr stand ein Webstuhl und auf einem Tische aus Japsis mit Greifenfüßen lagen Wollspulen in allen Farben. Aber sie verließ gerade ihre Arbeit, um in einer Wiege aus Weidenruten, ähnlich einer Gondel, ihr zweites Kind im Alter von zwei Jahren zu betrachten, das schlief. Beim Geräusch von Alkyonnens Schritten wandte sie den Kopf und rief aus:

«Komm, schau, wie schön er ist. In seinem Schlummer gleicht er Helvidius.»

Die Prophetin betrachtete das Kind, ohne etwas zu sagen. Helvidia erhob sich. Die beiden Frauen blickten einander an und nahmen sich bei der Hand. Welch ein Gegensatz die beiden bildeten. Helvidia braun und herrisch, hatte in ihren ruhigen Augen, in ihrem glatten Haare, in ihrem klaren Antlitz etwas Mächtiges und Mildes, das von der Fülle ihres Glückes zeugte. Dagegen schien ein Sturmwind die wilden Locken auf dem Haupte Alkyonnens gewunden zu haben. Ihre Gesichtszüge waren aufgeregt und tiefe Ringe um den Augen bekundeten ihr Leiden und ihren Schmerz.

«Was hast du heute?» fragte die Gattin des Duumviren.

«Nichts. Aber ich muß deine Stimme hören. Singe mir den Hymnus, den Helvidius so sehr liebt: Den Gesang des Dorischen Weibes.»

«Ich will nicht», entgegnete Helvidia, «dieser Gesang regt dich zu sehr auf.»

«Er wird mir heute wohltun. Singe ihn, wenn du mich lieb hast. Ich bitte dich.»

Bei diesen Worten nahm Alkyonne die mit Elfenbein eingelegte Ebenholzharfe von dem goldenen Nagel, an dem das Instrument an der Säule hing. Sie legte sie in die Hände ihrer Freundin und nötigte sie, sich neben die Wiege zu setzen. Diesen Launen nachgebend, ließ Helvidia das geschehen und unter dem befehlenden Blick der Jungfrau stimmte die Gattin mit ihrer schönen

Altstimme den Leidensgesang an, der zu einem stürmischen Rhythmus tremolierte:

«Hoch in der Felsen versteinertem Meer,
Wo sich zerschmetternde Blitze belauern,
Schaute Apollo, des Weltenlichtes Herr,
Schlafend auf steinichtem Bette mich kauern,
Golden und strahlend und flammend und schwer,
Traf mich sein Lichtpfeil; vorbei war das Trauern!
Schmachtend nach der Liebe Stimme
Und im Herzen schwere Wunden
Schleppt ich, blaß und bar der Freuden,
Die Verzweiflung in der Seele.
Und in meinem tollen Grimme,
Da verflucht' ich jene Stunden;
Klagt in Angst und Not mein Leiden,
Eitle Sklavin ich, der Quelle.
Und du standst am Kampfeswagen,
Strahlend stolzer, kühner Held,
Ich erkannte dich mit Zagen,
König, Gott der Sonnenwelt.
Lasse mich hüten, des Herdfeuers Glut;
Schleudern die Lanzen von ehernen Erzen,
Führen den Karren des Krieges mit Mut,
Held, mit des Löwen gewaltigem Herzen!
Der Seele entriß ich den Stachel der Wut,
Als ich dich, MEISTER, erblickte mit Schmerzen.
Sonnigen Auges goldstrahlender Flut
Lächelt mir milde des Helios Sohn.»

Die Arme um eine Säule geschlungen und den Kopf an deren Kannelüren gelehnt, hatte Alkyonne unbeweglich gelauscht. Als aber Helvidia von dem poetischen Rhythmus hingerissen ihren Gesang mit einem freudigen Begeisterungsrufe schloß, sprang Alkyonne auf, entriß ihr die Lyra und rief:

«Genug, du hast einen Gatten, einen Helden, einen Sohn Apollos – und ich ...!»

«Ich wußte es wohl», sprach Helvidia und drückte sie halb zart, halb unwillig in die Arme. «Warum zwangst du mich zum Singen?»

«Ich wollte erfahren, ob ich auch die Kraft haben würde, meinen Helden anzuziehen. Ja, ich glaube, ich habe sie.»

«Von wem sprichst du?»

«Von Ombricius Rufus, dem Konsul, der nach Pompeji zurückkommt.»

«Unglückliche! Weißt du nicht, daß er in der Gewalt eines gottlosen, schrecklichen Weibes sich befindet, einer schwarzen Magierin, einer höllischen Spinne, die ihn umgarnt?»

«Ich sah sie schon oft in meinen Träumen.»

«Du vermeinst diesen Erbärmlichen von diesem Weibe losreißen zu können? Du wirst dich selbst verlieren.»

«Was schadet es? Ich muß es versuchen, ihn zu retten. Komm mit mir in den Garten der Isis, wo ich seit dem Kusse des Anteros nicht mehr war. Ich möchte wieder den Lotusbrunnen sehen, wo ich das Gelöbnis tat, Ombricius bis zum Tode zu lieben.»

Alkyonne barg ihr Köpfchen an Helvidias Busen und weinte. Dann sagte sie hastig:

«Komm, ich will ihn sehen.»

Die zwei Frauen schritten über von der Sonne glühende Wiesen und Felder und unter blühenden Weinranken, die sich an die Stämme der Ulmen schlangen, dem Garten der Isis zu. Alles zeugte dort von Vernachlässigung. Die Mastixbäume und Euphorben wuchsen aus den Ruinen, und Unkraut wucherte auf den Pfaden. Am Lotusbrunnen bedeckten Binsen und gemeine Wasserpflanzen das Bassin und erstickten durch ihre Fülle die heilige blaue Blume der Ägypter. Alkyonnens Augen wandten sich nach der Stelle, an der einst Ombricius zu ihr von seiner Liebe sprach und wo sie sich mit ihm durch einen feierlichen Schwur verbunden hatte. Sie suchte unwillkürlich die Isis-Statuette. An ihrem Platze stand aber eine Todesurne, an der ein schwarzer, vom Wind und Regen zerfetzter Trauerflor hing. Drei junge Zypressen gediehen um das kleine Denkmal.

«Mein Gott! Was soll das bedeuten?» rief Memnons Tochter.

«Kennst du denn nicht den Brauch der pythagoräischen Schule? Wenn ein Schüler der Lehre untreu wird und sich gegen seine Lehrer wendet, dann betrachtet man ihn für tot. Hier ist das Grab des früheren Ombricius, der nicht mehr ist.»

«Ist das möglich ...?» Alkyonne erschauerte am ganzen Körper und war noch bleicher geworden.

«Blick hin und lies», entgegnete Helvidia.

Alkyonne beugte sich tiefer und las die in den Stein eingegrabenen Worte:

«Hier liegt Ombricius Rufus. Er ist toter als die Toten. Denn er ist zum schlechten Leben zurückgekehrt. Sein Leib wandelt unter den Lebenden, aber seine Seele ist verloschen. Schüler beweinet sie!«

Weinend sank Alkyonne vor die Säule und umarmte sie. Lange Zeit verblieb sie so, dann erhob sie sich und mit düsterer Stimme sprach sie:

«Gut! Ich werde diese Seele zum Leben erwecken.»

«Versuche nicht das Unmögliche», wandte Helvidia mit flehender Bitte ein.

Aber nichts vermochte gegen den Willen der Prophetin anzukämpfen. Nach einigen Tagen hatte sie mit Helvidias Hilfe an Stelle der Todesurne ein kleines Standbild des geflügelten Eros mit gesenkter Fackel aufgestellt, das Zeichen des Genius der Auferstehung, der über die Toten wacht. Jeden Tag kam sie in den Garten der Isis, um dort neben der Statuette zu träumen, zu sinnen. Ihr Denken richtete sich oft an ihre Feindin Hedonia Metella, der sie zwar noch nie begegnet war, die sie aber schon oft in ihren Träumen gesehen hatte. Oft erschien die Patrizierin vor ihrem inneren Auge ganz nackt in ihrer wunderbaren Schönheit, flammenden Auges, das königliche Haar mit einem Diadem gekrönt, die Arme ausgebreitet. Aber abstoßend verbreitete sich ihre Haut und bekam eine graue, fast schwarze Färbung. Diese Haut verband Beine und Arme wie zwei Flügel und die Finger- und Zehennägel wurden zu ungeheuren Krallen und das prächtige Weib glich einer riesenhaften Fledermaus, oder vielmehr einer Harpyie, die nur darauf zu warten schien, sich auf die Seherin stürzen und sie zerreißen zu können. Ombricius sah Alkyonne immer düster und bewegt. Sie dachte an ihn liebevoll. Aber es war unmöglich, sein Bild festzuhalten. Immer verschwand es. Durch diese starken und konzentrierten Betrachtungen kam die Prophetin zur Überzeugung, daß sie auf ihre entfernte Feindin hemmend einwirken müsse.

*

Als Hedonia nach Pompeji zurückgekommen war, versammelte sie ihre Anhänger und bereitete die Stadt weise zum Empfang des Konsuls Ombricius Rufus und zu seiner Vermählung mit ihr vor. Seit mehreren Tagen hielt sie sich in ihrem Haus in Bajä zurückgezogen. Von ihren libyschen Sklaven bewacht, verbrachte sie ihre Nächte allein im kleinen Hekatetempel in der Grotte auf dem Vorgebirge. Hier pflegte sie sich in schweren Stunden zu sammeln und all ihre magischen Kräfte zu stärken.

Die Tochter des Metellus war am Ziele ihrer Wünsche. Der triumphierende Einzug Ombricius in Pompeji mit den Ehrungen eines Konsuls, die Ehe zwischen dem Triumphator und der Patrizierin, die darauf folgte, war das nicht die Krone ihres luxuriösen und ehrgeizigen Lebens? Lange hatte sie den Mann gesucht, der ihresgleichen war und den sie dennoch zu beherrschen wußte. Endlich hatte sie ihn in dem rauhen und wilden Tribunen gefunden. Langsam, aber sicher hatte sie ihn zu ihrem fügsamen Werkzeuge gemacht. Und sie liebte ihn einzig, eifersüchtig, wie ihre Waffe, wie ihr Werk, wie nur irgend etwas.

Daher nannt sie ihn, wenn sie das Gift in ihre Blicke, in ihre Launen goß, im Geheimnis ihrer nächtlichen Ergüsse, wo niemand sie belauschen konnte, «ihren mächtigen Cäsaren». Fluch aber jenen, die ihn ihr streitig machten wollten. Aber wer konnte das? Wer würde das jemals wagen? Und dennoch wurde sie von einer unerwarteten Unruhe erfaßt. Jetzt, wo sie das höchste Ziel ihres Lebens erreichen und die so lange ersehnte Beute ihr eigen nennen sollte, ängstigte sie sich, ihn zu verlieren. Hedonia verbrachte böse Nächte. Sie träumte von den fabelhaften Alkyonen und den Lotusblumen, die sie erschreckten, ohne daß sie wußte warum: Der Himmel war trübe und mit Wolken bedeckt; das Weib, das niemand fürchtete, empfand plötzliche Angst vor der Stille der Nacht.

Eines Morgens entfesselte sich in der bleichen Dämmerung über dem Golfe von Neapel ein furchtbares Ungewitter. Bei den ersten Windstößen sprang Hedonia von ihrem Lager auf und eilte zur Einfriedigung, die das steile Vorgebirge umgab, von wo man das schaurige Schauspiel genießen konnte. Sie schüttelte ihren Schrecken ab und atmete leichter und fand sich schließlich in ihr Element zurück. Dichte Wolken hielten den werdenden Tag zurück. Schon entfesselte sich der Orkan mit einem schrecklichen Geheul. Das blaue Meer wurde schwarz. Dann bedeckte es sich mit weißem Gischte, wie von hundert wütenden Hunden. Wie vom Windhauche gejagte Fliegen flüchteten die zerbrechlichen Barken in den Hafen. Bald schien der breite Golf nur mehr ein kochender Kessel zu sein. Das Heer der unzählbaren Wogen bestürmte ihn von allen Seiten. Sie tanzten um die Riffe und um die Inseln, wie einen Reigen Amphitrites und ihrer Nymphen.

Hedonia stand auf dem Vorgebirge über den Abgrund geneigt und sog mit vollen Zügen und mit Berauschung den Wind, den Schaum, den Raum und das ganze Meer ein. Ach! dieses Meer, in dem sie sich nach dem Erwachen immer badete, durchdrungen von seinen Einflüssen, mit seiner Kraft geschwängert, war sie das nicht selbst? Wenn sie ihm ihren schönen Leib auslieferte und sich ganz in seinen Wassern verbarg, wurde sie da nicht von ihm ganz aufgelöst, um selbst eine Welle, eine Alge oder eine Sirene zu werden? Was sie von dem Meere liebte, das war seine verzehrende, grausame, unersättliche Wut, sein Reichtum, der von den vielen Schiffbrüchen herrührte und seine unbezähmbare Unbeständigkeit. Ja, dieses Meer war ihrem ungestümen Verlangen ähnlich mit all seinen wirkenden Kräften und mit all seinem Willen. Und der Orkan, der es peitschte, war das nicht Hedonias Willen, der diese Gewalten lenkte und dieses Verlangen nach Belieben knetete? Um die Umarmung der Elemente besser zu genießen, warf sie ihren Schleier ab, löste das Haar auf, und entblößte Arme und Busen. Der Sturm brüllte vor Tollheit, das Meer schwoll an, die Gipfel der Wogen stiegen bis zum Tempel der Hekate empor und schlugen in das Gesicht des Weibes. Weib und Sturm umarmten sich.

Sie schrie – «Zu mir, ihr Dämonen der Lust und des Ozeans? Kommt an Hekates Herz, damit es das Herz Pompejis bändige.»

Jetzt erschien es Hedonia, als wäre dieser wütende, das Meer schlagende Wind, Ombricius, der es versuchte, seiner Herrin zu trotzen. Denn das Meer schwankte zwischen seinen Küsten und Riffen und fiel immer wieder in seine Masse zurück, herrisch, obwohl gefesselt, wütend an der Oberfläche, aber ruhig in seiner Tiefe. Auf die Dauer ermüdete es seinen Herrn, nahm ihn ganz in sich auf als Herr seiner selbst und des Windes. Dann bildete es nur mehr eine einzige Kraft, die fähig war, alles zu stürzen.

Bei diesen Gedanken schritt Hedonia in ihr Haus zurück. Sie war befriedigt, ihre Ruhe und das Vertrauen zu sich selbst wieder gefunden zu haben. Sie schrieb den ganzen Tag Briefe, empfing Boten und erteilte Befehle. Des Abends begab sie sich in die Grotte des Vorgebirges, ihrem Ruheort, wo sie gewöhnlich die Nacht verbrachte. Das Meer schlug immer noch an die steile Felsenküste. Schwarz zerrissene Wolken jagten über den Himmel und der Mond blickte in einem silbernen Schimmer hindurch. Auf dem Lager, auf dem sie Ombricius' ersten Kuß empfangen, jenen blutigen Kuß, dessen schrecklicher Zauber in ihm fortwirkte und dessen Ausgang niemand vorhersehen konnte, auf diesem Lager ruhte Hedonia. Diese Nacht hatte etwas beunruhigendes und unheilvolles. Draußen stöhnte der Wind in den Bäumen. Dieser Wind, dem sie trotzte, wenn er aufbrauste, schien ihr wie ein Verräter, der ihre Gedanken zu erlauschen suchte. Eine Fledermaus hatte sich in die Grotte verirrt und flatterte gegen die Wände, die der rote Schein der Fackel erleuchtete. In der Dunkelheit glaubte Hedonia zahllose Gespensteraugen auf sich gerichtet und fühlte unsichtbare Flügel und zottige Pfoten an ihre aufgeregte Haut streifen. Waren das nur flüchtige und verschwindende Trugbilder, von dem Abgrunde des Raumes gezeugt? Hedonia, die den Sturm wie einen Buhlen liebte, die weder vor den Menschen noch vor den Göttern Furcht hatte, empfand Angst vor der Dunkelheit und vor diesem leichten Windhauche, der überall umherspürte. Ein Hund bellte irgendwo den Mond an. Sie glaubte das Röcheln eines Sterbenden zu hören und dann den Schritt des Mörders. Sie sprag auf, erfaßte den Dolch, der sie nie verließ und eilte auf die Terrasse. Das Geräusch, das sie so ängstigte, war nur das Ächzen einer vom Sturme gebrochenen Eiche. Sie kehrte in die Grotte zurück, die ihr während ihrer magischen Betrachtungen zugleich als Schlafgemach diente, leerte einen Becher sizilianischen Weines, den sie vorher mit Lorbeer und Gewürznelken würzte. Dieses Getränk versenkte sie in einen tiefen Schlaf, aber die Nacht quälte sie mit Albdrücken. Sie glaubte Ombricius ganz in Cecinas Blut wie in einem Purpurmantel eingehüllt zu sehen. Er sah sie mit vorwurfsvollen Augen an. Ein blendend weißes Mädchen nahte sich ihm mit flehender Gebärde. Da warf sich Ombricius auf Hedonia und wollte ihr den geheiligten Dolch Hekates entreißen. Sie stieß ihn zurück, aber sie fühlte sich mit eisernen Krallen an der Kehle gepackt. War das die Nemesis, die Göttin der Vergeltung mit ihren ehernen Händen und Füßen?

Ein langes Röcheln entrang sich aus Hedonias Brust. Mit einem wilden Schrei erwachte sie.

Was? Sie sollte besiegt sein ... Sie! Besiegt durch wen? Von einer armseligen Jungfrau? Ach, sie hatte sehr wohl erkannt ... das konnte nur ihre große Feindin sein, die einzige ... Alkyonne! Sie hatte die klare Empfindung, daß die Priesterin sie aus der Ferne mit dem unsichtbaren Schwerte ihres jungfräulichen Willens verfolgte, daß sie auf geheimnisvolle Weise auf Ombricius einwirkte und aus der Tiefe ihres Impulses das durch die Patrizierin so weise angelegte Gewebe zu zerstören drohte. Hedonia befühlte ihre Schläfen, die von kaltem Schweiße troffen. Am ganzen Körper bebte sie. Sie entzündete einen harzigen Holzspan an der Fackel und drang in ihr Heiligtum ein, in die große Stalaktitenhöhle. Dort stand noch immer in ihrer Nische ihre einzige Gottheit Hekate, das Steingespenst, ihr vergößertes Bild, das von ihr selbst geschaffen war und an das allein sie glaubte, wie an ihre Macht. Bleich und schrecklich blickte sie mit ihren blutigen Augen herab. Diese Augen schienen ihr zu sagen: «Um deine Feinde zu besiegen, sei gefühllos und unversöhnlich!» Da war ihr Entschluß gefaßt. Sie mußte der Priesterin der Isis allein begegnen, um sie in Schrecken zu versetzen, indem sie ihr gegenüber trat, um sie unfähig zu machen und um sie, wenn nötig, mit einem vom Hasse vergifteten Blicke zu töten. Aber wie war diese Begegnung herbeizuführen?

Als sie nach Pompeji zurückgekehrt war, rief Hedonia den alten Sklaven, dessen sie sich bei ihren geheimen Unternehmungen als Gehilfen bediente, zu sich und befahl ihm auszuspionieren, was die Priesterin der Isis mache und wo sie sich aufhielte. Am Abend schon kam er zurück und berichtete der Patrizierin, daß Alkyonne sich täglich nach dem Garten der Isis begebe und dort Stunden neben dem angeblichen Grabmale des Ombricius Rufus in Betrachtungen und Gebeten verbringe.

«Diese Infame!» schrie Hedonia Metella. «Sie will ihn töten und auch mich will sie töten mit ihren magischen Übungen. Ein neuer Anklagegrund gegen die Anhänger der Isis. Sie sind verloren. Aber ich muß sie überraschen ... Ich muß sie sehen ... diese Priesterin ... von Angesicht ... Morgen gehe ich in den Garten der Isis und du wirst mich begleiten.» Hedonia Metella hatte ihre Ruhe und Kraft wieder gewonnen. Ja, sie traute der Seherin eine unbekannte Macht zu, aber sie war nicht mehr die Unsichtbare, die sie mit unsichtbaren Feinden umgab. Sie wußte, wo diese Feindin zu finden und wie sie anzugreifen war.

Jetzt kam der Kampf ... ein Ringen bis zur Vernichtung ... zwischen ihr und der Anderen!

*

Am anderen Morgen hatte Alkyonne ihre Freundin Helvidia gebeten, sie allein am Lotusbrunnen zu lassen. Ein alter Diener sollte nach Einbruch der Dunkelheit sie nach Pompeji zurückbringen. Sie saß bei der Stelle unter der Mimose an der Quelle. Lange schaute sie in das ruhende Wasser des Beckens, in dem die Lotusblumen fast alle abgestorben waren. Eine einzige gedieh noch, schien aber nicht die Kraft zu haben, sich zu entfalten. Die Sonne liebkoste mit ihren Strahlen die blassen Wangen der Priesterin. Alles was ihre Umgebung bildete, die Ruinen des Cerestempels, der Persephonetempel in dem Zypressenwäldchen, die breiten Blätter der Wasserpflanzen auf dem Wasser und das durchscheinende Blattwerk der Mimosen, die wie blondes Haar auf das stille stehende Wasser herabhing, alles war in einem goldenen Lichte gebadet. Aber im Herzen Alkyonnens war nur Traurigkeit und Schmerz, und die Traurigkeit setzte sich wie ein schwarzer Schleier zwischen sie und die Welt. Seit Tagen rief sie vergeblich nach Ombricius. Vergebens hatte sie gehofft, daß er dem Rufe ihres Herzens folgen und zu dem von ihrem Liebesgelöbnis geheiligten Orte zurückkehren würde. Zwischen ihr und ihm waren die letzten Fäden zerrissen. Sie sank zu Füßen der Statue nieder und schloß die Augen. Heiße Tränen brachen aus ihren Augen hervor. Innerlich weihte sie sich dem Tode. Bei diesen Gedanken kam Freude über sie. Aber diesem so süßen Gefühle folgte ein anderes, mächtigeres und peinliches. Obgleich sie ihre Augen geschlossen hielt, fühlte sie, daß ein dichter Schatten sich vor ihr ausbreitete und sich über sie neigte. Dieses Gefühl wurde geradezu unerträglich, da hörte sie ein Rascheln in den Binsen. Sie wandte sich um und ein Schrei entrang sich ihrem Munde. Vier Schritte vor ihr stand ein Weib von hohem Wuchse, die in eine weite graue Stola gekleidet und mit einem schwarzen Schleier behangen war. Die Arme hatte sie über der Brust verschränkt und blickte die Priesterin mit ernsten Augen an. Ihr gebauschtes Haar bildete über ihrer

Stirne einen düsteren Kranz, der von einem Diadem gekrönt wurde. Alkyonne erkannte die Gestalt ihrer Träume, jene Gestalt mit den Harpyienflügeln. Aber dieses lebende Weib war schrecklicher in ihrer finsteren Unbeweglichkeit als ihr gespenstisches, den Dünsten des Traumes entsprungenes Schattenbild. Langsam richtete sich Alkyonne auf, klammerte sich an die Stele, wie ein von einer Schlange gebannter Vogel sich an den Ast krampfhaft klammert. Endlich stotterte sie mit erstickter Stimme:

«Was willst du von mir?»

Hedonia genoß die Furcht, die sie ihr einflößte und blieb stumm. Verzweifelt wiederholte Alkyonne:

«Wer bist du?»

«Die, die du nicht erwartetest», sagte die Patrizierin mit tiefer Stimme. «Du sollst meinen Namen erfahren. Ich bin Hedonia Metella und Priesterin der Hekate. Hüte dich, denn ich kenne dein Verbrechen, du fluchst mir.»

«Was tat ich dir?» fragte die Prophetin und schmiegte sich fester an den kühlen Marmor.

«Was du mir tatest? Du weißt es recht wohl, heimtückische Hexe. Mit deinen bösen Gedanken und den gottlosen Riten deiner verfluchten Religion kämpfst du wider mich, um mein Werk zu zerstören, du willst mein Leben und das der Meinen.»

«Du lügst», rief Alkyonne. «Was hätte ich denn begangen?»

Mit wilden Schritten näherte sich Hedonia der Isispriesterin und neigte ihr mattes olivenfarbiges, haßvolles Gesicht über die Stele.

«Was bedeutet dieses falsche Grab hier, wo ich die Worte «Hier liegt Ombricius Rufus» lese? Du bist eine Lügnerin, denn du erfandst dieses Scheinbild, um seine Seele einzuspinnen in dieses leere Grab und um seinen Tod herbeizuführen. Das ist ein Altar des Frevels deiner verbrecherischen Beschwörungen.»

Unter diesen Schmähungen hatte Alkyonne ihre priesterliche Würde wieder gewonnen.

«Dieses leere Grab», sagte sie, «ist für einen ungetreuen Schüler errichtet worden. Es ist das pythagoräische Art. Man beweint hier einen Abtrünnigen. Ich, ich komme alle Tage hierher, um an ihn zu denken, an ihn, der mich einst liebte und den ich immer lieben werde. Ich denke an ihn und rufe ihn, daß er zum Lichte der Isis zurückkehre. Nein, nicht seinen Tod will ich, wohl aber sein Heil, denn er fiel durch deine Magie in den Abgrund der Finsternis.»

«Magie? Du hast solche begangen. Lange genug war der arme Tribun euer Gast und dein Sklave. Warum hütetest du ihn dir nicht besser? Ich würde ihn dir nicht streitig gemacht haben. Es hat genügt, daß er mich zweimal sah, um mein zu sein. Jetzt, wo ich aus ihm einen mächtigen Konsul gemacht habe, willst du ihn mir durch deine Zaubereien entreißen! Aber so schlau du auch seiest, du wirst ihn nicht gewinnen. Ombricius Rufus gehört mir für das Leben. Er ist meine Eroberung und mein Gut, mein Szepter und meine Krone. Übe deine Kunst über andere und lasse die Hand von den Meinen; denn wisse, ich würde es nicht dulden. Ich werde dieses Grabmal von meinen Leuten zerstören lassen. Ich selbst will sogleich das Bild dieses Todesgenius zu Boden werfen, mit dem du den Tod meines Gatten herbeirufen willst.»

Mit blitzenden Augen wollte Hedonia an die kleine Statue Hand anlegen. Sie glaubte mit dem Zerstören dieses Symboles die Macht der Prophetin zu brechen. Aber diese richtete sich mit stolzer Miene auf und hinderte sie.

«Du wirst das Bild meines Schutzgeistes nicht berühren, ohne mich nicht vorher getötet zu haben.»

«Elende!» rief Hedonia in gesteigertem Zorne. «Du wagst es, mir zu trotzen? Du weißt also nicht, daß du und die Deinen verloren sind und verurteilt werden! Weißt du nicht, daß du in meiner Gewalt bist? Gehorche mir und hebe dich hinweg oder ich töte dich, du Zauberin, du Hexe. Denn es ist mein Recht, mit der von Hekate geheiligten Waffe, die die Lippen des Ombricius geküßt haben.»

Die Klinge, die unter dem Schleier am wogenden Busen der Hekatepriesterin geruht hatte, blitzte in ihrer erhobenen Hand. Mit Verachtung, mit dem Haß einer Rivalin betrachtete sie ihr Opfer. Aber Alkyonne richtete sich in einem prophetischen Entzücken auf. Ihr Auge glänzte im violetten Schimmer und hatte eine solche Gewalt, daß die Römerin erstaunt und verwirrt wurde.

«Sterben ... für ihn ... durch dich. Ja, ja. Ich will ... Aber du weißt es nicht, daß du ihn dann verlieren wirst. Er wird mich dann von neuem lieben, wenn du mein Blut vergossen haben wirst. Denn du besitzest nur seinen Körper, ich aber habe seine Seele. Das ist meine unsterbliche Krönung, die du mir geben willst! Töte mich! Ich erwarte den Todesstoß.»

Ruhig hatte Alkyonne den Lorbeerkranz von der Statue ergriffen, während Hedonia erschrocken zurückfuhr.

«Stoß zu!» rief die Prophetin immer mehr und mehr begeistert. Und als Hedonia immer mehr zurückwich, riß Alkyonne ihr Kleid auf, entblößte in dem ersterbenden Lichte ihren schneeweißen Busen: «Hierher stoß, stoß zu. Er wird durch mein Blut gerettet werden, durchstoße dieses jungfräuliche Herz, das in einsamen Nächten nur für ihn geglüht hat. Töte mich, denn ich weihe mich zum Opfer. Du hieltst ihn wohl hundertemale in deinen Armen. Ich die Sehende, ich besitze ihn ganz anders als du. Mich schützt ein Genius. Ich bin die Siegerin nach dem Tode.»

Schritt für Schritt war Hedonia unter der Wucht dieser Worte, unter diesen durchdringenden Pfeilen, die aus Alkyonnens Augen hervorschossen, zurückgewichen. Mit ihrer ohnmächtigen Waffe machte die Magierin Miene, sich gegen die ungestüme Jungfrau zu wehren. So erreichten die beiden Frauen den Pfad des Abhanges an der anderen Seite des Weihers. Da wandte Hedonia der Priesterin plötzlich den Rücken und mit einem Wutschrei floh sie wie eine Furie davon.

An der Pforte des Gartens fand sie ihre Sänfte und ihre Libyer, die sie erwarteten. Ehe sie einstieg, gewahrte sie noch Memnon des Weges daherkommen. Dieser warf einen erstaunten Blick auf sie und trat rasch in den Garten der Isis ein. Auf dem entstellten Antlitz dieses Weibes hatte der Priester eine mächtige Angst und in ihren Augen einen unlöschbaren Rachedurst gelesen.

*

Die Vorahnung einer großen Gefahr hatte Memnon veranlaßt, nach dem Garten der Isis zu eilen. Das Zusammentreffen der Patrizierin bestärkte ihn in seinen Befürchtungen. Er fand Alkyonne bei der Statue des Anteros, die sie umarmt hielt. Bei Memnons Ruf wandte sie sich um und warf sich in seine Arme. Aus ihrem Auge leuchtete ein wilder Triumph. Das Blut wallte in ihren Adern. Der ganze Körper glühte.

«Was hat sie dir getan? diese Elende!» fragte Memnon. «Was wollte sie von dir?»

«Mich töten», antwortete Alkyonne, «aber ich habe sie fortgejagt ... gejagt ... gejagt!»

Diese Worte entrangen sich der Kehle der Prophetin wie ein Schrei. Doch das letzte wurde nur zu einem schwachen Seufzer.

Die allzuheftige Anspannung hatte jetzt ihre Widerstandsfähigkeit gebrochen. Mit einem Male verließen sie ihre Kräfte und sie sank halb ohnmächtig in die Arme des Priesters. Memnon trug sie mit Vorsicht in die Grotte, dort legte er seine kostbare Last auf den feinen Sand und setzte sich selbst auf einen Felsblock und lehnte des Mädchens Haupt auf seine Knie. Lange Zeit blieb sie regungslos liegen, während Memnon ihr Goldhaar streichelte, aus dem feine Funken knisternd hervorsprangen. Als sie sich endlich aus der Lethargie erholte, war bereits die Nacht dem Tage gefolgt und die Sterne durchdrangen gleich grundlosen Augen hinter dem zarten Laub der Mimosen den dunklen Azur. Alkyonne erhob sich auf die Knie. Sie fuhr einigemale mit der Hand über das Gesicht, als kehrte sie aus dem fernen Traumland in die rauhe Wirklichkeit zurück. Mit Erstaunen sah sie Memnon, dann den Himmel und die Bildsäule an. Als sie sie erkannte, malte sich eine tiefe Betrübnis, eine große Verzweiflung in ihren Augen.

«Woher kommst du? Was hast du, liebes Kind?» fragte Memnon.

Sie erhob traurig die Hand nach oben und traurig antwortete sie:

«Anteros wacht dort oben in seinem goldenen Lichte, aber hier in der Dunkelheit habe ich niemand, der mich liebt.»

«Und ich?» Memnon breitete seine Arme aus.

Alkyonne erhob sich und sah ihren Adoptivvater an. Sie erkannte in seinen Augen denselben grenzenlosen Schmerz, nicht geliebt zu werden. Sie erinnerte sich an alles, was er für sie gewesen war und blieb einige Augenblicke regungslos. Dann stürzte sie mit einem jener Herzensschreie, die keine Schrift wiedergeben kann, an Memnons Brust. Dieser Schrei überbrückte den Abgrund, der sie seit vier Jahren trennte. Alkyonne war in einem Meer von Tränen aufgelöst. Nach und nach beruhigte sie sich unter den zärtlichen Liebkosungen des Hierophanten. Als Alkyonne den Kopf hob und Memnon sie in seine Arme schloß, sahen sie sich unter dem doppelten Schleier der Tränen lange ruhig an.

Alle Schranken zwischen ihnen waren gefallen. Endlich sahen sich ihre Seelen. Sie verschmolzen durch ihren Schmerz mit der Unendlichkeit und diese Verschmelzung durchdrang sie mit einer vollkommenen Glückseligkeit. Nichts auf Erden und im Himmel konnte göttlicher sein als diese Ruhe und dieser Blick. Das völlige Sichselbstvergessen befreite sie von allen Fesseln. Und durch ihr Wesen ging ein Zittern der Weltenseele, ein Strahl aus dem Herzen der liebreichen Weltenmutter Isis.

XVIII

Die Rückkehr des Konsuls

An einem Augustmorgen des Jahres 833 nach der Gründung Roms (79 nach christlicher Zeitrechnung) überraschte wie ein Blitz aus heiterem Himmel eine schlimme Nachricht Pompeji.

Die Vereine versammelten sich auf dem Forum, um die neuen Ädilen zu ernennen. Die Dekurionen in der Latisclavia standen in der Mitte des Platzes und sprachen zum Volke, um für ihre Kandidaten zu werben. Die Tabularen mit ihren Büchern riefen die Abstimmenden mit lauter Stimme. Das Forum war gedrängt voll von einer lärmenden Menge. Freie Handwerker, Arbeiter jeglichen Gewerbes. Die Bäcker machten sich durch ihre Stentorstimmen bemerkbar. Die Walker und Barbiere wieder durch ihre dünnen Rufe. Plötzlich erschien vor den Senatoren inmitten des Forums ein Abgesandter des Cäsaren, geschmückt mit den Ehrentiteln eines Volkstribunen. Wie die Senatoren, so trug auch er die weiße Toga mit dem roten Saum, aber ein schwarzer Flor bedeckte sein Haupt. Das Zeichen einer schlimmen Botschaft. Er hielt in der Hand einen Ölzweig, an dem ein Schleierband von derselben düsteren Farbe flatterte. Was würde er verkünden? Den Tod des Cäsaren oder eines Mitgliedes der kaiserlichen Familie? Vielleicht das Verbot der Zirkusspiele, um Pompeji seiner beständigen Streitigkeiten der Gladiatoren wegen zu strafen? Oder die Verbannung irgend eines berühmten Bürgers? Was für ein Schlag sollte sie alle oder nur einen von ihnen treffen? Durch die Menschenmasse lief das Zucken einer ängstlichen Neugierde, ein Gemisch von Schrecken, Mitleid und Grausamkeit, die die Volksmenge bei der Annäherung eines Unglücks ergriff. Endlich schwieg die Plebs und der Gesandte des Cäsaren begann zu sprechen:

«Im Namen des Kaisers und des römischen Staates, Heil der berühmten Stadt Pompeji. Titus Cäsar, Vespasians Nachfolger, der nur für die Wohlfahrt und das Glück dieser Stadt bedacht ist, hat erfahren, daß sie von gefährlichen Menschen untergraben wird, die ihre Sitten verderben und durch fremde Kulte und durch dem Kaiserreiche feindliche Lehren das römische Volk zur Gesetzlosigkeit verleiten. Um diese Stadt vor ihren Widersachern zu schützen, wie auch sich selbst zu verteidigen, befiehlt der Cäsar den Duumvir Markus Helvidius und sein Weib, Memnon von Alexandrien, den Isispriester, und die Prophetin Alkyonne vor das Tribunal, unter der dreifachen Anklage der Verschwörung gegen das römische Volk, der Schmähung des Cäsaren und des Verbrechens der Zauberei. Um diesen Prozeß zu führen, hat er seine Macht dem Konsul Ombricius Rufus übertragen, der in drei Tagen seinen feierlichen Triumphzug in der Stadt halten und die Sache im pompejianischen Tribunale entscheiden wird.»

Einige Rufe «Heil dem Cäsaren!» wurden laut. Diese hatten die angestellten Hedonier ausgestoßen, aber das Volk, das den breiten Platz ausfüllte, bewahrte ein düsteres Schweigen. Alles war bestürzt. Die Anklage eines Duumviren, des ersten Beamten der Stadt, war eine ernste Sache und fast eine Beleidigung für Pompeji. Und dann achtete man Helvidius seines leutseligen Gehabens, seiner Gerechtigkeitsliebe und seines Edelmutes wegen. Die Prophetin liebte man wegen ihres Reizes und ihrer Güte. Man wußte sie reiner, als die dem Bade entstiegene Diana. Sie hatte viele Menschen geheilt und man freute sich, wenn man ihr in ihrer priesterlichen Kleidung in den Straßen begegnete. Das Volk nannte sie die Vestalin und die Arbeiter «die Taube der Isis». Ein mitleidiges Murmeln ging durch die bunte Menge und Rufe wie «der gute Helvidius», «die arme Alkyonne», wurden laut.

Indessen erhob sich Lentulus, der Genosse des angeklagten Duumviren, um das Volk zu beruhigen. Er hielt eine weitschweifige Rede, listig, voll von gewandten Schmeicheleien und schloß mit den Worten:

«Glaubet nicht, daß Cäsar Titus hart gegen die Stadt ist, noch hegt er einen Haß gegen die Angeklagten. Ernst sind die Anklagen gegen sie. Sie werden hier ohne jede Parteilichkeit gerichtet werden. Und ihr werdet Zeugen der Rechtsentscheidung sein. Die Angeklagten werden sich verteidigen und sind sie unschuldig, wird sie der Cäsar mit Lob überhäufen und die Verleumder bestrafen. Ombricius Rufus kommt nicht nur als Sieger und Vertrauter des Cäsaren, sondern auch als Triumphator. Um seine

Siege über die Bretonen zu feiern, gibt er der Stadt Pompeji große Theater-Schauspiele und drei Gladiatorenkämpfe im Zirkus. Bereitet euch zu einem würdigen Empfange vor.»

Das Versprechen eines Triumphzuges und öffentlicher Spiele machte auf das Volk einen solchen Eindruck, daß Freudenrufe diesen Worten folgten. So ist die Veränderlichkeit des Volkes, daß das Mitgefühl für den Duumviren und die Anhänger des Isis-Kultes sofort in dem durch die Erwartung neuer Freuden verursachten Getümmel verschwand.

Seit Monaten schon war Memnon von Hedonias Ränken in Rom und den Anschlägen der Hedonier in Pompeji unterrichtet und hatte den verhängnisvollen Schlag vorausgesehen. Er drängte Helvidius mit der Schar der Getreuen auf der schon lange bereit stehenden Galeere Pompeji zu verlassen, um das heilige Werk in irgend einer griechischen oder ägyptischen Stadt fortzusetzen, fern dem argwöhnischen Auge des Cäsaren und der hinterlistigen Patrizierin, die die Vernichtung der Gemeinde der Isis beschlossen hatte. Helvidius war anderer Meinung. Er antwortete, die Stunde des großen Kampfes, der den Anschlag abhalten und dem Feinde gegenüber, selbst mit Lebensgefahr, Trotz bieten sollte, sei gekommen. Er rechnete mit der Macht seiner Rede, mit dem Reize der Prophetin und vor allem mit der Gerechtigkeit des Cäsaren. Sein Wille überwog.

Als Alkyonne vernahm, daß Ombricius als Triumphator und als Richter der ihren kommen werde, sah sie nur das eine, daß sie ihn wiedersehen und ihm gegenübertreten sollte. Dieser einzige Gedanke erweckte in ihr die unbesiegbare Hoffnung der Liebenden und den ganzen Stolz der Priesterin. Sie wollte eine letzte Anstrengung wagen, um ihren einstigen Verlobten, den jetzt so mächtig gewordenen Konsul, durch die Kraft ihrer Liebe zum Lichte der Wahrheit zurückzuführen. Und dieser Wunsch, kaum von dem brennenden Herzen der Jungfrau aufgenommen, wurde eine strahlende Gewißheit.

Hedonia war durch die Gunst des Cäsaren und die Siege ihres Buhlen stark geworden und thronte in ihrem Pompejianischen Palaste wie eine Königin und bereitete mit Lentulus und der hedonischen Brüderschaft den Triumphzug des Ombricius vor, dem etwas später ihre Vermählung mit dem Konsul folgen sollte. Aber in diese Freude hatte sich ein nagender Wurm eingeschlichen. Konnte sie denn die schmächliche Niederlage im Garten der Isis vergessen? Den nackten Busen der Prophetin, der ihrem Dolche trotzte, den triumphierenden Blick der Jungfrau, der sie wie eine Diebin in die Flucht jagte und die gegen sie geschwungene Lorbeerkrone, als Zeichen des Sieges? Wie sie in der Leidenschaft und in der Lebenskunst ein raffiniertes Weib war, so war sie auch in der Ausführung der Gedanken. Worauf der Mensch das meiste hält, ist der Glaube an sich selbst; denn dieser Glaube ist die Macht der Mächte, das Mark des Mutes, die Burg des Willens. Daher verzieh Hedonia Metella der Prophetin nie, obwohl sie des Ombricius sicher war. Sie schuldete ihr eine besondere Vergeltung; die Demütigung der Rivalin, die Vernichtung der Isis-Gemeinde. Nur dadurch wurde die beschimpfte Römerin in ihren Augen wieder zur unbesiegbaren Hedonia Metella. Daher ordnete sie schon im Voraus mit Lentulus den Gang des Prozesses, die Formen der Anklagen, die Liste der Zeugen.

Während der Zeit zog Ombricius von einer Garde von Legionären begleitet aus Rom nach Pompeji. Man jubelte ihm aus allen Straßen zu, man bewarf ihn mit Blumen. Er war auf dem Höhepunkte seiner Wünsche angelangt und dennoch hatte er nie ein ähnliches Angstgefühl verspürt wie jetzt. Hedonia hatte ihm die Rolle eines Richters über die Isisgemeinde übertragen, deren Vernichtung, – er wußte es wohl, – Vorbedingung der Ehe mit der Patrizierin war. Diese Rolle war ihm zuwider. Trotz allem flößte ihm Memnon, sein einstiger Lehrer, Hochachtung ein. Und dann sollte er Alkyonnens Henker werden. Seit der mysteriösen Begebenheit mit dem Kusse des Anteros hatte er gegen sie ein bitteres Gefühl bewahrt. Er konnte den Priester der Betrügerei, die Priesterin des Verrates beschuldigen, sie war deshalb nicht minder seltsam und heilig für ihn. Was würde er ihr gegenüber empfinden? Wie sollte er in diesem Prozesse des Hasses und der Rache seine Konsul- und Richterwürde mit dem tyrannischen Willen Hedonia Metellas und dem einer reinen Jungfrau schuldigen Mitleid vereinen.

Aber als Ombricius mit großem Pomp an den Toren Pompejis vom Stadtsenate, dem Flamen Jupiters, von Hedonia selbst an der Spitze der augustalischen Priesterinnen empfangen wurde, als er sich abends im Nymphäum der Patrizierin befand und die Huldigungen der Hedonier entgegennahm, als er in den großen schwarzen Augen seiner Geliebten der Verheißung seiner baldigen Vermählung wie glühende Fackeln leuchten sah – verflüchtigten sich seine Befürchtungen und seine Unruhe und verschwanden. Jenes Weib, das ihm in demselben Becher die berauschende Leidenschaft und den Ehrgeiz einschenkte, nahm sein ganzes Sein in Besitz. Der berauschende Nektar, den er in langen Zügen aus den Blicken, von den Lippen, aus der Stimme Hedonias trank, rollte in seinen Adern, wie feines Feuer. Er verhärtete sein Herz und bekleidete seine Brust mit einem undurchdringlichen Panzer – unverwundbar gegen allen Zauber der Isis.

*

Der Prozeß dauerte eine Woche lang. Man hatte die Zeugenaussagen vernommen, dem Verhör der Angeklagten beigewohnt. Schließlich war der Tag des Gerichtes gekommen.

Das öffentliche Tribunal Pompejis war ein offener, von drei großen Arkaden gebildeter Bau, der dem Jupitertempel gegenüber, am anderen Ende des großen rechteckigen Forums, sich erhob. Unter jeder Arkade stand ein schwerer kurulischer Stuhl aus Marmor. Auf dem höchsten, in der Mitte saß der Richter und Konsul Ombricius Rufus, zu seiner Rechten der Duumvir Lentulus, zu seiner Linken versah ein Dekurio den Dienst des Gerichtsschreibers und ordnete den Fortgang der Verhandlung. Hinter dem Konsul erhob sich auf einer ungeheuren Waffentrophäe aus Schildern, Speeren und bronzenen Adlern, Abzeichen der Legionen, die Büste des Cäsaren. In dieser Erzsonne, in den Stahlstrahlen erglänzte die Macht Roms, die aus Waffengewalt gezeugte Königin der Welt. Gegenüber dem Richter, etwas tiefer, hatte man auf dem Platze eine Art Tribüne aus Holz erbaut, auf der die vier Angeklagten, Helvidius und sein Weib, der Hierophant der Isis, Memnon und die Prophetin Alkyonne der kommenden Dinge harrten. Liktoren und Legionäre standen im Halbkreis um sie herum und trennten sie von der wogenden Menge, die den Platz überflutete. Die Zeugen der verschiedenen Städte und Pompejis hatten die Angeklagten weder eines Verbrechens, noch irgend einer Übertretung bezichtigen können. Aber Lentulus faßte die Anklage zusammen und verwickelte Helvidius und Memnon in ein System endloser, geschmeidiger Fragen. Er klagte seinen Genossen an, viele Reisen gemacht zu haben, um die meisten Städte Italiens und Siziliens von dem römischen Volke zu trennen, indem er die Senatoren aufhetzte und dort eine aristokratische Herrschaft einzuführen gedenke. Er selbst hoffe auf die Königswürde. Seine Rede schloß er mit einem giftigen Hieb auf den Isispriester:

«Du Memnon! Du bist nur ein Gehilfe des Verschwörers Helvidius. Du hast hier den Kultus einer falschen Gottheit, der ägyptischen Isis eingeführt, und das Volk von den Göttern ihres Vaterlandes abzuwenden versucht. Mit deiner Prophetin, einem hellsehenden Weibe, hast du dich der Ausübung der Magie hingegeben. Sie hat die Zukunft vorhergesagt, Kranke geheilt im Namen der bösen Geister und Unheil über ihre Feinde gebracht. Beide habt ihr euch auch geweigert, wie auch Helvidius und sein Weib, der Gottheit Augustus und des lebenden Cäsaren, der über die Welt regiert, zu opfern. Für all diese Verbrechen erwarten wir, daß der Konsul euch den Gesetzen gemäß richtet. Wir verlangen auch, daß die unselige Galeere, die an die Ufer Italiens die Revolution bringen wollte, uns ausgeliefert werden soll. Die Waffen und Schätze fallen der Macht des Kaisers anheim. Der Rumpf dieses verfluchten und mit Zauber beladenen Schiffes soll auf der Stelle von den Munizipien Pompejis in Brand gesteckt werden.»

Helvidius erhob sich und widerlegte Punkt für Punkt die Anklagen des Lentulus, außer die der Verweigerung der Gottesverehrung des Cäsaren, die er stillschweigend hinnahm. Er schloß mit folgenden Worten, die furchtlos seinen Gedanken, seinen Vorsatz, seine Hoffnung bestärkten:

«Ich habe nie gegen Cäsar gesprochen, ich habe die Freiheit der Städte und ihrer alten Überlieferungen verteidigt. Die Städte sind da, um eine Gemeinde freier Männer zu bilden, die die Freiheit und Würde des Volkes lehren. Heute aber habt ihr durch Feigheit und Lüge, durch Laster und Verführung nur Sklaven des Cäsaren und die Plebs erzogen. Wir arbeiten für eine Zeit, wo die Macht der Stadt durch den Wert der Seelen anerkannt werden wird, und wir geben das Beispiel in unserer Häresie, wo alle Seelen frei sind, wo aber jeder nach seinem Werte verwendet wird. Für diesen göttlichen Zukunftstraum, für die ewige Wahrheit sind wir alle entschlossen zu leben und wenn es nötig erscheint, auch zu sterben.»

«Du wolltest dort König sein?» rief Lentulus.

«Ja, ein König dem Geiste nach!» entgegnete der Angeklagte mit erhobener Stimme.

Memnon erhob sich und sprach laut und deutlich:

«Ich weiß nicht, ob wir nach den römischen Gesetzen und der römischen Religion schuldig sind, nach dem göttlichen Gesetze sind wir es nicht, nach dem Gesetze, das in jedem reinen Gewissen geschrieben steht. Wir bestärken nur die Wahrheit, die sich in jedem von uns in dem Geheimnis des Bewußtseins erhebt. Diese ewige Wahrheit ist dem Gewöhnlichen verborgen und ist die älteste der Welt. Sie wurde und wird den Eingeweihten aller Zeiten zuteil. Sie offenbart sich in der Begeisterung, sie kann durch Selbstaufopferung erworben werden und sie bewährt sich durch die Tat. Die Ordnung, die wir auf Erden errichten wollen, ist nur ein schwaches Spiegelbild der höchsten Gottesherrschaft, die in den Gewalten der sichtbaren Welt regiert und in der Welt des Geistes, in die wir eindringen. Wir schreiten einer Zeit zu, wo die Götter nach ihrem innersten Wesen erkannt werden und sich in dem Lichte der Isis, der Weltenseele versenken werden.»

«So sprechend höhnst du die Götter des Staates und bekennst dich schuldig», warf Ombricius ein.

Memnon entgegnete:

«Es war eine Zeit, wo du, der du von so hoch herabsprichst, dieser Stein- und Erzgötter überdrüssig warst, die die Tyrannis zu ihren Werkzeugen gemacht hat. Du kamst zu uns, voll des Durstes nach Wahrheit und Sehnsucht nach dem Lichte. Da nanntest du uns deine Lehrer, Ombricius Rufus. Heute vermißt du dich, uns zu richten, und du selbst verdammst dich in den Kerker der Gewissensbisse, die dich quälen. Denn nicht wir fürchten dich, du zitterst vor uns. Einst ließen wir vor dir die lebenden Götter sprechen, den in Licht und Feuer gekleideten Geist. Wagst du zu behaupten, du hättest ihn nicht gesehen? Wagst du vor dieser Menschenwoge da zu behaupten, du hättest der Stimme der Seherin nicht geglaubt, und daß sie dir nicht Zeugnis gab von der Wahrheit.»

Ombricius hatte seine hochmütigste Miene aufgesetzt; aber er empfand eine unwillkürliche Regung bei der Stimme seines einstigen Lehrers. Zum ersten Male seit dem Beginne des Prozesses wagte er seinen Blick in die Augen Alkyonnens zu lenken, die in einem visionären Zustande dasaß. Man sah, er zögerte.

Da ging eine Bewegung durch die Menge. Hedonia Metella trat aus dem Tempel des Augustus, von den augustalischen Priesterinnen gefolgt. Sie war wie die Oberpriesterin in eine Purpurstola gekleidet, auf ihrer Stirne ruhte das Diadem und über das Haupt hatte sie einen violetten Schleier geworfen. Sie begab sich in den Mittelpunkt des Halbkreises, gegenüber des Tribunales.

«Ich komme als Zeuge und stütze die Anklage», sagte sie. «Vor einem Monate war es, fand ich die Priesterin Alkyonne vor einem leeren Grabmale des Konsul Ombricius Rufus knien. Eine Gedenktafel – jedermann kann sie im Garten der Isis sehen – trug den Namen des angeblichen Toten. Aus Rache rief sie ihren falschen Genius an, um aus der Ferne den Konsul, den sie als Richter fürchtet, zu töten.»

Ein Raunen durchlief die Menge. Alkyonne erhob sich und sprach mit klarer und deutlicher Stimme:

«Nein! Nein! Nicht seinen Tod, sondern den meinen erbat ich von den Göttern. Neben dem Grabmale, das die Lehrer dem abtrünnigen Schüler errichteten, bot ich mich als Opfer an, damit er errettet werde.»

Ein Murmeln der Bewunderung ertönte aus dem einen Teil des Volkes. Bei dieser Welle des Mitgefühles verließ Alkyonne in einer plötzlichen Eingebung die Anklagebank, stieg drei Stufen zum Tribunale empor, kniete sich vor den Konsul nieder und hielt ihm die Lotusblume, die sie in der Hand trug, mit flehender Gebärde hin. Ihre sanfte und rührende Stimme hörte man wie einen von weit kommenden Hauch:

«Erinnere dich, Ombricius Rufus!»

Die Hedonier, die den Konsul unschlüssig und ihre Sache gefährdet sahen, riefen laut: «Sie ist schuldig! Ihr Verbrechen ist erwiesen! An den Pranger mit der Hexe.»

Bei diesem Aufruhre, der seine freie Entscheidung bedrohte, erhob sich Ombricius und breitete die Hand über die Flehende:

«Ruhe!» rief er in die Menge hinab. «Man warte auf den Richterspruch.»

Hedonia Metella sah, daß man ihr den Sieg streitig machte und daß Alkyonne in der Seele des Richters Platz gewann, deshalb fuhr sie mit verachtendem Stolze in ihrer Anklage fort:

«Das ist noch nicht alles. Dieses listige und heimtückische Weib, das jetzt weint und fleht, um den Richter zu täuschen, sah und hörte ich an dem Scheingrabmale ihres einstigen Geliebten mich wie eine Furie mit dem Tode bedrohen.»

«Du lügst!» rief Alkyonne und sprang auf, «das warst du, du wolltest mich mit deinem Dolche ermorden .. ich rufe die Götter zum Zeugen ... meinen göttlichen Beschützer, der mich vor dir errettet, meinen Genius Anteros.»

Bei diesem Namen sah Ombricius die Begebenheit des Anteroskusses wieder im Geiste. Seine verzweifelte Liebe zur Priesterin und seine wütende Eifersucht gegen diesen ungreifbaren Liebenden, erwachten mit einem Schlage wieder und versetzte ihn in eine erschreckende Ungewißheit. So groß war der Eindruck, daß er für einige Augenblicke über die Prophetin, die ihrer Rivalin trotzte, die Erscheinung wie im Tempel der Persephone zu sehen glaubte. Aber das war nicht mehr ein Hüter mit dem Hirtenstabe, das war kein Eros mit der Fackel, das war ein junger Krieger, ein neuer Harmodius, der ein mit Myrthenzweigen umwundenes Schwert in der Hand hielt.

Der Konsul empfand Furcht und lehnte sich in den kurulischen Stuhl zurück.

Diesen Umstand ausnützend wandte sich Hedonia an das Volk. «Seht ihr! Sie will meinen Gatten behexen, sie ruft ihre Dämonen an.»

Bei diesem neuen Zwischenfall, der die geheimsten Gedanken der Seele enthüllte und die tiefste Triebkraft des Willens bekundete, bei der zwei liebende Gegnerinnen um den entsetzten Richter stritten und das Tribunal sich zum Theater verwandelte, entfesselten sich alle Leidenschaften der Menge, wie ein wütendes Heer. Die Einen riefen: «Heil der Prophetin!», die anderen: «Heil Hedonia Metella!» Und wieder andere: «Es lebe Ombricius Rufus!» Die Patrizierin fühlte, daß in diesem erschreckenden Getümmel es einer sichtbaren Tat, eines entscheidenden Wortes bedurfte, um das Volk auf ihre Seite zu ziehen und selbst die Waage der menschlichen Gerechtigkeit sinken zu lassen. Sie hatte eine besondere Eingebung. Sie stieg zum Tribunale empor, faßte den Konsul an der Schulter, wie um ihn seiner Anfechtung zu entreißen; dann setzte sie ihm eine Goldkrone, die sie in der Hand gehalten, auf das Haupt und rief:

«Jupiter, schütze den Konsul und die Gerechtigkeit des Cäsaren.»

Ein tosender Beifall erhob sich auf dem Platze; man wiederholte diese Worte und Rufe wie: «Tod den Isisbekennern», mischten sich darein. Die Verwahrungen der Minderheit wurden in dem wachsenden Lärm erstickt. Jetzt war das eine rasende Menschenmasse. Es gab keinen Richter mehr, kein Tribunal, keine Zeugen, keine Kläger, nur eine Gruppe einzelner Menschen, die von einem Ozeane schäumender Leidenschaften umgeben waren. Bei der Berührung Hedonias, die ihn triumphierend umarmte, fühlte sich Ombricius von seiner Furcht befreit und der Erde wieder zurückgegeben.

Er vernahm nur das Brüllen des tausendköpfigen Ungeheuers; er fühlte den warmen Hauch, der von dem Leibe der Patrizierin ausging und sein Herz und sein Gehirn gefangen nahm. Hedonia murmelte etwas in sein Ohr. Als sich der Lärm endlich legte, sprach der Konsul mit lauter Stimme in die feierliche Stille:

«Die Isisbekenner sind für schuldig erkannt. Man führe sie in das Stadtgefängnis. Cäsar wird über ihr Schicksal entscheiden.»

In dem Geschrei, das diesem Spruche folgte, blieb Alkyonne unbeweglich. Ombricius sah sie nicht mehr, aber Hedonia Metella richtete ihre vor Triumph blitzenden Augen auf sie. Sie verschränkte die Arme über ihre Brust. Ihr Antlitz hatte ein gespensterhaftes Aussehen angenommen. Sie blickte wie geistesabwesend vor sich hin. Niemand sah das ununterbrochene Schaudern, das ihren Körper erschütterte. Sechs Liktoren nahmen Memnon, Helvidius und dessen Weib in die Mitte, um sie nach dem unterirdischen Gefängnisse des Rathauses zu führen. Zwei andere ergriffen die Priesterin roh bei den Armen. Wie besinnungslos ließ sie alles mit sich geschehen. Da liefen eine Menge Greise, Männer, Frauen und Kinder herbei und riefen:

«Tut der Priesterin nichts Böses, sie hat uns von unseren Übeln geheilt. Sie ist heilig.»

Uns ein alter Priester des Apollo, der der Tribunalszene beigewohnt hatte, schritt ein und sprach zu Ombricius und Hedonia:

«Man führe diese Jungfrau in den Tempel des Apollos. Sie ist eine Pythia. Ich verbiete, daß man sie berührt und nehme sie unter meinen Schutz. Wenn Cäsar sie herausfordert, wird Apollo sie ihm ausliefern.»

Niemand wagte zu widersprechen. Die Liktoren ließen Alkyonne los und mitten durch die achtungsvoll platzmachende Menge sah man die, wie ihr Kleid so blasse Prophetin zum Tempel Apollos, der gegenüber dem Rathause lag, schreiten. Ihre Lotusblume hielt sie an die Brust gedrückt.

XIX.

Die Lotusblume

In einer dunklen Zelle des Apollotempels stand der alte Priester vor der auf einem dürftigen Lager ruhenden Prophetin.

«Hier ist deine Wohnung», sprach der Greis, «nichts wird dich stören. Wir wissen, daß ein Gott aus deinem Munde spricht und werden dich schützen. Sei ohne Furcht und ruhe dich aus.»

Statt jeder Antwort neigte Alkyonne das Haupt zum Zeichen der Zustimmung. Dann fiel sie wie vernichtet auf ihr Lager. Der Priester stellte Brot und einen irdenen Krug mit Milch auf den Tisch und ließ sie allein.

Ein Geschöpf des Traumes und der Inspiration, hatte die Adoptivtochter des Memnon bis zum heutigen Tage nach eigenem Belieben gelebt. Die Zeit hatte sie, ohne daß sie sich dessen bewußt wurde, in Freudenrausch und in Qualen geworfen. Ihre wunderbaren Träume hatten sie von der Erde zum Himmel emporgetragen, um sie dann in die Tiefen der Unterwelt zu stürzen, ohne daß sie das Gesetz dieser Umstürze verstand. Sie hatte sich von der äußersten Freude in den äußersten Schmerz wirbeln lassen, wie das von den Fluten umschäumte Schiff vom Sturme in die Windstille und von der Windstille in das Ungewitter getrieben wird. Jetzt hatte ein schrecklicher Schlag ihr Wesen bis in die Wurzeln erschüttert und kalter Schweiß floß über ihren Körper. Unter dem Schicksalsschlage, der über sie und die ihren hereingebrochen war, dachte sie über ihr Geschick nach und zum erstenmale blickte sie in ihr Leben zurück.

So war also die Macht des Schmerzes, dieser großen Offenbarenden, daß sie dem Menschen das in einem anderen Lichte erscheinen läßt, was er sonst nie in seinem ganzen Leben gesehen hätte. Alkyonne fragte sich zum erstenmale, welche fremde Macht sie, das Kind von Samothrake an die Gestade des Niles geworfen, in den Tempel der Isis und in die wollüstige pompejianische Stadt gebracht hatte. Alle Lebenserfahrung der Prophetin bestand in diesem innern und erhabenen Lichte, wo sie sich oft in Untiefen stürzte und durch das sie hervorragende Blicke über die Menschen, über die Seelen in die Welt der Geister getan. Hatte sich dieses Licht nicht mit aller Kraft in der leuchtenden Erscheinung des Horus Anteros verdichtet? Denn jetzt wußte sie, daß der Genius ihrer Träume der Horus war, der keusche Geliebte ihrer Jugend, den sie auf der Schilfinsel nur für kurze Augenblicke gesehen und der so geheimnisvoll verschwand. Was Memnon, was das Licht der Isis, die Liebe Anteros der Prophetin befahl, war das für die Welt nicht etwa eine neue Offenbarung? Dann hatte sie, von einer unseligen Liebe erfüllt, ihr Herz diesem unglücklichen Römer geschenkt. Ihm, ihm allein hatte sie die Reichtümer ihrer reinen Seele geben wollen. Aber der stolze Unglückselige, den eine unzüchtige und ehrgeizige, mit den Mächten der Finsternis verbundene, herrschsüchtige Frau in Banden hielt, hatte alles vernichtet. Alkyonne hatte keine Macht mehr über den Konsul. Die Andere, ein sinnliches Weib, voll Hochmut und Verlangen, hielt ihn fest. Auf das Zischeln dieses abscheulichen Mundes hatte er wie mit einem Schwerthiebe das verbrecherische Wort ausgesprochen, das die Prophetin und die ihren zu Kerkerketten, zur Verbannung und vielleicht zum Tode verurteilte.

Alles stürzte mit einem Schlage zusammen. Ihre Liebe und ihr Herd, ihre Familie und ihr Vaterland, ihr Tempel und ihr Gott. Sie war allein, allein – allein.

Bei diesen Gedanken fühlte Alkyonne sich schwach werden. Sie fiel mit weinendem Gesichte auf das Lager ihrer Zelle. Ein langes Stöhnen, wie das Röcheln einer Sterbenden löste sich aus ihrer Brust. Ihre Zähne bissen in die rauhen Haare der Wolldecke, als wollte sie sich ersticken.

Endlich stand sie auf und fühlte sich ruhiger; ihre Gedanken nahmen einen anderen Gang. Ja, sie war allein, vernichtet, ohnmächtig. Aber in dieser Einsamkeit fühlte sie in sich eine neue Macht hervorquellen, unberechenbar und unbeschränkt in ihrem Willen. Ombricius liebte sie nicht mehr. Er hatte aufgehört für sie zu sein. Denn dieser sklavische Tribun hatte nichts mehr von dem edlen Tribunen, den sie geliebt hatte. Er war nicht mehr dieselbe Person. Er glich seiner früheren Gestalt, wie ein reißender Wolf einem schönen Jüngling gleichen würde. Aber Isis würde die Priesterin rächen, ihre Getreuen erretten und am großen Tage die

Wahrheit glänzen lassen und das verruchte Paar mit blendenden Strahlen schlagen.

Jetzt hatte sie die Kraft, um Ketten zu brechen, Mauern umzuwerfen, denn ihr Wille war unbeugsam geworden. Um dieses Ziel zu erreichen, mußte sie sich dem Tode weihen. Dann allein würde aus den zerstörten Pforten des Todes ein Lichtsturm auf die Schuldigen und auf die verlorene Stadt eindringen und die Getreuen der Isis für ein neues Werk retten. Entschlossen zum Sterben bot sich Alkyonne den Göttern zum Opfer an und machte knieend das Gelöbnis; als sie sich erhob, rief sie die zwei Mächte an, an die sie glaubte – die göttliche Wahrheit und ihren Genius – und rief in das Halbdunkel des Tempels diese zwei Worte:

«Isis! Anteros! ... Licht! Gerechtigkeit!

*

Der für die Eheschließung des Konsuls mit der Patrizierin bestimmte Tag war gekommen. Die Stadt Pompeji atmete Festluft ein. Festgelage und Tänze hatten die ganze Nacht hindurch gewährt und begannen von neuem, denn man versprach sich drei Tage lang Belustigungen mit Zirkuskämpfen und Theaterschauspielen. Die verschlungenen Namen: Ombricius Rufus und Hedonia Metella, der Veranstalter der Spiele, waren auf Tafeln in den grünen aus Blättern und Zweigen gewundenen Girlanden überall zu sehen, und ihre siegreichen Silben ertönten aus dem Munde der Straßensänger.

Schon waren die beiden Gatten, gefolgt von einem langen Zuge in den Tempel des Jupiters eingetreten. Schon waren sie wieder herausgekommen und hatten auf ihren thronartigen Stühlen auf der Plattform des Tempels, der das Forum überragte, Platz genommen.

Man hatte dort das Podium für den Konsul errichtet und mit Palmen, Adlern und Trophäen für die vom Senate dem Konsul zuerkannte Triumphzeremonie geschmückt. Im Purpurmantel mit hochmütigem und stolzem Blicke, mit Lorbeer gekrönt, glänzte Ombricius von Erz und Gold. Hedonia saß in ihrer Purpurstola und einem malvenfarbigen um die Schulter geworfenen Schleier an seiner Seite. Um sie gruppierte sich der Senat. Der Flame Jupiters und die Priester des Augustus bildeten zu beiden

Seiten der Treppe eine Gasse. Unten verlängerte eine Kohorte von Legionären diese Menschenmauer auf dem Platze und zeigte durch zwei Speerhecken den Weg zum Triumphe. Das .Forum war voll des Volkes.

Jedesmal, wenn die Trompeter hinter dem Konsul ihre gellenden Fanfaren ertönen ließen, stieg eine Gruppe die Treppe hinan und legte dem Konsul und seiner Gattin ihre Gaben zu Füßen.

Legionäre brachten bretonische Schilde und häuften sie mit kriegerischen Rufen auf dem Podium an. Gladiatoren warfen ihre langen Speere, ihre Netze und ihre Sturmhauben vor die Tribüne. Eine Abordnung der Patrizierfrauen brachten dem Paare Kisten aus Zedernholz mit syrischen Geweben und Dreifüße, auf denen orientalische Wohlgerüche brannten. Weinleser mit faunenhaftem Aussehen, aus dem benachbarten kleinen Städtchen, kramten ihre Fruchtkörbe aus, ihre Füllhörner, ihre Thyrsusstäbe mit Weinlaub umrankt und besangen dazu nach fröhlicher Art den neuen Bacchus, den Besieger der Barbaren und seiner Ariadne. Zum Schlusse bot Lentulus im Namen des Senates dem «Retter Pompejis» eine goldene Siegesstatue dar. Hedonia empfing sie mit einem anmutigen Lächeln aus seinen Händen und stellte sie auf die Spitze des für den Konsul errichteten Thrones.

«Es lebe der Retter Pompejis! Heil der Hedonia Metella!»

Während die Heilrufe über das Forum hallten, hatte Ombricius sich erhoben, um in einigen Worten dem Senate, dem Volke und der Stadt für diese Ehrungen zu danken. Aber das Wort erstarb auf seinen Lippen, denn seine Augen erblickten einen unerwarteten Zug, der aus dem Tempel Apollos heraustrat und sich ihm vom anderen Ende des Platzes näherte. Die Menge machte ehrfurchtsvoll Platz um ihn durchzulassen.

Es waren weißgekleidete Priesterinnen des Apollo. Alle trugen mit Bändern geschmückte Lorbeerzweige und sangen eine ernste, dorische Melopöe. An ihrer Spitze schritt der Priester mit einer Jungfrau mit blassem Antlitz im weißen Kleide. Sie ging mit langsamen, aber festen Schritten und schien den Zug zu führen. Ombricius zitterte. Er hatte in dieser Jungfrau Alkyonne erkannt. Auch Hedonia hatte sich erhoben und wurde unsicher, bestürzt bei dem Anblicke dieses Zuges. Denn das Volk, das von einem Extrem in das andere zu fallen liebte, war unter einer unbekannten Aufregung, wie unter einer höheren Macht, plötzlich verstummt.

selbst Isis ... Für sie habe ich geschmachtet, für sie habe ich geglüht, für sie gelebt und für sie sterbe ich jetzt. Heute überreiche ich sie dir, wie ich es versprochen. Diese Seele, für die ich alles hingab, diese Seele, die ich zum Himmel emportragen wollte, wie eine Lichtfackel ... schau ... blicke auf sie ... sie ist tot.»

Mit einem herzzerreißenden Schrei breitete Alkyonne ihre Arme in die Luft aus. Dann sank sie bleich wie Wachs plötzlich auf die Stufen hin und drückte mit ihren Händen die welke Blume an ihre Brust. Der Konsul stieg die drei Treppen hinab und beugte sich über ihren Körper. Er löste ihr Haar auf, es war feucht von kaltem Schweiß. Er fühlte ihr Herz, es schlug schwach. Mit verzweifelter Stimme rief Ombricius:

«Alkyonne! Alkyonne!»

O jetzt verstand er zum erstenmale, was dieser Name alles enthielt.

Der Priester des Apollo neigte sich zu ihr herab und horchte auf die Schläge ihres Herzens. Nach einer kleinen Weile erhob er sich und mit feierlicher Stimme sprach er zum Volke auf dem Platze:

«Sie ist tot.»

Die Menge stürzte sich auf die Treppe. Alle wollten sie noch einmal das Antlitz Alkyonnes sehen, die ihre Seele mit ihrem Schwanenliede ausgehaucht hatte.

Da ertönte ein schreckliches betäubendes Getöse. Das war das Grollen eines unterirdischen Donners. Er rollte in der Tiefe und erschütterte die Erde mit einem solchen Lärm, als führen hunderttausende Kriegswagen aufeinander los. Das währte einige Sekunden lang. Der Lärm verhallte und alles war wieder ruhig geworden. Es stürzte zwar kein Haus ein, aber während eines Augenblickes hatte alles, Menschen, Denkmäler, Obelisken, Bauwerke gewankt. Für einen Augenblick hatte das Forum einem Meere und die Tempel ringsumher den vom Sturme umhergeworfenen Schiffen geglichen. Ein Schreckensschrei aus tausend Kehlen erschütterte die Luft: «Terrae motus.» Sechzehn Jahre vorher war die Stadt durch ein Erdbeben in Trümmer gelegt worden. Bei diesem neuen Beben, den Vorboten eines neuen Unheils, ergriff diesen Menschenhaufen ein panischer Schrecken. Die Soldaten, die Priester und die Senatoren aus dem Wege stoßend, stürmte das Volk die Treppe hinab auf den Platz, wie ein Meer, das sich zurückzieht und flüchtete nach allen Seiten.

Ombricius kniete noch immer neben der Toten. Seine linke Hand ruhte auf der kalten Stirne der Priesterin, seine Rechte auf ihrem stillestehenden Herzen. Hedonia Metella schaute dem schaurigen Schauspiele zu, stumm, mit der Hand den leeren Thron umklammernd, zum erstenmale in ihrem Leben durch eine Furcht gelähmt, die stärker war als ihre Willenskraft. Als sie den schrecklichen Donner dort unten nicht mehr hörte und das Volk fliehen sah, stieg Hedonia einige Stufen hinab, faßte Ombricius am Arme, rüttelte ihn und sprach:

«Unglückseliger, willst du hierbleiben oder mir folgen?»

Ombricius erhob sich, strich sich mit der Hand über die Stirne und murmelte verstört:

«Ja, gehen wir.»

Der Konsul eilte mit seinem Weibe hastig die Treppe des Tempels hinab. In diesem allgemeinen Schrecken belästigte sie niemand. Sie stürzten förmlich in die Sänfte der Libyer, die sie eiligst forttrugen.

Eine Gruppe von Flamen und Senatoren blieb allein auf der Treppe des Jupitertempels bei der Leiche Alkyonnens zurück. Unter ihnen erhob der Apollopriester die Stimme:

«Ihr habt eine wahre Prophetin verurteilt, die die Götter schützten. Die Stadt übernehme die Bestattung Alkyonnens. Errichtet ihr einen königlichen Scheiterhaufen, wie ihn niemals eine Priesterin hatte. So wird die Stadt ihren Frevel sühnen und die göttliche Rache abwenden.»

«Ja», stimmte ein Senator bei. «Bauen wir einen Scheiterhaufen, würdig einer Königin, um die Angst des Volkes zu besänftigen, das sich in Wut gegen uns wenden könnte.»

«Um den Zorn der Götter zu besänftigen», sagte der Jupiterpriester.

«Zur Ehre einer so großen Seele wie diese», entgegnete der Apollopriester.

Und am Abend sah man auf dem fast menschenleeren Forum Pompejis einen feierlichen Zug dahinziehen. Voran schritten die Priester Apollos. Ihnen folgten die trauernden Priesterinnen mit Leichenfackeln und trugen auf einer mit Blumen bedeckten Bahre den leblosen Körper der Prophetin in den Tempel der Isis, der in eine geschmückte Totenhalle umgewandelt worden war.

4. Buch

Licht

Lux victrix.

Aeternumque adytis effert penetralibus ignem. *Virgil.*

Die Philosophie ist nur eine gewissenhafte und bedächtige Rückkehr zum Grundgedanken der Erkenntnis, *Bergson.*

XX

Licht im Gefängnis

Die letzten Strahlen der Sonne vergoldeten die Kornischen des Jupitertempels und der große Platz Pompejis war fast leer, als ein Dutzend Liktoren von einer Schar Legionären begleitet, die drei Verurteilten in das unterirdische Gefängnis führten. Sie gelangten durch ein niederes Tor, das sich ihnen öffnete, über eine schmale Stiege in das Innere des Stadthauses. Der Kerkermeister beleuchtete mit seiner unförmlichen Laterne die Stufen. Memnon stieg als erster hinab. Ihm folgte Helvidius. Ehe er in die Finsternis eindrang, sandte sein Auge noch einen letzten Blick in den ersterbenden Tag. Helvidia mit verschleiertem Haupte, die als letzte eintrat, konnte sich eines Schluchzens nicht erwehren, als sie den Fuß in diese feuchte Grube setzte. Die Legionäre mit gezogenen Schwertern schlossen den Zug. Sie durchquerten mehrere dunkle Kerker und erreichten endlich ein breites Kellergewölbe, in das durch ein vergittertes Fensterchen von oben das schwache Licht vom Forum hereindrang.

«Hier», bemerkte der Kerkermeister, «werden die Verurteilten die Befehle des Cäsaren abwarten.»

Hierauf verschwand der Kerkermeister mit seinen Gehilfen. Die schwere Türe fiel krachend zu und die drei Gefangenen blieben in dem finsteren Erdgeschoß allein.

Ein trauriger Strahl sickerte durch das vergitterte Loch des Gewölbes und verbreitete in dem Keller einen zerstreuten Schein. Er streifte die gelblichen Mauern und senkte sich auf den schwarzen Boden. In diesem Lichthofe erschienen in den Ecken zwei Strohlager; auf einem Tische lag Roggenbrot und standen eine große mit Wasser gefüllte Amphora und Näpfchen aus gebranntem Tone.

Stumm vor Schrecken klammerte sich Helvidia an den Arm ihres Mannes und schaute mit verzweifelten Blicken nach dem blassen Scheine des Kellerloches, als sehe sie ihre letzte Hoffnung ersterben. In diesem Lichte tauschten der Priester der Isis und der Schüler des Pythagoras ihre Blicke. Überwältigt von der Aufregung des Tages, halbniedergeschmettert vom Schicksale, lasen sie in ihren Augen nichts von Müdigkeit, der Verzweiflung, sondern Energie des höchsten Kampfes und die Herausforderung bis zum Tode. Sie verstanden einander und reichten sich die Hände.

«Gehen wir schlafen», sagte Helvidius, «morgen werden wir trachten, von hier fortzukommen.»

Memnon suchte sein elendes Lager auf und legte sich nieder. Helvidius setzte sich auf das andere; Helvidia streckte sich seufzend neben ihm auf das Stroh hin. Erschöpft wie sie war, schlief sie bald ein. Aber die beiden Männer konnten den Schlaf nicht so schnell finden. Sie sahen ihr ganzes Leben vor sich ausgebreitet und durchforschten ihre Bestimmung.

Außer der Traurigkeit bemächtigte sich, durch das Gefühl der Ohnmächtigkeit, des Memnon noch eine tiefe Bitterkeit. Dieser Keller, diese Finsternis, Anzeichen eines schimpflichen Endes, war das nicht der höchste Spott des Schicksals für ein, der Suche nach Wahrheit geweihtes Leben? Hatte er nicht alles hingegeben für den Wunsch hinter den Schleier der Natur, in die Welt des Geistes bis zum Mittelpunkte des Lebens zu gelangen? Zuerst hatten ihn die unsichtbaren Mächte begünstigt. Sie gaben ihm seine Adoptivtochter, seine Prophetin Alkyonne. Sie war seine Leuchte, sein Strahl, seine Hoffnung geworden. Durch sie, mit ihr war er in die Welt des Jenseits eingedrungen. Aber im Augenblikke, wo der Eingeweihte bis zum göttlichen Urquell gelangen wollte, hatte ihn derselbe Strahl geblendet. Horus Anteros, der einst zurückgestoßene Schüler und Gegner, war Alkyonnens Genius geworden und hatte zu ihm die Worte gesagt: «Du kommst nicht empor.» Und seit dieser Zeit hatte Memnon im Halbdunkel gelebt. Er hatte gewartet, duldend, sühnend. Er hatte einen neuen Schüler und Gegner, Ombricius Rufus, angenommen. Und dieser verführte Ehrgeizige war sein und der Prophetin Henker geworden. Jetzt schien alles verloren. Was sollte aus Alkyonne werden? Sie war getrennt von ihm. Sollte sie erbärmlich zugrunde gehen oder sollte er sterben, ehe er sie wiedergesehen hatte? War das die grausame Nemesis, die Sabakkas ihm in den Wüsten Ägyptens geweissagt hatte? Verlangt das der Geist von ihm als die höchste Einweihung? Um sich zu Gott erheben zu können, mußte er dem entsagen, was für ihn das Göttlichste und Süßeste war, der Besitz einer geliebten Seele. Bei diesen Gedanken schien es ihm, daß ewige Dunkelheit sich um ihn bildete.

Plötzlich, unter einem aus der Tiefe seines Wesens kommenden Drange, erhob sich Memnon und sprach für sich mit Energie das innere Wort, das unbekannte Kräfte entfacht:

«Es sei. Ich entsage! ... Aber damit ich sie wiedersehe, siegreich wiedersehe, meine Alkyonne, im Lichte der Isis, wie ich sie jetzt vor mir sehe ... und damit die Schuldigen bestraft werden. Licht, Gerechtigkeit, Wahrheit. Wenn diese drei Strahlen sich in einem einzigen vereinen, erglänzt der Ruhm Gottes.»

In der anderen Ecke des Gefängnisses dachte Helvidius über sein Leben nach. Die Dunkelheit lastete nicht minder schwer auf ihm, und seine Gedanken waren nicht minder grausam, aber er litt weniger. Jünger und lebhafter, hatte er seine aufrührerische Kraft bewahrt. Und der Aufruhr, die äußerste Zuflucht der Sklaven und der Verdammten, und wäre sie nur innerlich und schweigend, ist ein Aufbrüllen der unauslöschlichen Hoffnung. Helvidius war einer jener Menschen, die mit dem Lichte im Herzen und auf der Stirne geboren wurden. Er besaß nicht das tiefe Wissen Memnons, aber er barg in seinen Gefühlen und seinen geheimen Gedanken ein davon durchdrungenes Wesen. Es erstrahlte aus der geringsten seiner Gebärden. Sein Traum war nicht die Erkenntnis des großen Weltalls, sondern die freie Stadt. Nicht nach Art der griechischen Städte frei, wo die unversöhnliche Oligarchie und wütende Demagogie sich um die Macht stritten. Noch nach römischer Art, wo die Macht eines unterdrückenden Senates sich schließlich in die Hände eines allmächtigen Cäsaren vereinigte. Was Helvidius wollte, war eine freie Stadt, eine Gemeinde von auserwählten Eingeweihten, um die herum sich eine Kette von Seelen, nach deren Werte, nach deren Grade, schlang. Ein chimärischer Traum, würde man sagen, frühreif. Aber wurde er dem Menschen nicht durch die Gesetze des Weltalls und des Bewußtseins vorgeschrieben? Das war der Glaube des Pythagoras und das war auch der seine. Dieses Traumes wegen hatte er die Galeere bauen lassen und hatte er den Städten Groß-Griechenlands das neue Wort gebracht. Für diesen Traum hatte er den Hierophanten Memnon und die Prophetin Alkyonne nach Pompeji berufen. Durch diesen Glauben und dieses Licht hatte er das Herz der Julia Helkonia erworben, die sein Weib geworden war. Ach, was hatte er errichtet? Trotz seiner Beredtsamkeit und seines glühenden Eifers unterlag er und seine Schar der Cäsarenmacht, und der Hieb ging von dem aus, auf den er die meiste Hoffnung setzte, von dem zum Feinde gewordenen treulosen Schüler Ombricius Rufus. Das Glück des Duumviren sollte durch die Macht des Kaisers vernichtet werden. Er, sein Weib und sein Freund, wie Verschwörer verurteilt, konnten jeden Augenblick den Schwerthieb des Zenturio erwarten, oder in der Schlinge des Henkers zugrunde gehen. Und Helvidius dachte nicht ohne Schaudern an seine kleinen Kinder, die man in seinem Hause in der Hut der Freien gelassen hatte. Was sollte aus seinen beiden Knaben werden?

Aber etwas sprach in ihm, daß er nicht in diesem elenden Gefängnisse umkommen und daß eine größere Macht als die seine die Pforten des Kerkers sprengen werde. Mit dem Gedanken an die großen Stoïker, die Nero vernichten ließ, richtete sich Helvidius auf und betete mit seinem Herzen: «Hoher Gott, der Du über meine Seele regierst, ich habe für das Licht und für die Freiheit gelebt. Wenn ich sterben soll, möge sich mein Blut am großen Tage, vor dem Volke als ein Trank-Opfer zu Jupiter dem Befreier ergießen.»

So beruhigten sich die beiden Seelen. Memnon und Helvidius versanken in einen tiefen Schlaf. Helvidia, die von einem erschrekkenden Traume geweckt wurde, hörte in der Finsternis nichts als den widrigen Flug einer Fledermaus und die ununterbrochenen Klagen des durch die Kelleröffnung eindringenden Windes.

*

Die Gefangenen erwachten spät. Der Lärm unaufhörlicher Schritte und verworrener Stimmen auf dem Forum hatte sie geweckt. Was bedeutete diese ungewöhnliche Ansammlung? Vereinigte sich das Volk freiwillig, um sie zu befreien? Sie glaubten es zuerst; aber bald sahen sie sich getäuscht. Rufe: «Heil dem Konsul! Heil Hedonia Metella!» erschallten. Die Unglücklichen verstanden jetzt. Das unselige Paar feierte ihre Vermählung, ihren Triumph, den sie auf den Fall der Isisgemeinde aufbauten. Unter der Öffnung stehend, durch die das Geräusch von außen hereinkam, horchten die drei Gefangenen auf das Gemurmel der Menge, das über ihren Köpfen hörbar wurde und versuchten sich vorzustellen, was auf dem Platze vorging. Ihr aufgeregter Geist gaukelte ihnen die verschiedensten Gruppen, die prunkendsten Szenen vor. Sie sahen das Paar im Geiste die sechzehn Stufen zum Tempel des Jupiter emporsteigen. Die langgezogenen Zurufe erzählten ihnen von dem Heraustreten aus dem Heiligtume. Sie verfolgten die triumphierende Zeremonie der Opferungen nach den größer werdenden Schreien der freudetollen Menge. Eine schwere Angst, eine tiefe Niedergeschlagenheit wollte sich unter den Wellen dieses Menschenmeeres, das immer bereit war, vor Vergötterung des Schlechten sich knechten zu lassen, ihrer bemächtigen. Als der Hymnus der Priester Apollos ertönte, dachten sie nichts anderes, als daß auch diese sich den frechen Siegern unterwerfen wollten, ohne nur im geringsten zu ahnen, daß Alkyonne über ihren Häuptern dahinschritt, um mit dem letzten Liebesrufe, mit dem letzten Entzücken zu Füßen des Konsuls ihr Leben auszuhauchen. Die Melopöe verstummte. Er entstand eine große Stille auf dem Platze, seltsam beängstigend. Plötzlich rollte ein schrecklicher Donnerschlag aus der Tiefe. Die Eingeweide der Erde zitterten. Die Gefangenen glaubten im ersten Augenblicke der Kerker stürze mit all den Tempeln des Forums über sie zusammen. Aber dieses unterirdische Getöse dauerte nur einige Sekunden und die Menge wurde von einem panischen Schrecken erfaßt und flüchtete. Wie ein Meer, das in sein Bett zurückfließt, lief das Volk von der Akropolis Pompejis in die niederen Straßen mit einem fürchterlichen Geschrei. In der Stille, die folgte, rief eine Stimme in das Fensterloch:

«Memnon! Helvidius, seid ihr hier?»

«Ja, hier sind wir!» antwortete aus der Kerkertiefe Helvidius, der die Stimme des Calvus erkannt hatte. «Was ist geschehen?»

«Alkyonne ist tot ... der Senat hat beschlossen, für sie einen Scheiterhaufen zu errichten ... Das Volk ist in Aufruhr ... Hofft! Wir wollen ...»

Rohe Stimmen der Legionäre, die das Stadthaus bewachten, schnitten die letzten Worte des Calvus ab. Sie wiesen den Freund der Gefangenen vom Fenster fort. Bei dieser schrecklichen Nachricht wankte Memnon und stürzte zur Erde. Helvidius und Helvidia hatten Mühe, ihn aufzurichten und auf das Lager zu betten. Dort lag er wie leblos. In seiner tiefen Betäubung und seinem unendlichen Schmerze, stammelten seine Lippen nur die Silben des geliebten Namens, der die Unermeßlichkeit seiner Liebe, die Unermeßlichkeit seines Verlustes ausdrückten.

«Alkyonne ist tot ... Alkyonne!»

«Mut!» sprach Helvidius. «Ihre Seele ist frei. Sie wird uns helfen. Wir sind noch Streiter. Die Erde hat gezittert; Nemesis ist auf dem Wege. Warten wir.»

Eine zweite Nacht, schwerer, schwärzer als die erste, senkte sich in den Kerker der Gefangenen. Memnon hatte jenen tiefen Schlaf, der manchmal die besucht, die den Tod erwarten, und ihn herbeisehnen. Aber gegen Morgen hatte er den schönsten Traum, der ihn je heimsuchte. Er sah ein weißes und blendendes Licht durch das Tor des Gefängnisses eindringen und die Treppe herabstrahlen. Als es sich ihm näherte, erkannte der Hierophant Horus Anteros in Gestalt eines Hermes, der das Caduceus in der Hand hielt. Der Leib des Anteros glänzte wie ein Silberschild und sein Antlitz leuchtete wie die Sonne. Er sprach:

«Sei ruhig! Alkyonne schlummert noch. Unter meinem Szepter wird sie glücklich erwachen. Du wirst uns beide im Sonnenglanze schauen. Jetzt ans Werk! Geht. Flieht auf die Galeere. Geht nicht nach Eleusis, wo die Fackel des Hermes erlischt. Wendet euch gegen Norden.»

Memnon erwachte erleichtert durch diesen wunderbaren Traum, als wäre er einem Lichtbade entstiegen, dessen warme Wellen noch über seine entzückten Glieder rieselten. Es war noch dunkel im Kerker. Nur durch das Kellerloch fiel ein schwacher Schein herein. Mit neuer Kraft belebt, näherte sich der Hierophant dem Helvidius, der mit dem Rücken an die Mauer gelehnt, auf seinem Strohlager schlief. Er rüttelte den Duumviren heftig. Helvidia schlief, das Haupt an die Schulter ihres Gatten geschmiegt.

«Hast du nichts gesehen?» fragte Memnon.

«Jetzt», antwortete Helvidius, den der Schlaf noch halb umfangen hielt, «glaubte ich einen jungen Hermes zu sehen, der mit seinem Caduceus nach unserer Galeere zeigte.»

«Und du?» fragte Memnon Helvidia, die durch die Worte der beiden erwacht war und schwer ihren Kopf von Helvidius Schulter erhob.

«Ich sah», entgegnete sie, «von hier einen Genius hinausschreiten, der mit seinem Lichtszepter einen Weg auf das Meer wies.»

«Freude und Mut, meine Freunde», rief Memnon. «Auch ich

habe ihn gesehen. Es ist Anteros, der Genius Alkyonnens, unser Führer. Er hat zu mir gesprochen. Wir werden frei sein und ein neues Leben beginnen.»

Die drei Gefangenen umarmten einander, als ob sie sich nach langer Trennung wiedersahen. Alle drei schienen eine unzerbrechliche Kette zu bilden. Die bleiche Morgendämmerung drang durch die Öffnung an der Decke herein, das Tor des Gefängnisses stand nicht offen, aber alles war verwandelt für diese von einem himmlischen Strahle durchdrungenen Seelen. Die Mauern, die die Körper trennen, waren gestürzt, die Schranken, die die Seelen trennen, waren gefallen. Die unermeßliche Welt öffnete sich vor ihnen unter den wogenden Fluten der Helle, die aus ihren Herzen emporstieg.

XXI

Der Scheiterhaufen

Der Konsul und sein Weib waren inmitten ihrer Sklaven wie Diebe in ihr prächtiges Wohnhaus zurückgekehrt. Der tragische Tod der Priesterin lag schwer auf allen Seelen, wie eine düstere Vorahnung großer Entsetzen und nahenden Unheils. Nicht ein Mensch war in Pompeji, der nicht vor der Drohung des Schicksales zitterte. Am meisten niedergeschlagen war Ombricius. Es gibt Ereignisse, die in der Seele einen ähnlichen Eindruck machen, wie eine große Sintflut. Sie gleichen einem Umsturze der Pole des Seins, denn sie prüfen den Menschen, ob die wahre Kraft in ihm ist, aber mit entgegengesetzter und höherer Macht. Der Konsul, der sich bis jetzt allmächtig erschienen war, hatte jetzt das Aussehen eines Wilden, der seine Höhle durch ein Erdbeben verloren hat und ängstlich nach ihr suchend umherirrt. Auch Hedonia war geängstigt und schlich hinter ihm her. Wie um sich vor aller Augen zu verbergen, verkroch er sich in den hintersten Raum seines Hauses, in das Lararium, wo die Statuen, Hedonias Ahnen, mit Verachtung auf ihn herabblickten. Hedonia setzte sich neben ihn auf den häuslichen Thron. Stumm umschlang sie ihn mit den Armen und zischelte ihm in das Ohr:

«Was hast du, Ombricius? Erwache. Vergiß dieses Gespenst. Hast du aufgehört ein Konsul zu sein, weil die Erde zittert? Diese Priesterin war dein böser Geist; sie ist nicht mehr. Unsere Feinde sind besiegt. Lasse dieses dumme Volk weinen. Morgen werden wir die Herren sein.»

«Worüber?» stammelte Ombricius wie im Traume.

«Von Pompeji, von Rom und von der Welt.»

«Ja, ja! Es ist wahr. Aber Pompeji ist nicht mehr unser. Rom ist nicht mehr Rom. Und die Welt ist nicht mehr die Welt ...»

Ombricius sah immer wieder das Bild der zu seinen Füßen sterbenden Alkyonne mit der welken Lotusblume in der Hand.

Er hörte diese schrecklichen Worte: «Schau, deine Seele ... ist tot.» Er sah das Volk in den Straßen fliehen, leer wurde alles um ihn herum. Es war ihm, als hätte die Welt, wie er, die Seele verloren.

Aber Hedonia flüsterte mit ihrem heißen Atem weiter und schmeichelte ihm:

«Bist du nicht mehr Ombricius, mein junger Cäsar, mein Gatte. Bist du denn nicht mehr mein Bacchus? Erinnere dich an die Tage in Rom und Bajä. Komm. Laß uns vergessen ... lieben wir ... Morgen sind wir neugeboren, jünger und kräftiger.»

Ombricius erhob sich maschinenhaft und ließ sich fortführen. Sie hielt ihn immer noch umschlungen. Aber er glaubte in Blut zu waten, und dieser Hauch, der ihn einst berauscht hatte, kam ihm vor wie der heiße Atem eines reißenden Tieres. Als er das Prunkbett im Hintergrunde des mit orientalischen Tapeten ausgeschlagenen Zimmers erblickte, schauderte er zurück und griff nach seinem Herzen. Im Geiste glaubte er den in eine Totenkapelle verwandelten Isistempel zu sehen, in dessen Mitte auf einem Katafalke Alkyonnens Leib aufgebahrt lag, in ihrer starren Schönheit, wie Alabaster durchscheinend. Und diese Tote war kostbarer als etwas Lebendes und zog ihn mit unsichtbarer Macht an ... Das innere Bild verlöschte. Seine Augen sahen wieder das Prunkbett, wohin die Patrizierin ihn ziehen wollte. Dieses Gemach war ihm zu einem ekelhaften Orte geworden, zu einer Henkershöhle, gerötet vom Blute des Opfers. Hedonia selbst erschien ihm, wie eine Lemure mit grausam lächelndem Chimärenantlitz, aus deren unzüchtigem Blicke ein tödliches Gift floß.

«Laß mich!» rief er rauh vor Abscheu. «Ich muß allein sein.»

Er sah wie ein Gequälter aus. Die erstaunte Hedonia ließ ihn los, sie sah, daß sie jetzt keine Macht über ihn hatte. Im Lararium beruhigte sich Ombricius. Eine Lampe stand vor ihm auf dem Boden, denn er konnte die Dunkelheit nicht ertragen. Erschöpft sank er auf einen Stuhl und fiel in einen Halbschlaf. Aber zwei Traumbilder gaukelten fortwährend um seine Sinne. Bald sah er Alkyonne mit einer leuchtenden Blume, lächelnd in eine zum Himmel steigende Quelle tauchen, bald sah er sie vor seinen Füßen sterben. «Deine Seele ist tot.» Da zog Ombricius sein Schwert, um sich zu vergewissern, daß er lebte. Dann fiel er wieder in seinen Bronzestuhl zurück, und sein erstarrtes Herz krampfte sich zusammen, als hätte die Hand der Toten es ergriffen.

Auch Hedonia verbrachte auf ihrem einsamen Lager eine schlaflose Nacht. Zum erstenmale leistete Ombricius ihr Widerstand. Alkyonnens Phantom trennte ihn von seinem Weibe. Hedonia hatte ihren Geliebten einer lebenden Priesterin entrissen. Konnte ihr jetzt die Tote den gesetzmäßigen Gatten rauben? Nein, das war unmöglich. Aber warum fiel dieser Schatten gleich einem Schleier zwischen sie? Sollte Hedonia den Mann, der ihr Werk war, die Waffe, die sie geschmiedet, das Szepter, das sie durch ihre Magie erobert hatte, den zukünftigen Cäsaren, für den sie auf dem geistigen aus ihrem Sein gespannten Webstuhle den Purpurmantel webte, verlieren? Stürzte Ombricius, so stürzte auch sie. Das konnte nicht sein, nein, das durfte nicht sein. Denn Hekate war Hedonia Metella mit ihren weiblichen Reizen und männlichen Willen. Aber um jeden Preis mußte sie den geängstigten Konsul vor der Bestattungszeremonie Alkyonnes aus Pompeji fortbringen. Bei diesem Entschlusse drückte sie ihr Antlitz auf den Dolch Hekatens. Der kalte Stahl schaffte ihr Erleichterung und ohne zu schlafen, verharrte sie in dieser Lage, die Stirne auf der Klinge und sammelte ihren Willen.

*

Am nächsten Morgen schrieb Ombricius einen Brief an den Cäsaren und gab dem Zenturio, der in der Stadt, in der der Lärm des Aufruhres herrschte, die Ordnung zu wahren hatte, einige Befehle. Dann zog er sich wieder in das Lararium zurück, um sich in seine Gedanken zu versenken.

«Was ist das für eine furchtbare Gewalt», dachte er, «die sich hinter dem Leichnam der Priesterin erhebt und sich auf mich stürzt? Ist's ein Gott, und sollte er mit der Gemeinde der Isis sein? Wer hat Recht, sie oder ich? Hat der Stärkere das Recht? Aber wie die unsichtbare Kraft besiegen, die die Menge gegen mich aufregt und mich lähmt?»

Ombricius erhob die Augen und sah Hedonia neben sich stehen. Sie war in eine Reisestola gekleidet, den Kopf in einen braunen Schleier gehüllt, der über das Gesicht gezogen, sie leicht unkenntlich machte. Sie kreuzte die Arme. Ein bitteres und verächtliches Lächeln entstellte ihren Mund.

«Wovon träumst du? Wirst du den Tag in diesem Winkel

verbringen, wie ein Sklave, der sich fürchtet. Jetzt, wo es sich darum handelt, gegen unsere Feinde zu kämpfen. Wenn du schon zu blöde bist, der Gatte der Hedonia Metella zu sein, so erinnere dich wenigstens, daß du über diese Stadt zu gebieten hast. Hörst du das ferne Getöse? Das ist das Volk, das gegen uns murrt.»

«Du hast mit deiner Anklage diesen Sturm entfesselt», entgegnete Ombricius.

«Undankbarer Feigling!» rief Hedonia. «Ich habe dich zum Konsul gemacht. Was wärst du ohne mich? Gegen mich wirst du vergeblich ankämpfen, wir sind eines an das andere gebunden. Deine Macht ist meine Macht, und meine Verbrechen sind die deinen. Zusammen müssen wir siegen oder umkommen.»

«Das ist wahr!» erwiderte er und senkte das Haupt, so bestürzt war er von der schrecklichen Wahrheit dieser Worte.

Sie näherte sich ihm, legte beide Hände auf seine Schultern und sah ihn an. Unter ihrem dunklen Schleier fielen ihr die schlecht geknoteten Haare in Unordnung auf den Nacken. In ihren Augen leuchtete das Verlangen. Eine geheime Ansgt verlieh ihr neuen Reiz. Sie schien jetzt wie ein schuldiger Schatten des Acheron, der seiner Geliebten die unerhörtesten Genüsse in dem schwarzen Hagenbuchenhaine der tiefen Hölle verspricht. Sie murmelte:

«Lassen wir das Ungewitter vorübergehen und fliehen für einige Tage. Komm nach Bajä, unserer Zuflucht. Da bin ich Magierin, und du wirst dich wiederfinden.»

«Gut! Gehen wir!» Ombricius erhob sich bei diesen Worten. Er fand keinen anderen Ausweg für seine Angst. Schon hatte sie ihn bis zur Pforte des Hauses gebracht, wo die Libyer mit der Sänfte harrten. Da empfing sie ein großes Geschrei; die Bevölkerung lief in Scharen durch die Straßen und rief:

«Der Zug kommt! Der Leichenzug!»

Aus einer benachbarten Straße hörte man das schwere Geräusch des laufenden Volkes, und die Priester sangen ein Klagelied. Ein Schmied mit rußigen Armen schritt vorbei und schwang eine Brandfackel durch die Luft:

«Ich trage diese Fackel zu Alkyonnens Scheiterhaufen.»

Hedonia erbleichte. Ombricius stand wie vom Blitze getroffen erstarrt da. Eine innere Stimme hämmerte die Worte in sein Gehirn: «Was? Alles weint um Alkyonne; ein Unbekannter bringt ihr eine Fackel und ich, der sie geliebt hat, ich, für den sie starb, ich sollte nicht einmal bei ihrer Bestattung sein.» Eine unwiderstehliche Kraft drängte ihn vorwärts. Er hatte nur noch Zeit, zu Hedonia zu rufen:

«Ich gehe zur Verbrennungszeremonie ... erwarte meine Rückkehr.»

Und schon stürzte er sich in die Menge, wie ein Schwimmer sich in den Strom wirft.

Wie eine Wahnsinnige lief die Patrizierin dem Konsul nach. Sie erwischte ihn beim Arme und bei der Schulter und rief:

«Ombricius! Ich will nicht! Es geht um unser Leben!»

Er stieß sie zurück:

«Ich muß! Ich muß!»

Sie wollte ihn aufhalten, aber er entwand sich ihr. Unter dem Schleier verborgen, fügte sie sich darein, ihm zu folgen.

Als sie die Pforte nach Herkulanum erreicht hatten, überraschte sie ein seltsames Schauspiel. Von diesem erhöhten Punkte senkte sich die Straße der Gräber gegen das Meer. Die Stadt der Toten, die sich vor den Toren aller antiken Städte ausbreitete, war in Pompeji besonders prächtig. Zwei Reihen von Grabsäulen, kleine Tempelchen, Pyramiden, eckige und runde Mausoleen bildeten eine absteigende Straße. Diese Bauwerke verewigten das Leben der Toten mit ihrem Relief, ihren Urnen, ihren Krypten und Laternen und überragten durch ihre Größe und Pracht die Häuser der Lebendigen. Der Weg wurde von einer Zypressenallee eingesäumt, die in einem aus einer Gruppe dieser Trauerbäume gebildeten Wäldchen endigte. Das Meer und der Vesuv vervollständigten als Hintergrund das Gemälde.

An diesem Tage war der Weg der Gräber von einem in Schwarz gekleideten langen Trauerzuge gefüllt. Eine ungeheure Menge drängte sich. Vor dem Zypressenwäldchen erhob sich auf einer Estrade wie eine Pyramide ein hoher Scheiterhaufen. An den vier Enden brannten die Fackeln. Auf der Höhe des Holzstoßes lag auf einem Asbestbette der weißgekleidete Leichnam Alkyonnens, wie eine unberührte geöffnete Blume oder wie kostbarer Weihrauch, der dem Himmel als Opfer geweiht und bereit ist, Feuer zu fangen. Um diesen Altar standen die Apollopriester im Kreise und sangen den Trauerchorus.

Rührender als das Schauspiel selbst war die Stille der Menge und das Angstempfinden, das über ihr lastete. Der Tod der Priesterin, die Erderschütterung hatten unbekannte Tiefen des Gewissens in diesem sinnlichen und knechtischen Volke aufgewühlt. Verwirrt fühlte es seine Unwürdigkeit und zitterte darüber, den Tod dieses edelsten Wesens, das in ihrer Mitte versteckt gelebt hatte, verschuldet zu haben. Und an einen alten Aberglauben erinnert, der die Masse glauben machte, daß ein Opfer, das sich selbst zur Opferung anbietet, ein schuldiges Volk vor dem Zorne der Götter retten könne, flehten sie alle aus tiefstem Herzen zu der verstorbenen Priesterin, sie vor Unheil zu schützen. Aber in stummer Verwahrung schien die Tote zu antworten: «O Volk, schon bist du gestorben. Ich war die einzig lebende Seele in deiner Mitte. Ich wollte dich retten, du hast nicht gewollt. Fluch über dich.»

So wenigstens glaubte Ombricius in dem Innern seines Wesens zu vernehmen, während er zum Scheiterhaufen Alkyonnens emporschaute. Hedonia fühlte nur schreckliche Angst. Diese Angst vergrößerte sich bei dem ungewöhnlichen Anblicke der Atmosphäre. Ein gelblicher Nebel schwebte über dem Vesuve, hüllte den Golf ein und ließ die Sonne erbleichen. Die Luft war schwer, unbeweglich, erstickend.

Da ist unsere Sänfte mit den Sklaven», sprach Hedonia. «Du hast gesehn, was du sehen wolltest. Komm jetzt.»

Ombricius hatte sich durch die Menge gedrängt und war bis zum Holzstoße vorgedrungen. Er sah die zarte Gestalt sich von der Luft abheben. Viele weiße Rosen verbargen ihren Kopf. Man sah nur die wachsbleichen Füße mit den bläulichen Adern und die Wellen ihres goldenen Haares. Der Gesang war verstummt. Gleichzeitig warfen die Priester ihre Brandfackeln in die vier Ecken des Brandaltares. In einer Spirale stieg das Feuer empor, und die Flammen lechzten um den Körper, der bald von ihnen und vom Rauche eingehüllt wurde.

Die bis jetzt ruhig gebliebene Volksmenge stürzte sich auf den brennenden Scheiterhaufen. Männer, Weiber, Kinder warfen ihre Halsbänder, ihren Schmuck, Perlen, kostbare Gewebe in die lodernden Flammen. Hedonia riß Ombricius zurück und forderte ihn auf:

«Wirst du endlich kommen.»

Aber er war durch eine andere Empfindung am Boden wie fest genietet. Er sah den Körper Alkyonnens in den Flammen verschwinden und er glaubte zu fühlen, wie eine eiserne Hand sein

Herz ihm aus der Brust riß und es noch zuckend in das Feuer warf. Es blieb ihm nur eine unnennbare Leere. Und die lebende Furie, die ihn am Arme faßte, um ihn von der Toten wegzuzerren, war der Henker dieses Opfers.

Die Menschen sahen aber noch ein anderes Schauspiel. Eine schwarze Rauchsäule entstieg dem Vesuve und teilte sich am Gipfel in mehrere Zweige, wie eine gigantische Fichte. Der Boden zitterte in aufeinanderfolgenden Stößen. Ein wütender Wind erhob sich. Ein schrecklicher Knall erschütterte den Vulkan. Der Ausbruch leuchtete. Gleich einer vom Ungewitter überraschten Herde rasten die Priester, die Trauernden, das Volk nach allen Seiten. Im Nu war die Straße leer. Ombricius und Hedonia blieben am Fuße des Scheiterhaufens allein zurück, dessen Rauch gegen den des Vulkans emporstieg, wie der Weihrauch nach dargebrachter Opferung.

«Unglückseliger», flehte Hedonia, «du richtest uns zugrunde ... fliehen wir gegen die Straße nach Stabiä und wir gewinnen das Ufer ... Noch ist Zeit ...»

Ombricius blieb, die Augen hatte er auf den Scheiterhaufen gerichtet, der nur mehr eine feurige Pyramide war und auf der Alkyonnens Leib wie eine weißglühende Masse erschien.

«Ich will sie sehen. Ein letztes Mal sehen!» schrie der Konsul und wühlte mit einer erloschenen Fackel in dem Scheiterhaufen.

«Komm fort!» schrie Hedonia, «sie ist nur Asche und Staub.»

«Asche und Staub? Unmöglich! Sie war Feuer und Leben. Sie war das Licht wie du die Finsternis bist. Sie war Freiheit und du Knechtschaft.»

Höhnisch lächelte Hedonia:

«Das Feuer sinkt, der Holzstoß sinkt ein ... Alkyonne ist nicht mehr.»

«Ist nicht mehr? Vielleicht. Aber ich liebe sie und hasse dich.»

Während dieses Wortwechsels umfing sie vollständige Nacht. Ein Regen heißer Asche, ein Steinhagel fiel über das elende Paar, dessen unlautere Liebe sich in bitteren Haß verwandelt hatte. Der Himmel war ein einziges schwarzes Trauergerüst und die Erde eine Ebene grauer Asche, die zuweilen im Scheine der Blitze, die um den Vulkan einen Feuerkern bildeten, sichtbar wurde. Der Donner rollte unaufhörlich.

«Du liebst sie noch immer!» rief Hedonia in den Sturm. «Bleib bei ihr, Elender. Ich sah in dir einen Cäsaren, du aber bist nur ein Schwächling. Ich meide dich.»

«Nein, bei Hekate!» brüllte Ombricius, «du bleibst. Du stirbst mit mir.»

Sie wollte fliehen, er erfaßte sie. Sie kämpften. Mit einer plötzlichen Bewegung stieß sie ihm ihren Hekatedolch in den Hals, an derselben Stelle, wo er einst Cecina zu Tode getroffen hatte. Aber er ließ sie nicht los. Und beide rollten unter einem Feuerregen in die glühende Asche.

Hedonias letzter Schrei während des Falles war:

«Cäsar! Das Kaiserreich.»

In dem Aschenwirbel, der ihnen Augen und Mund füllte, hörten sie im Raume eine überirdische Stimme rufen:

«Eine Seele ist mehr wert als ein Kaiserreich.»

XXII

Der Traum des Memnon

Die Rauchsäule, das Anzeichen eines gewaltigen Ausbruches stieg aus dem Vesuve empor. Schon verfinsterte sich der Himmel, und die tollgewordene Menge lief wirr durcheinander. Weiber jammerten, gellend schrieen die Kinder, Männer riefen. Da sahen die Schiffer des Strandes quer durch den Aschenregen eine weiße Galeere mit gelben Segeln dahingleiten und in die Finsternis verschwinden. Es war die Galeere des Helvidius.

Am Morgen dieses Tages hatten die Legionäre, durch die unterirdische Erschütterung erschreckt, das Stadtgefängnis verlassen. Die Freunde der Gefangenen erbrachen die Tore. Memnon, der Duumvir und seine Gattin waren gerettet. Sofort versammelte Helvidius seine Schar um sich. Seit Wochen schon hatte er seine teuersten Schätze auf das Schiff bringen lassen. Heute brachte er das kostbarste von allen, eine bronzene Urne, in die er die glühenden Kohlen des Herdes, das lebende Feuer seines häuslichen Altares, auf dem noch die letzten Wohlgerüche zu den letzten Gebeten gebrannt hatten, verwahrte. Dieses Feuer wurde sorgfältig gehütet und sollte bis zu dem Tage, an dem man einen neuen Herd in einer neuen Stadt gründen würde, unter der Asche glimmen. Memnon trug nur einen einzigen Schatz, ein Olivenholzkästchen, das die Bücher des Hermes einschloß. Das Bild der Prophetin trug er in seinem Herzen.

Die Flüchtlinge standen auf der Schiffsbrücke um den Hierophanten und die pythagoräische Familie. Alle hatten sich zu der gefährlichen Reise entschlossen. Sie wußten alle, daß sie eine dem Untergange geweihte Stadt verließen, um anderswo das Werk des Lebens fortzusetzen. In ihren Augen hatte sich die Weissagung der Seherin erfüllt: Asche und Feuer regnete auf die Stadt der Wollust, wo die Ungerechtigkeit ihr Tribunal errichtet hatte. Schon bedeckte der vom Vulkan kommende Rauch den ganzen Himmel. Asche und Bimssteinbrocken fielen in Mengen auf die Reisenden und Matrosen. Das Meer kochte und schien sich selbst verschlingen zu wollen und drohte das flüchtende Schiff durch seine krampfhaften Zuckungen zu vernichten. Alles barg sich in den Räumen am Heck oder unter dem Deck der Galeere. Memnon und Helvidius blieben allein beim Piloten. Das Fahrzeug gelangte in der Dunkelheit der Nacht nur langsam vorwärts, und nur kraft der Ruder. Windwirbel folgten den Windstößen. Jeden Augenblick öffneten sich die Wolken in lange Feuerstreifen, wie blutige Pfeile, die sich im Meere in pechiger Farbe spiegelten. Das war wie das Überschreiten des Erebus; denn an allen Seiten öffnete der Abgrund seinen Rachen und bei jedem Blitze vom Himmel streifte die Fliehenden der Tod, bei jedem Windstoße, bei jedem Gähnen des Meeresschlundes. Von der Windsbraut wurde das Schiff fast an die Küste der Insel Capri getrieben, aber im Augenblicke, ehe es an den Felsklippen zerschellen konnte, erhellte sich der Himmel und die Sonne erschien aus einem gelblichen Flore. Memnon wandte sich um. Der Golf von Neapel war jetzt nur eine tiefe Höhle, und schwarze Rauchwolken und die Schwefeldämpfe bildeten das Gewölbe. Im Hintergrunde sah er den feurigen Kessel des Vesuves. Ein Lavastrom ergoß sich unterhalb Herkulanums in das Meer.

Das war der letzte Akt des vom unterirdischen Feuer durch seinen plötzlichen Ausbruch gespielten Dramas. Er schloß mit der Zerstörung Herkulanums und mit der Bestattung Pompejis.

Von einem leichten Südwinde sanft getragen, konnte das Schiff sich jetzt gegen Norden wenden und die Segel entfalten. Jetzt wo die Gefahr vorbei war, das Kap Misene auftauchte und der Golf verschwand, wurde Memnon von einer unnennbaren Traurigkeit ergriffen. Schwere Tränen, die ersten seit dem Tage, wo er in einer Seelenumarmung die betrübte Prophetin im Garten der Isis in seine Arme schloß, rollten von seinen Wangen. Aber er beweinte nicht nur den Tod Alkyonnens und den Verlust eines Schülers. In der Erinnerung an das Vergangene, in der Ungewißheit der Zukunft dachte er nicht mehr an sich. Er weinte über den menschlichen Ameisenhaufen und dessen zahllose Übel. Er weinte über die verruchte Stadt und deren unglückliche Bewohner. Er weinte über die Schmerzen der Welt, die nur durch Unglück fortschreitet und wo alles durch Katastrophen endigt.

In seinen Mantel gehüllt, legte sich Memnon auf ein Seilbündel am Hinterschiffe und schlief mit dem Wunsche ein, nie mehr erwachen zu müssen. Aber gegen Morgen suchte ihn ein göttlicher Traum heim.

Er sah das vernichtete, mit Steinen bedeckte und in Schutt verwandelte Pompeji. Der schwarze Kegel des Vesuves schwieg wie ein erloschener Vulkan. Die Gräberstädte bildete nur eine leichte Anhöhe und im Mondenscheine schien sie einem Schneefelde zu gleichen und ihre Denkmäler, in graue Asche gekleidet, einer Gespensterversammlung. Aber über diesen Tod und über diese Stille erhob sich der Scheiterhaufen Alkyonnens wie eine weißglühende Fackel. Memnon erblickte – eine überirdische Erscheinung – ein göttliches Paar. Die Arme verschlungen, wie eine leuchtende Lyra. Anteros – Alkyonne. Alkyonne blickte mit unendlicher Lieblichkeit auf den Priester und legte ihre Hand auf sein Haupt. Anteros berührte mit seiner flammenden Fackel das Herz des Meisters. Und Memnon fühlte sein Herz in einer übermenschlichen Liebe erglühen. Dann öffnete sich diese göttliche Lyra wie eine Lichtgarbe mit einem solchen Glanze, den der Träumer nicht ertragen konnte. Und das Paar tauchte in das Himmelsblau, wo es verschwand, wie Meteore in heißen Sommernächten an der Mittelmeerküste erblühen und vergehen.

Und aus allen Teilen, aus den vergrabenen Häusern, aus den Gräbern, den Kellern, von den Ufern, von den Bergen, aus den Städten, von den Feldern, von nah und fern, allein oder zu Paaren oder in Gruppen, gleich tausenden von Schwalben, die sich zu einem ungeheuren Schwarm vereinigen, um fortzuziehen, kam ein Volk von Seelen und umflatterte den Scheiterhaufen. Der Schwarm zeichnete in den Lüften eine leuchtende Schlange und stieg in einer immer größerwerdenden Spirale zum Himmel empor.

Er zog gegen den fernen Himmel, von tausenden auserwählten Geistern geformt, von jenen, die sich nicht mehr verkörpern und die Hermes die Meister des Lebens, die Herren des Raumes und der Zeit nennt.

Aber Alkyonnens Scheiterhaufen, ihr Hochzeitsbett, brannte noch immer in der Nacht, mit einer roten Flamme und knisterte als das einzig Lebende in der Stadt des Todes und seiner Finsternis. Dieser Scheiterhaufen erhob Einspruch gegen den allgemeinen Tod und rief mit seiner Flamme der Liebe, wie eine Opferfackel die Erde zu einem wiedererwachenden Leben.

Und in der Tiefe des Himmels gewahrte Memnon eine andere Spirale, die wie ein feiner und entfernter Sonnenstrahl leuchtete und den die auserwählten Geister, die Genien des Himmels und der Erde belebten. Durch einen ungeheuren Bogen und durch zahlreiche Umkreise stieg diese Spirale zur Erde nieder, wie die andere sich zum Himmel erhob. Das waren die von der Verkörperung und von dem leuchtenden Feuer der irdischen Liebe angezogenen Seelen, jener Liebe, in der sich so seltsam das Feuer des Verlangens und das Feuer der Aufopferung vermengt. Je mehr die Spirale sich der Erde näherte, um so mehr verbreitete sie sich zu einem weiten Kreise. Seine Farbe, ein blendendes Weiß, stufte sich bis zum tiefsten Rot ab. Dann sah man die unzähligen Seelenfunken wie Nachtschmetterlinge und Leuchtkäferchen unter die Dächer der Häuser, in die Hütten an den einsamen Ufern gleiten und in die Dunkelheit verschwinden.

Eine wunderbare Vision der Verkörperung und der Befreiung der Seelen. War diese auf- und absteigende Spirale nicht der ewige Kreislauf des Geistes im Universum? Ebbe und Flut des Lebens, Hauch und Atem Gottes. Einen Augenblick hatte Memnon das überwältigende Gefühl, in diese Quelle des menschlichen Alls untergetaucht zu sein. Er kam sich vor, wie im Mittelpunkte einer unermeßlichen Sphäre, aus der Lichtpfeile ausstrahlten. Dieses Licht war ein Ton, und durchdrang ihn Teil für Teil und dieser Ton, war das Wort, das sprach:

«Schöpfung! Aufopferung! Liebe!»

Da erwachte der Priester der Isis. Es war noch Nacht. Das Schiff segelte schnell und leicht unter dem Firmamente. Der Pilot sang eine ligurische Melopöe, träumerisch und wild.

Zerrissene Wolkenflecke bedeckten den Horizont. An den reinen Himmelsstellen bleichten die Sterne, und die Morgenröte erblühte schon im Osten.

Memnon empfand einen noch nie gefühlten Frieden in sich. In der Stille dieser Nacht hatte ihn die Weltseele durchdrungen. Die Stimme des Lichtes sprach noch in ihm:

«Es ist die Zeit, daß die Menschen sich ihres Ursprunges und ihres Endes erinnern. Unglücklich ist der, der den Himmel um der Erde willen vergißt und die Erde des Himmels wegen. Man heiligt sein Leben nur durch die Ewigkeit und man erkämpft sich die Ewigkeit nur durch das Leben.»

Jetzt fühlte Memnon die Macht der Verwandlung seines Lebens in Liebe und seiner Liebe in Tat. Dadurch, daß er entsagte, war er ein Meister geworden.

Die Verschmelzung Alkyonnens mit ihrem Genius hatte ihm das Geheimnis des Menschen enthüllt. Wie eine Brandfackel trug er aus dem göttlichen Mysterium diese Flamme weit von der zerstörten Stadt Pompeji hinweg. Wie Äneas einst aus der einstürzenden Stadt Troja eine an seinem rauchenden Altare entzündete Fackel mitbrachte:

Aeternumque adytis effert penetralibus ignem.

Aber es war weder von der Stadt der Toten, noch von einem Steinaltare, woher Memnon sein Licht genommen hatte. Es kam von der Sonne der Seelen, vom Herzen Gottes, das in sein Herz gestiegen war – das belebende Feuer, – ein ewiger Strahl, der imstande ist, Millionen Seelen zu entzünden.

XXIII

Die Barke der Isis

Die Sonne hatte sich noch nicht erhoben. Der frische Wind wehte über das schäumende Meer, als Helvidius und Helvidia mit den beiden Knaben an der Hand aus der Kajüte der Triremis kamen und auf die Schiffsbrücke stiegen. Memnon gesellte sich zu ihnen und alle drei setzten sich zu der großen Bronzeurne, die die warme Asche des Hausaltares einschloß. Helvidius und Helvidia wagten nicht, sich anzublicken, vor Furcht, in ihren Augen die große Angst der letzten Tage zu sehen, die sie an die Schrecken der Unglücksnacht erinnern würde. Traurig folgten sie dem Spiele der Wellen des unermeßlichen Meeres, im Augenblicke ihre einzige Heimat. Sie staunten über das Lächeln des klaren Himmels, der nichts von dem Untergange Herkulanums und Pompejis zu wissen schien. Memnon hielt in seinem Inneren das Wesen seiner Traumvision fest, wie eine Perlmuschel am stillen Grunde des Meeres, wo kein Sturm sie erreichen kann, in ihrem Schoße die unbefleckte Perle verbirgt. Helvidia legte ihre beiden vom Winde erkalteten Hände auf die heiße Urne und brach endlich das Schweigen.

«Sie ist noch warm», sprach sie mit Tränen in den Augen. «Das Feuer glimmt unter der Asche.»

Helvidius berührte das Bronzegefäß, dann zeigte er auf den kleien Koffer, den Memnon unter dem Arme trug, darin die Bücher des Hermes aufbewahrt wurden und sagte:

«Wir tragen hier das heilige Feuer des Herdes und die heilige Überlieferung. Mit ihnen kann man eine neue Stadt gründen.»

«Die Städte brechen zusammen», entgegnete Memnon, «Königreiche vergehen, aber die Barke der Isis zieht ihren Weg.»

«Schau, Mutter, Alkyonne!» rief der ältere Knabe des Helvidius.

Helvidius folgte mit den Augen dem Fluge der weißen Möwen, die das Schiff umflogen und sich wie Silberflitter gegen Norden in der Opalzone des Horizontes verloren, wie um den Heimatlosen den Weg zu zeigen.

«Glückliche Alkyonne», seufzte Helvidia, «aber wo ist unsere Alkyonne?»

Weinend barg sie ihr Antlitz in die Hände.

Memnon war erbleicht. Ein innerer Schauer erfaßte ihn, aber er beherrschte sich, legte väterlich eine Hand auf das Haupt der jungen Frau und murmelte:

«Sei ruhig, Helvidia, Alkyonne ist weit von hier in Licht und Freude, aber sie wird immer mit uns sein, wie der Sieg, der über das Leben schwebt.»

Die zurücktretende Küste Italiens war indessen verschwunden, im Nebel verloren. Hinter der orangebraunen Sandbarre, die den Horizont abschloß, zeigte Aurora ihr rosiges Gesicht in einem malvenfarbigen Himmel. Ein Windstoß bog den Mast und warf die Galeere hin und her. Die Kinder rollten von der Brücke, und die erschrockene Mutter stieß einen entsetzlichen Schrei aus. Weinend hob sie ihren Jüngsten empor.

Endlich durchbrach die Sonne die Fluten. Die Hälfte ihrer Goldscheibe erschien oberhalb des Nebels und tausend Funken glänzten aus dem durchscheinenden Azur des Mittelmeeres. Von neuem machte eine schwere Woge das Schiff schwanken.

«Das Schiff geht unter!» schrie der kleine Helvidius und klammerte sich an die Mutter.

«Fluctuat nec mergitur! Es schlingert nur, aber es wird nicht sinken.»

Dann frohlockte er mit seiner hellen Kinderstimme.

«Die Sonne. Die Sonne.»

Und seine kleine Hand zeigte triumphierend auf die Königin der Gestirne, die ganz emporgetaucht war und durch den sprudelnden Schaum der Wogen in allen Farben des Regenbogens leuchtete.

Anmerkungen

(in der Reihenfolge des Textes)

Erstes Buch

1.

Hymen, der Gott der Vermählung, der in dem Hochzeitsgesang oder **Hymenaios** angerufen wurde, ein Freund und Begleiter des Eros. In der Kunst wird er dargestellt als reifer Knabe mit ernsterem Ausdrucke als Eros, geflügelt, mit der Brautfackel und dem Hochzeitsschleier in der Rechten.

Sistren, Klappern von Metall, die beim Isisdienste gebraucht wurden. Sie sollten die Trauerklagen um den entschwundenen Osiris taktmäßig begleiten.

Via abondantiae, die Straße des Überflusses.

Forum, der Versammlungsort des Volkes, besonders für Gerichtsverhandlungen und Märkte.

Tribunal, die viereckige Erhöhung von Stein, Erde oder Holz, auf der der richtende Magistratus seinen Platz hatte.

kurulische Stühle hießen die besonderen Ehrenplätze, die die höheren römischen Beamten [Konsuln, Prätoren, kurulischen Ädilen (Diktator)] während der Kurie innehatten.

Kurie, Versammlungsort des Senates.

Kannelüren, die rillenförmigen Vertiefungen der Säulen.

Triglyphen (griech. Dreischlitz), bilden einen Teil des Gebälkes der dorischen Säulenordnung, der als das Kopfende eines über den Architrav gestreckten Balkens zu betrachten ist, das mit drei lotrechten Vertiefungen (Schlitzen) versehen ist. Sie haben rein dekorative Bedeutung und bilden einen Teil des Frieses, worin sie mit den glatten Metopen (Zwischenfeldern) abwechseln.

Architrav, der erste unmittelbar auf den Kapitellen der Säulen griechischen und römischen Stiles aufliegende Querbalken, der die übrigen Teile des Gebälkes trägt.

Akroterien (griech.), Verzierungen, die an den höchsten und tiefsten Punkten der Giebel zur Verdeckung der Firstziegel und Dachrinnen angebracht waren, Leiern und Greifen, Palmettenornamente etc. aus Marmor oder bemalten Terrakotten.

Pallium, ein aus Wollstoff bereiteter, tief herabhängender, von Farbe gewöhnlich weißer Mantel, der vorzugsweise von den Philosophen getragen wurde. In den besten Zeiten des hellenischen Lebens galt er für ein Zeichen der Weichlichkeit.

Peristyl, ein um einen Platz herumgeführter Säulengang, dann der mit einem solchen Säulengange versehene Platz selbst.

Militärtribun, *Tribun,* eigentlich Tribus- (Stamm-)vorsteher, die ursprünglich bei dem Zensus, bei Aushebung zum Kriegsdienst, bei Steuerverteilung (Tribut) und anderen Verwaltungsangelegenheiten halfen. *Militärtribun,* Anführer einer Legion.

Suburra, eine in Rom zwischen zweien von den sieben Hügeln, (dem Caelius und dem Esquilinus) befindliche Niederung, durch die eine lebhafte, mit vielen Tabernen besetzte Straße führte.

Pnyx, eine Anhöhe im Südwesten Athens, mit einer Rednerbühne, wo sich das Volk versammelte.

Parthenope, der alte Name für Neapolis, das von Chalkidiern aus Kyme an Stelle eines schon vorhandenen Ortes, der Parthenope hieß, gegründet wurde.

Hetäre, (griech.), soviel wie Buhlerin. Die Hetären traten zuerst in Korinth (in Verbindung mit dem Kultus der Aphrodite) zahlreich auf. Durch Geist und Feinheit im Umgange sammelten sie zum Teil die ausgezeichnetsten Männer um sich.

Epikur (griech.)m Philosoph, Stifter der nach ihm benannten epikuräischen Philosophie oder Schule der Epikuräer. Er läßt alle Gewißheit auf sinnlicher Wahrnehmung und diese wiederum auf Empfindung beruhen. Es gibt zwei Hauptrichtungen der epikuräischen Philosophenschule – eine, die rein materialistisch gerichtet, ihre Daseinsbejahung in rohem Sinnengenuß kundzugeben sucht und eine, die die sinnlichen Kräfte zu vergeistigen und zu höheren Bewußtseinsformen emporzuheben sucht.

Stoïker, Anhänger der Philosophenschule, die Zenon von Kittion um 300 v. Chr. in Athen gegründet hatte. Die Tendenz ihrer Philosophie war praktisch. Sie benutzten für ihre Zwecke die sokratische Ethik. Sittlicher Heroïsmus ist der hervorstechende Charakter ihrer Philosophie.

Latiklave (Latisclavia), Tunika, in die ein breiter Purpurstreifen hineingewebt war. Gewand der Senatoren.

Peplos (griech.), bezeichnet im gewöhnlichen Gebrauche das Gewand überhaupt, speziell das Frauengewand.

Liktoren, die Diener der höheren römischen Beamten, die ihnen die Rutenbündel (fasces) vorantrugen. Sie waren meistens freigelassene Sklaven und begleiteten die Senatoren, Konsuln etc. bei allen ihren Ausgängen. Sie sorgten, daß ihnen die nötige Hochachtung erwiesen wurde, umstanden das Tribunal während der Verhandlungen, hielten im Vestibulum Wache und vollzogen die Hinrichtung der verurteilten Bürger.

Akantas, die echte Bärenklau, die im Süden wild wächst und auch als Gartenpflanze gepflegt wird, eine Pflanze, die in der Kunst vielfach Nachahmung fand.

Horen, die Göttinnen der Ordnung in der Natur, der gleichmäßig wechselnden Jahreszeiten, der Stunden, die flüchtig enteilen. Sie werden als schöne jugendliche Gestalten, mit den Erzeugnissen der verschiedenen Jahreszeiten geschmückt, dargestellt.

Palankin, orientalische Sänfte für eine oder mehrere Personen, deren man sich selbst bei größeren Reisen bediente.

Paestum, Stadt an der Westküste Lucaniens (in Unteritalien).

Flamen, von latein. flare d. h. vom Anblasen des Feuers abgeleitet «der Feueranzünder». Die Flamen waren in Rom die Priester einzelner Gottheiten. Ihr Amt war lebenslänglich. Der vornehmste unter ihnen war der Flamen des Jupiter. Er mußte durch gewissenhafte Beobachtung bestimmter Vorschriften die Reinheit und Heiligkeit seiner Person zu erhalten suchen.

Dekurionen, die Vorsteher einer Dekurie, d. h. einer Abteilung von etwa zehn Personen, die bei den patrizischen Kurien, Rittern und Senatoren die älteste Anwendung fand.

II.

Atrium, der Hauptraum des römischen Hauses, der Mittelpunkt des ganzen Familienlebens, der des Lichtes oder Rauches wegen eine kleinere oder größere Dachöffnung hatte und daher bald mehr einem Saale, bald mehr einem Hofe glich. Hier stand der Herd, der Platz der Penaten. Bei ganz vornehmen und reichen Römern diente das Atrium nur als Empfangsraum.

Chiton (griech.), hemdartiges Kleidungsstück, kurz und ohne Ärmel, aus Wolle oder von Leinwand, durch einen Gurt oder ein Band um die Hüfte gegürtet.

Oekus, die Feuerstätte, der Herd in einer halbkreisförmigen Nische mit gewölbter Decke, das Heiligtum im römischen Hause.

Patene (lat.), metallene oder gläserne Schüssel zum Aufbewahren geweihter Dinge, des geweihten Brotes, des Weihrauches; von der römisch-katholischen Kirche später für die Hostie übernommen.

Farrëum, der geweihte Hochzeitskuchen, der bei der Zeremonie der Eheschließung zwischen den Neuvermählten geteilt wurde, eine kultische Handlung von tiefem symbolischen Sinn, die unserem heiligen Abendmahle gleicht.

Laren, bei den Römern die vergötterten Seelen der Verstorbenen, gute Geister, die segensreich auf der Erde wirken und ihren Schutz und ihre Sorge den hinterbliebenen Angehörigen und ihrem Hause zugewendet haben. Sie waren so eng mit dem Hause verbunden, daß sie es, wenn die Familie auszog, nicht verließen, während die Penaten die Familie begleiteten.

Penaten, die Hausgötter, die die Einheit und den Bestand der Familie schützen. Ihre Bilder standen in dem Atrium, in der Nähe des Herdes, der für den Mittelpunkt des Hauses galt, auf dem eine immerwährende Flamme brannte. Sie erhielten bei allen wichtigen Ereignissen des Hauses ihre Opfergaben. Bei Verfolgung suchten die Mitglieder der Familie Schutz und Zuflucht bei ihnen.

argyrokrysisch (griech.), von Agyrokratie (Geldherrschaft); eine Legierung, die aus Münzmetallen hergestellt war.

Uräusschlange, die ägyptische Brillenschlange, die wegen ihrer Macht über Leben und Tod von den Pharaonen und Priestern im Diadem, mitten auf der Stirne getragen wird.

Pythonissa (griech.), die Priesterin, die bei heiligen Handlungen zur Erforschung des Willens der Götter und der Zukunft in Trance versetzt wurde und dann Weissagungen gab.

Theorbe (ägypt.), ein lautenartiges Saiteninstrument.

Pallatiden, Tempeldienerinnen, die den heiligen Gesang der Priester mit der Theorbe begleiteten. Sie wurden aus dem Kreise der Frauen und Töchter der ägyptischen Priester zum Tempeldienste herangezogen.

Impluvium, (latein.), eine Vertiefung im Fußboden des römischen Atriums zur Aufnahme des durch das offene Dach (Compluvium) hinabfließenden Regens.

Vestibulum (latein.), Vorraum des römischen Hauses, auf drei Seiten eingeschlossen, wenn das Haus zwei bis an die Straße reichende Flügel hatte oder die Haustüre einige Schritte in das Haus eingerückt war, in der Kaiserzeit war das Vestibulum mehr eine Säulenhalle.

III.

Tusculum, feste Stadt in Latium, auf einem hohen Bergrücken des Albanergebirges, wo die reichen Römer (z. B. Cicero) ihre Landhäuser hatten.

Zenturio, römischer Militärbeamter, der Vorsteher einer Hundertschaft (Centuriae peditum) ein militärischer Rang, der etwa dem eines Leutnants (Führer einer Kompagnie) der Neuzeit entspricht.

Prätor, römischer Gerichtsbeamter, nach den Konsuln der oberste Magistrat, dessen Amt die Prätur war. Der Wirkungskreis die Prätors erstreckte sich haupsächlich über die Rechtspflege. Er hatte die Rechtsstreitigkeiten unter den Bürgern zu schlichten. Im Anfang gab es sechs Prätoren, mit dem Wachsen des Römischen Imperiums wurde ihre Zahl schließlich bis auf 16 erhöht.

Kohorte, eine Abteilung des Heeres von 400–500 Mann (in der Kaiserzeit doppelt so viel). Zehn Kohorten bildeten eine Legion.

Primipilärtribun, der erste der Tribunen, der wegen besonderer Kriegserfahrenheit und Tapferkeit so genannt wurde.

IV.

Stabianertor, Tor nach Stabiä, eine von den drei Städten, die 79 beim Ausbruch des Vesuves verschüttet wurden. Die beiden anderen waren Pompeji und Herculanum.

Prokonsul, Titel für den Statthalter einer römischen Provinz. Es mußten 5 Jahre nach dem Konsulate eines römischen Bürgers vergangen sein, ehe ihm ein Prokonsulat angetragen werden konnte. In der Provinz, die ihm unterstellt wurde, herrschte er souverän. Nur die dort lebenden römischen Bürger konnten Recht in Rom erlangen. Die Prokonsuln kehrten meist mit Schätzen reich beladen aus den Provinzen nach Rom zurück.

Sebennytische Tempel. so genannt nach Sebennytos, einer Stadt im Delta Unterägyptens, früher nicht unbedeutend, dann gesunken.

Hierogrammatist, ein Priester, der der Kunst des Schreibens mit den heiligen Zeichen (Hieroglyphen) kundig war.

V.

Pylon, (griech.), mächtiges, turmartiges Gebäude, das den Haupteingang zum ägyptischen Tempel bildet.

Alkyon, ein Vogel des Meeres; Möwenart.

Amphore, (griech.), Vase von langer, schmaler Form, mit engem Hals, unten gewöhnlich spitzig.

Skarabäus (lat. Käfer), Bezeichnung des Heiligen Käfers. Er wurde von den Ägyptern als Symbol der Schöpferkraft und des Sonnengottes verehrt. Nachbildungen des Heiligen Käfers in Stein und gebrannter Erde, dienten als Amulette und Schmuck oder Siegelsteine.

Flabellum (lat.), Fächer, Wedel von Pfauenfedern oder Palmenblättern.

Pastophoren, Tempeldiener, die die heiligen Gerätschaften von und zu den Hallen des Tempels trugen.

VI.

Neokoren, Tempelwärter, Tempelaufseher, Personen beiderlei Geschlechtes, unter deren Aufsicht und Sorge der Tempel nebst Zubehör bestand.

Caduzëus, der Heroldstab (latinisiert aus griech. Karykion) von Lorbeer- oder Olivenholz und mit zwei Schlangen umwunden.

Erebus (griech.), bei den Ägyptern *Amenti,* die Urfinsternis, die vom Chaos, dem gähnenden, unermeßlichen Weltenraum als erstes erzeugt wird, und der Sitz des Hades ist.

VII.

Arkanum (lat.), das Abgeschlossene, dann das Geheime und Geheimnisvolle, wurde in der römischen Religionssprache für die geheimen, nicht auszusprechenden Dinge, namentlich für die Mysterien oder sonst Uneingeweihten verschlossene Geheimlehren der Priesterschaft gebraucht.

Zweites Buch

VIII.

Gynäceum (latinisiert von griech. Gynaikeion). Name für den innern, hintern Teil des griech. Hauses, der für die Frau mit ihren Töchtern und Mägden bestimmt war.

Panno, ein afrikanisches Kleidungsstück.

Capharnëum, Fächer aus Pfauen- und Straußenfedern.

Melopöe, Gedicht, das mit Musikbegleitung als Sprechgesang vorgetragen wurde.

IX.

Pistazien, Nußsträucher mit fleischig grünen, rot angehauchten Früchten (Pimpernuß).

Phalanx, die geschlossene Schlachtlinie, in mehreren Gliedern hintereinander. Völkerweise, nach Stämmen, Geschlechtern und Familien, standen die Kämpfer in der Front, nach dem Mute, der Kraft und der Zuverlässigkeit reihten sie sich nach hinten in der Tiefe. Die Phalanx wird mit Bewußtsein geordnet und ist die Grundlage der Schlacht. Zu besonderer Berühmtheit ist die mazedonische Phalanx unter Philipp II. von Mazedonien (382–336 v. Chr.) gelangt.

X.

Adept (lat.), «einer der erlangt hat», d. h. der ein höheres Wissen erlangt hat, der Geheimlehre Kundiger, Eingeweihter, Meister.

Lararium, der Raum, der den Laren geweiht ist.

Musen, die Göttinnen der Künste und Wissenschaften, neun an der Zahl.

Melpomene, die Muse der Sangeskunst.

Polyhymnia, die Hymnenreiche, die Muse der ernsten gottesdienstlichen Gesänge.

Styraxpulver, wohlriechendes Pulver, das aus dem Harze des Styraxbaumes gewonnen wird.

XI.

Triklinum (lat. Dreibett, Dreilager), das Gemach, in dem die geladenen Gäste speisten. Hier befand sich ein Tisch, um den an drei Seiten Ruhebetten standen, von denen jedes für die Lagerung von je drei Personen bestimmt war, so daß um einen Speisetisch neun Personen lagen. Die vierte Seite des Tisches blieb für die Aufträger der Speisen frei.

Nomenklator, hieß der Sklave von starkem Gedächtnis und großer Personenkenntnis, der seinem Herrn sowohl bei dem Ausgehen als zu Hause die Namen der Bürger angeben mußte. Den römischen Beamten stand ein Nomenklator zur Seite und im kaiserlichen Haushalte fehlten solche Leute nicht.

Chlamyden, von Chlamys, eine Art Mantel, der über der rechten Schulter oder über der Brust zusammengeheftet wurde, besonders von Knaben, auch zu Pferde und auf Reisen getragen.

Nymphäum, den Wassernymphen geweihter, schön verzierter Springbrunnen, wo sich das Wasser aus vielen Röhren zugleich ergoß, mit Säulengängen und Sitzplätzen versehen.

Byssuskissen, Kissen aus einem baumwollenen Stoffe. Byssus-Baumwolle.

Ephede, junger Athener im Alter von 18–20 Jahren. Im 18. Lebensjahre wurden die jungen Männer in Athen durch Eintragung in das Gemeindebuch ihres Demos (Volkes) für volljährig erklärt. Der Eingetragene leistete seinen Bürgereid, wurde wehrhaft gemacht, bekam das Recht vor Gericht aufzutreten und sich zu verheiraten. Erst im 20. Jahre erhielt er das Recht an der Volksversammlung teilzunehmen und war dann ein Bürger der Stadt.

Ligurier, ein alter, sehr weit verbreiteter Völkerstamm an der Südküste Galliens und des benachbarten Italiens, keltischer Abstammung, der hauptsächlich im römischen Heeresdienste Verwendung fand.

Kanephore, hießen in Athen Jungfrauen, die an den Panathenaien (Festen der Athene) sowie an den Festen der Demeter bei den Prozessionen einen Korb mit heiligen Gerätschaften auf dem Kopfe trugen. Es wurden zu diesem Ehrenamte nur Mädchen aus den ersten Familien zugelassen. Wegen ihrer gefälligen Haltung wurden solche weibliche Gestalten oft von der bildenden Kunst dargestellt. (Karyatiden am Erechtheion der Akropolis in Athen). Berühmt waren bei den Alten die Kanephorenstatuen des Polyklet in Erz und des Skopas in Marmor.

Duumvir, Duumviri hießen in der römischen Stadtverwaltung die beiden höchsten Magistratspersonen, die alle Jahre wechselten. Sie waren die Aufseher über die ganze städtische Verwaltung.

XIII.

Ädikula, eigentlich ein kleines Haus zu heiligen Gebräuchen, Kapellchen; auch eine Wandnische zur Aufnahme einer Götterbildes oder zur Aufstellung der Urnen auf den Leichensteinen.

Nebride, ein Hirschkalbfell, Kleidung des Bacchos und der Bacchantinnen.

XIV.

Harpyie, geflügelte Mißgestalten, Vögel mit einem Mädchenangesicht; nach der Argonautensage die Repräsentanten des alles wegraffenden, schmutzigen Hungers.

Drittes Buch

XV.

Tepidarium, das Zimmer des warmen Bades im römischen Hause.

XVI.

Atellanen, eine Art Bühnendarstellungen, nach der campanischen Stadt Atella benannt, komische Darstellungen kleinstädtischen Treibens, deren Name und Sache seit der Vernichtung der Selbständigkeit Campaniens und der Latinisierung des Landes auch nach Rom kamen und viel Beifall fanden. Ihr Stoff war meist das ländliche Leben im Gegensatz zum städtischen, das Leben der niederen Klassen des Volkes. Das Ganze war durchaus heiter gehalten, derber Witz und mutwillige Laune vorherrschend.

Velabrum, einsame und morastreiche Gegend zwischen dem Palatin und Caelius (zwei der sieben Hügel, auf denen die Stadt Rom erbaut war).

Gemonien, die Seufzerstufen, eine zum Tiber führende Treppe in einem Felsen, auf der die Leichname der im Karzer hingerichteten durch Haken in der Fluß geschleift wurden.

Cubicukum, das Schlafgemach.

XVII.

Mastixbäume, harzreiche Bäume aus der Gattung der Pistazien, von denen das Mastix durch Einschnitte in die Rinde gewonnen wird, das in kleinen weißen oder gelben, durchscheinenden, beim Verbrennen wohlriechenden Körnern besteht, die als Räucherpulver Verwendung finden.

Euphorben, Pflanzen aus der Gattung der Wolfsmilchgewächse, die im Süden Strauch- und Baumgröße erreichen.

XVIII.

Ädilen waren zugleich mit den Volkstribunen und zu deren Unterstützung eingesetzt. Sie hatten die städtische Polizeigewalt zu vertreten. Ungehorsame festzunehmen und die Exekution vollstrecken zu lassen.

Tabularen hießen die Archivare und Rechnungsführer in den Stadtverwaltungen.

Häresie (griech.), Wahl; das Erwählte; besonders eine selbsterwählte Lebens- oder Lehrart, Schule oder Sekte; das Lehrsystem einer solchen.

Harmodius, einer von den Jünglingen, die am Feste der Panathenaien in Athen, die Tyrannen Hipparch (514 v. Chr.) ermordeten und die Stadt von der Gewaltherrschaft des Tyrannen befreiten.

XXI.

Eumeniden (griech.), die Göttinnen der Rache, die den Verbrecher so lange verfolgten, bis er seine Schuld gesühnt hatte. Sie verkörpern als Personifikationen der Macht quälender Gedanken einen Aspekt von Karma.

Terrae motus! Erdbeben! der Schreckensruf der Römer beim Ausbruche des Vesuves.

Viertes Buch

XX.

Lux victrix. Aeternumque adytis effert penetralibus ignem. Deutsch: «Das Licht ist Sieger und trägt ewiges Feuer aus dem innersten Heiligtume.» (Gemeint ist das Licht der Erkenntnis, das Aufflammen des Göttlichen Funkens im Menschen, das *Höhere Selbst,* das zum Träger des Göttlichen Gedankens, zum Erkenner des Ewigen Gesetzes wird.)

Oligarchie (griech.), «Herrschaft Weniger», eine Ausartung der Aristokratie, die nur das Interesse der herrschenden Klasse berücksichtigt.

XXI.

Lemure (lat.), bei den Römern die nächtliche umherschweifenden Seelen der Verstorbenen (Larvae).

Acheron, ein Fluß der Unterwelt, der die Unterwelt umgrenzt.

XXII.

Aeternumque adytis etc, vergleiche Anmerk. zu Seite 294.

XXIII.

Triremis, «Dreiruderer», Schiff mit drei Reihen von Rudern übereinander.

Weitere lieferbare esoterische Romane aus dem Ansata-Verlag, Interlaken

Mabel Collins
FLITA
Geschichte einer Magierin

Aus dem Englischen übersetzt vom A.M.O. (Adolf Martin Oppel). 340 Seiten, gebunden/Schutzumschlag 34.–

In der Blütezeit der Theosophischen Gesellschaft trat Mabel Collins (1851–1927) als große Mystikerin und begnadete Schriftstellerin hervor. Im Gegensatz zu Madame Blavatsky verlegte sie aber den sagenumwobenen Sitz der »Meister vom Himalaya« in unsere eigenen Seelen, was schließlich zum Bruch mit der Gesellschaft führte. Diese Geschehnisse bilden den allegorischen Grundstoff zum vorliegenden Schlüsselroman um die Gestalt der Prinzessin Flita aus den weiten Steppen Asiens, die aufgrund von lückenlosen Rückerinnerungen an frühere Inkarnationen ihre fluchbeladenen schicksalshaften Verknüpfungen endgültig lösen will.

Doch in ihrem blinden Eifer und Streben nach Licht und Erlösung verstrickt sich die Adeptin der Hohen Magie immer mehr in den schwarzen Banden ihrer Geheimkünste und somit in neuer Schuld. Es gelingt ihr meisterhaft, ihre Gefährten vieler vergangener Erdenleben erneut an sich zu ziehen, um diese in den geheiligten Schoß der Weißen Bruderschaft zurückzuführen, – wenn auch mit verfehlten Mitteln. Aber in was für neue Leiden verstrickt sie sich durch ihr Unterfangen, sich und alle, die um sie sind. Die ehernen Gesetze des Karma sucht sie vorerst durch eine selbstsüchtige Ausübung ihrer magischen Macht zu sprengen und vergißt, daß die Lotosblüte nur in ihrer eigenen Seele aufblühen kann.

In großartigen Bildern wird Flitas tiefe innere Wandlung geschildert, in der sie in grenzenloser Vereinsamung auf dem mystischen Pfad schreitet und sich aus den Trugbildern einer vermeintlichen Erlösung zu göttlichem Bewußtsein erhebt. Getrieben von einer wahren Hochflut gewaltiger Mächte, die über der Welt schweben, trägt Flita ihr Karma aus und nimmt das selbstlose Opfer einer überirdischen Liebe an.

Weitere lieferbare esoterische Romane aus dem Ansata-Verlag, Interlaken

Edward Bulwer-Lytton
ZANONI
Das Hohelied des Opfers
Esoterischer Roman

428 Seiten, gebunden/Schutzumschlag 38.–

Unter den zahlreichen unvergänglichen Romanen Edward Bulwer-Lytton's (1803–1873) ist zweifellos der zauberhafteste von allen sein esoterischer Rosenkreuzer-Roman »Zanoni«. Dieser entstand aus des Autors Bedürfnis, seinen Gedanken um die tiefsten Geheimnisse des Menschenlebens Gestalt zu geben. Seit über einem halben Jahrhundert wird dieses geistige Hohelied der Liebe und des Opfers erstmals wieder in einer vollständigen und ungekürzten deutschen Übertragung vorliegen.

Mit den Augen der erwachten Seelen gesehen, sind die handelnden Personen des Romans Verkörperungen der in jedem Menschen miteinander um die Herrschaft ringenden Mächte. Denn die innere Seite des Romans offenbart uns innerseelische Dimensionen von bisher unerkannter Aussagekraft. Hier wurden in einer großartigen und leuchtenden Sprache personifiziert: Die Urgestalt des Lichts unseres tiefsten Seelengrundes –, die unsterbliche Kraft der höheren Erkenntnis –, die sich himmelwärts sehnende, unsicher zwischen Zeit und Ewigkeit flatternde Seele –, die erdwärts sich neigende, sinnengebundene Seele –, die Hüterin der Schwelle als Königin des Totenreiches und schreckenerregender Dämon der Furcht, sowie die ungeläuterte, frevelnde Neugier einer unerwachten Seele.

In die Handlung hineingewoben wurden die Erkenntnisse und geheimen Lehrsätze der erhabenen Bruderschaft der Rosenkreuzer: Perlen uralter Weisheit über eine magisch-mystische Daseins- und Naturlehre, die Geheimnisse um die Herstellung des Steins der Weisen und des unsterblichmachenden Elixiers sowie über das Mysterium der letzten Dinge an der Grenze menschlichen Verstehens.

Weitere lieferbare Romane aus dem Ansata-Verlag, Interlaken

Dr. Franz Spunda
BAPHOMET
Der geheime Gott der Templer
Ein alchemistischer Roman

252 Seiten, gebunden/Schutzumschlag 29.80

Dr. Franz Spunda (1890–1963) zeigt uns in diesem überaus spannenden esoterischen Roman das verborgene Weiterwirken des berühmten Templerordens in unseren Tagen. Besonders jener dunkle Aspekt in den geheimen Lehren und Riten der damaligen wie heutigen Templer wird aufgedeckt, der im vierzehnten Jahrhundert zur grausamen Verfolgung und zum legendären Templerprozeß Anlaß gab. Es war und ist dies der geheime Bocksgott »BAPHOMET«, jene entsprechende Schattenseite des universellen Geistes, den die Templer in ihren Mysterien des »linken Pfades« verehrt haben.

Vincente Laskari, ein Abkömmling des großen Adepten Lascarius (18. Jahrh.), tritt seine sagenumwobene Erbschaft in einem Herrschaftshause in Florenz an, die nebst wertvollen hermetischen Tagebüchern auch zum lange ersehnten Auffinden des Steins der Weisen und der königlichen Tinktur führt. Damit fordern der junge Laskari und seine in den Klauen des Baphomet gefangene Geliebte die Machtgelüste der Templer heraus, die sich ebenfalls mit allen erdenklichen kriminellen und magischen Mitteln um den heißbegehrten Adeptenschatz bemühen.

In der packenden Schilderung dieses unermüdlichen Ringens, welche auch die erschreckenden astralen Welten sowie die tiefsten Regionen der menschlichen Seele zum Schauplatz haben, offenbart der Autor seine gründlichen Kenntnisse um das große Magisterium der Alchemie und des lichten Pfades der allumfassenden Liebe. Dabei verrät er uns die großen Geheimnisse alchimistischer und mystischer Weisheiten und läßt uns die grauenvollen Tiefen, aber auch die lichtvollen Höhen menschlichen Wesens und Wirkens erahnen.

Weitere lieferbare esoterische Romane aus dem Ansata-Verlag, Interlaken

Dr. Franz Spunda
DEVACHAN
Ein magischer Roman

Neuausgabe. 208 Seiten, gebunden/Schutzumschlag 28.–

Auf der Suche nach dem Urgrund des Menschen und der Welt vertiefte sich Dr. Franz Spunda mit faustischem Erkenntnisdrang in die Geheimlehren der Magie und in die dunkle Welt der Gnosis. In dieser Zeit des seelischen Ringens um letzte Erkenntnisse entstand im Jahre 1921 der magische Roman »Devachan«, genannt nach dem Ort, den das böse Prinzip geschaffen hat. Hier soll der Mensch zu einem maßlos übersteigerten Sinnengenuß verlockt und letzten Endes vernichtet werden. Der Weg nach Devachan ist der Weg der Gier nach Lust und Macht. Ihm steht der erlösende Pfad der Rückbesinnung und des schwerelosen Ruhens in göttlicher Geborgenheit entgegen.

In diesem vor 60 Jahren entstandenen Werk hat Spunda in fast prophetischer Schau einen überaus fesselnden und hochaktuellen Roman geschaffen. Die Handlung birgt Elemente, welche von der Science-Fiction- und Fantasy-Literatur wieder aufgenommen wurden, und enthält in verblüffender Weise das ganze Kaleidoskop der geistigen Probleme der modernen Zeit. Menschen begegnen sich und erfahren ihre unvergängliche, über viele Inkarnationen dauernde schicksalshafte Verkettung. Wir erleben mit ihnen die beklemmende und angstgeladene Atmosphäre jenseitigen Wirkens, das Emportauchen unergründlicher Vorwelten und das Grauen endzeitlicher Visionen. Dunkle Mächte arbeiten mit einer neuentdeckten odhaften Lebensenergie und treiben damit die Menschheit an den Rand des Abgrunds.

Der Roman gipfelt in der Verkündung des großen mystischen Wissens durch den heiligen Mönch Irenäus. Er und seine Getreuen der ewigen Liebe nehmen den Kampf mit den urweltlichen, von machtbesessenen Magiern aus äonenlangem Schlummer erweckten Dämonen auf.

Verlagsauslieferung für Deutschland:
Verlag Hermann Bauer KG, Freiburg i. Br.